JN036504

y-knot

これからの
障害心理学

〈わたし〉と〈社会〉を問う

中島由宇・沖潮満里子・広津侑実子 編

Musubu

有斐閣

デザイン　高野美緒子

はしがき

　2018年に本格的に開始した公認心理師養成制度では，大学において必要な科目を履修し専門的な知識を習得することが必須となりました。「障害者・障害児心理学（障害心理学）」もその1つであり，公認心理師になるために障害に関する知識は欠かせません。

　しかし，例えば心理職が「ADHDという障害のある○○さん」を理解し支援するためには，ADHDやその心理的支援の知識を習得するだけでは足りません。足りないだけではなく，障害の知識がともすれば固定的な決めつけにつながってしまって，かえって○○さんという人の個性や思いを理解する妨げとなることもあります。

　編者らは，知識がわかりやすく示されているけれども知識の一方的な伝達にとどまらないテキスト，読み手を対話へと誘い，読み手のこころを動かす触媒があちこちにちりばめられたような，そんな新しいテキストを作りたいと考えました。本書を読み，当事者の声に触れてこれまでの自分のあり方を見つめ直したり，筆者らの投げかけに応じて自ら考えてみたりと，読み手のこころがムクムクと動き始めたならば，編者としてこれにまさる喜びはありません。こうしたこころの動きは，読み手自身の〈わたし〉への問いかけの第一歩であるといえます。まずは読み手が，〈わたし〉を見つめ，〈わたし〉に問うこと。それが，〈わたし〉によって構成され〈わたし〉を構成する〈社会〉への問いへとつながり，さらには，障害のある○○さんという〈わたし〉を，決めつけでなく理解していくことにつながると考えます。

本書は多くの方々のお力添えのおかげで完成しました。第一線の実践者，研究者である執筆者の皆さま，インタビューにご協力くださった皆さまに厚く御礼申し上げます。また，編者らの熱意を受けとめ，貴重な挑戦の機会をくださった有斐閣の中村さやかさん，猪石有希さんにこころから感謝いたします。

2023 年 1 月

編者を代表して

中島　由宇

執筆者紹介

/// 編　者 ///

中島　由宇（なかしま　ゆう）

東海大学文化社会学部講師〔臨床心理士・公認心理師〕

担当　序, 2, 8〔1節〕, 9〔1節〕, 10, 11〔1節〕章／1, 3, 4, 8〔2～4節〕
　　　章（共著）

主著　『知的障碍をもつ人への心理療法——関係性のなかに立ち現れる
　　　"わたし"』（単著, 日本評論社, 2018年）／『発達障碍の理解と対応——
　　　心理臨床の視点から』（分担執筆, 金子書房, 2009年）／『知的障害の
　　　ある人への精神分析的アプローチ——人間であるということ』（分担訳,
　　　ミネルヴァ書房, 2022年）

沖潮　満里子（おきしお　まりこ）

青山学院大学教育人間科学部准教授〔臨床心理士・公認心理師〕

担当　3, 5〔1・2・4節〕章（共著）

主著　『アジアの質的心理学——日韓中台越クロストーク』（共編, ナカ
　　　ニシヤ出版, 2018年）／『質的研究法マッピング——特徴をつかみ, 活
　　　用するために』（分担執筆, 新曜社, 2019年）／『ソーシャル・コンス
　　　トラクショニズムと対人支援の心理学——理論・研究・実践のために』
　　　（分担訳, 新曜社, 2021年）

広津　侑実子（ひろつ　ゆみこ）

東京都公立学校スクールカウンセラー〔臨床心理士・公認心理師〕

担当　6章／1, 4, 5〔1・2・4節〕章（共著）

主著　『こころで関わりこころをつかう——心理臨床への手びき　その実
　　　践』（分担執筆, 日本評論社, 2021年）／『協働するカウンセリングと
　　　心理療法——文化とナラティヴをめぐる臨床実践テキスト』（分担訳,
　　　新曜社, 2021年）／「ろう者と聴者の出会いの場におけるコミュニケー
　　　ションの方法」（共著,『質的心理学研究』15, 2016年）

// 執 筆 者 //

伊藤 丈人（いとう たけひと）　　　　　　　　　　担当　**5**章〔**3**節〕
　障害者職業総合センター研究員

能智 正博（のうち まさひろ）　　　　　　　　　　　担当　**7**章
　東京大学大学院教育学研究科教授〔臨床心理士・公認心理師〕

熊倉 陽介（くまくら ようすけ）　　　　　担当　**8**章〔**2～4**節〕（共著）
　東京大学医学部附属病院精神神経科助教〔医師〕

水野 将樹（みずの まさき）　　　担当　**9**章〔**2**節中「医療におけるかかわり」〕
　済生会横浜市東部病院こころのケアセンター心理室課長補佐〔臨床心理士・公認心理師〕

進藤 義夫（しんどう よしお）　　担当　**9**章〔**2**節中「福祉におけるかかわり」〕
　障害者支援情報センターHASIC理事長〔臨床心理士・精神保健福祉士〕

梅垣 沙織（うめがき さおり）　担当　**11**章〔**2**節中「子どもの支援の現場から」〕
　あだちこども診療所〔臨床心理士・公認心理師〕

藤瀬 博子（ふじせ ひろこ）　　担当　**11**章〔**2**節中「大人の支援の現場から」〕
　社会福祉法人同愛会てらん広場相談室〔臨床心理士・公認心理師〕

遠藤　　司（えんどう つかさ）　　　　　　　　　　担当　**12**章
　駒澤大学総合教育研究部教授

山田 美穂（やまだ みほ）　　　　　　　　　　　　担当　**コラム1**
　お茶の水女子大学基幹研究院／コンピテンシー育成開発研究所准教授〔臨床心理士・公認心理師〕

山本 芙由美（やまもと ふゆみ）　　　　　　　　　担当　**コラム2**
　Deaf LGBTQ Center代表

坂井 玲奈（さかい れな）　　　　　　　　　　　　担当　**コラム3**
　東京かつしか赤十字母子医療センター〔臨床心理士・公認心理師〕

田中 智子（たなか ともこ）　　　　　　　　　　　担当　**コラム4**
　佛教大学社会福祉学部教授

田中 元基（たなか もとき）　　　　　　　　　　　担当　**コラム5**
　東京都健康長寿医療センター研究所研究員〔臨床発達心理士・公認心理師〕

荒井 裕樹（あらい ゆうき）　　　　　　　　　　　担当　**コラム6**
　二松学舎大学文学部准教授

櫻井 未央（さくらい みお）　　　　　　　　　　　担当　**コラム7**
　杏林大学保健学部講師〔臨床心理士・公認心理師〕

"" インタビュー話し手 *""*

熊谷 晋一郎（くまがや しんいちろう）　　　　担当　**インタビュー①**
　東京大学先端科学技術研究センター准教授〔医師〕

福島　智（ふくしま さとし）　　　　　　　　担当　**インタビュー②**
　東京大学先端科学技術研究センター教授

佐藤 冴香（さとう さやか）　　　　　　　　　担当　**インタビュー③**
　東京都公立学校スクールカウンセラー・東京聴覚障害者支援センター生
　活支援員〔臨床心理士・公認心理師〕

岸村 いっこ（きしむら いっこ）　　　　　　　担当　**インタビュー④**

山口 博之（やまぐち ひろゆき）　　　　　　　担当　**インタビュー④**
　社会福祉法人夢 21 福祉会夢 21 ホーム事業統括責任者

相原 静香（あいはら しずか）　　　　　　　　担当　**インタビュー⑤**

Information

~~ 各種ツール ~~ 各章には以下のツールが収録されています。

（章　頭）Quiz　**クイズ**……学びへつなぐクイズ。

　　　　　Chapter structure　本書の構成……章構成を一覧し，大まかな流れ
とキーワードを確認します。

　　　　　Answer　クイズの答え……Quiz の答えと解説。

（章　末）*Exercise*　**エクササイズ**……講義のリアクションペーパーやレポー
ト課題，グループディスカッションの論点に使える問題です。

（本文中）**キーワード**……重要語句を太字にしました。

　　　　　Column　**コラム**……多角的な切り口から障害を論じる 2 頁読み切り
記事です。

　　　　　Interview　**インタビュー**……障害のある人や家族との対話を紹介す
る 2 頁読み切り記事です。

（巻　末）引用文献……本文中で引用した文献情報一覧です（その他の参照し
た文献や，さらなる学習を深める文献・資料案内は**ウェブサポー
トページ**で提供します）。

　　　　　索　引……重要用語を精選しました。

~~ 本書の学び方 ~~

①段階的な学び：「学びを積み重ねる」

・全 2 部構成です。第Ⅰ部で障害への向き合い方，第Ⅱ部で機能障害と心理
的支援を学びます。

・ウェブサポートページの文献案内には，学びの段階別に，書籍や論文，マン
ガなどを紹介しています。

②〈わたし〉を問う学び：「自ら感じ，考える」「他者と対話する」

　〈わたし〉とは，読み手や支援者の「私（自己，主観／主体）」や，障害のあ
る人や家族の「私（自己，主観／主体）」を指す多義的な語として本書では用
いています。

・本文中の問いかけや章扉の**クイズ**，章末の**エクササイズ**に応じて自分自身で

考えてみましょう。

- 障害のある人や家族の声を随所で届けます。当事者の声に耳を傾け，対話するつもりで読んでみましょう。
- 心理学のテキストでは珍しく，障害をめぐる歴史を取り上げます（**2章**）。自分と連続性のあるものとして歴史を学び，自分の立ち位置を見つめましょう。
- 第Ⅱ部 6, 7, 9, 11, 12 章中の「心理的支援の実際」では，実践者が架空事例（一部，実在の事例を含みます）を紹介します。「私（＝心理職）」になったつもりで学んでください。

③ 〈社会〉を問う学び：「社会における障害を見つめる」「関係や構造を捉える」

　〈社会〉とは，〈わたし〉によって構成され，〈わたし〉を構成するものとして本書では捉えます。

- 社会モデルの観点を学び（**序章**），社会的障壁の解消を目指した支援を考えましょう。
- 法律・制度を体系的に理解することを目指しましょう（**2, 3, 4 章**）。
- **コラム**を読み，視野を広げましょう。

しょうがい表記について

　今日，「障害」「障碍」「障がい」の表記が，それぞれ根拠をもって使い分けられています。本書では，テキストとしての公共性を重視し，最もよく用いられる「障害」表記に統一しています。

タイトルについて

　本書の射程は機能障害のある「障害児・障害者」にとどまらない「障害」という事態であることから，「障害心理学」としています。内容的には公認心理師科目「障害者・障害児心理学」に対応しています。

ウェブサポートページ

　本書での学習をサポートする資料として，本書の各種ツールのほか，キーワード集／文献・資料案内など，本書にはないオリジナルの資料や，インタビュー動画（採用者限定）など，ご講義の補助教材も提供しています。ぜひご活用ください。

https://www.yuhikaku.co.jp/yuhikaku_pr/y-knot/list/20004p/

目　次

はしがき ……………………………………………………………………… i

執筆者紹介 …………………………………………………………………… iii

序章　障害とは何か ………………………………………………… 1
　　　障害と〈わたし〉と〈社会〉をめぐる問い

1　物語を読んで感じることは? …………………………… 2
　未知との遭遇
　宇宙の物語から（2）　物語から思うこと（3）

2　あなたに障害への偏見や差別はある? ……………… 5
　ステレオタイプ，偏見，差別とは（5）　障害をめぐる偏見や差別：2
　つのワークから（6）

3　障害とは何だろう? …………………………………………… 8
　障害とは何によって生じるのだろう?：障害の社会モデルと個人モデル
　（8）　関係性において構築される障害：社会モデルと個人モデルの
　二項対立をこえて（10）

4　何をどのように学ぼう? …………………………………… 11

　　　第 **I** 部　障害の理解と支援のために

第 **1** 章　障害の「外」からの理解 ………………………… 15

1 機能障害とは何だろう? ……………………………………… 16
障害がもたらすからだとこころ

機能障害は相対的 (17)　機能障害をもつ可能性は一生涯 (18)　同じ機能障害での個人差と発達的推移 (18)

2 機能障害って何種類あるの? ………………………………… 20
「機能障害マップ」を頭に入れよう

精神障害 (21)　身体障害 (25)　精神障害／身体障害の周辺 (27)

3 「障害者」とされる人はどれくらいいる? …………………… 31

第2章　障害の「内」からの理解 ……………………… 35

1 あなたのこころはどのように動く? ………………………… 36

2 私たちはどこに立っている? ………………………………… 39

マイノリティ，そして当事者とは (39)　障害のある人と社会のなしてきたこと：わがこととして歴史を学ぶ (43)

3 障害のある人はどのような世界を生きている? …………… 55
「内」からの理解を深める

立ち位置を自覚する (55)　対話する：固有性の理解の試みから共感を目指して (57)

第3章　支援は誰が誰に行うのか ……………………… 61
障害の支援とは①

1 支援とは何だろう? …………………………………………… 62

人権の尊重 (63)　対等な対話とエンパワーメント (64)　社会を変える・支援者が変わる (65)

2 誰が支援するのか …………………………………………… 66

支援者は私たちすべて：インフォーマルな支援者 (66)　多様な機関・組織・人の協働：フォーマルな支援者 (70)

3 誰を支援するのか ‥‥‥‥‥‥‥‥‥‥‥‥‥‥‥‥‥‥‥‥‥‥ 70

最も身近な家族（71）　障害のある人を支える支援者・支援機関
（81）　障害のある人が生活をする地域・コミュニティ（82）

第4章 支援の横糸と縦糸 ‥‥‥‥‥‥‥‥‥‥‥‥‥‥‥ 83
障害の支援とは②

1 何を支援するのか ‥‥‥‥‥‥‥‥‥‥‥‥‥‥‥‥‥‥‥‥ 84
支援の横糸

機能障害をめぐるアプローチ（85）　社会的障壁をめぐるアプローチ
（91）

2 いつ支援と出会う？ ‥‥‥‥‥‥‥‥‥‥‥‥‥‥‥‥‥‥‥ 94
支援の縦糸

生涯発達的な視点をもつことの意義（94）　発達段階に応じた支援
（94）

3 心理的支援とは何だろう？ ‥‥‥‥‥‥‥‥‥‥‥‥‥ 102

心理的支援とは（102）　心理的支援の具体的技法（104）

第II部　障害の心理的支援

第5章 身体障害とは何か ‥‥‥‥‥‥‥‥‥‥‥‥‥‥ 113

1 身体障害とは ‥‥‥‥‥‥‥‥‥‥‥‥‥‥‥‥‥‥‥‥‥‥ 114

身体障害のある人はどんな体験をしている？（114）　身体障害の定義
（115）

2 肢体不自由 ‥‥‥‥‥‥‥‥‥‥‥‥‥‥‥‥‥‥‥‥‥‥‥‥ 116

歩き方を説明できる？（116）　肢体不自由とは（116）　肢体不自由の
ある人の生きる世界（120）

3 視覚障害 ·· 122

視覚を使わないスポーツ観戦とは？（122）　視覚障害とは（122）　視覚障害のある人の生きる世界（129）

4 聴覚障害 ·· 131

審判のホイッスルがきこえないとき，どうする？（131）　聴覚障害とは（131）　聴覚障害のある人の生きる世界（136）

第 6 章　身体障害の心理的支援 ···················· 139

1 身体障害のある人への心理的支援 ·············· 140

物理的に語りやすい環境を整える（140）　主体性を伸ばす（141）　その人のあたりまえを更新する（144）

2 心理的支援の実際 ···································· 144

聴覚障害のある人に焦点を当てて

大人の支援の現場から：きこえないだけでもきこえるだけでもない自己を探して（145）　子どもの支援の現場から：本人のことばでかかわる（151）

第 7 章　高次脳機能障害の理解と支援 ············ 159

1 高次脳機能障害とは何か ···························· 161

脳損傷の体験とはどんなもの？（161）　高次脳機能障害とは（161）　高次脳機能障害のある人の生きる世界（165）

2 高次脳機能障害のある人への心理的支援 ·········· 167

支援の土台をつくるアセスメント（167）　自分と向き合う状況をつくる（168）　個人を地域へとつなぐ（170）

3 心理的支援の実際 ···································· 171

現状を共有しつつ将来への展望を育てる

かかわりの場（171）　かかわりの実際（172）　まとめ（174）

第 **8** 章　**精神障害とは何か** ･･････････････････････････ 177

　1　**精神障害とは** ･･････････････････････････････････ 178

　　精神障害の「症状」ってなんだろう?（178）　精神障害とは何か
　　（180）

　2　**統合失調症** ･･･････････････････････････････････ 181

　　「統合失調症と診断されて治療を受けていますが，治りますか?」
　　（181）　統合失調症とは（182）　統合失調症のある人の生きる世界：
　　障害でなく人を見る（188）

　3　**う つ 病** ･･･････････････････････････････････ 189

　　うつ病の人は増えている?（189）　うつ病とは（191）　うつ病のある人
　　の生きる世界：新たな生き方の模索（194）

　4　**依 存 症** ･･･････････････････････････････････ 195

　　依存するのは悪いこと?（195）　依存症とは（197）　依存症のある人
　　の生きる世界：「ハマる」のはなぜ?（200）

第 **9** 章　**精神障害の心理的支援** ･･････････････････････ 203

　1　**精神障害のある人への心理的支援** ･･････････････ 204

　　安心できるつながりをつくる（204）　その人がその人らしく生きること
　　を支える（205）

　2　**心理的支援の実際** ･･････････････････････････ 206

　　医療におけるかかわり：こころとからだ全体から支援する（206）　福
　　祉におけるかかわり：統合失調症のある人への生活支援・地域支援
　　の実際（215）

第 **10** 章　**発達障害とは何か** ･･･････････････････････ 225

　1　**発達障害とは** ･･････････････････････････････ 226

　　「同じ」?　「違う」?（226）　発達障害とは（227）

2 知的障害（知的能力障害／知的発達症）……………… 233

知的障害のある人は悩まない？（233）　知的障害とは（234）　知的障
害のある人の生きる世界：孤独と疎外からわかちあいへ（241）

3 自閉スペクトラム症／自閉症スペクトラム障害………… 242

自閉スペクトラム症はその人だけのもの？（242）　自閉スペクトラム
症とは（243）　自閉スペクトラム症のある人の生きる世界：孤軍奮闘
（247）

4 学習障害（限局性学習障害／限局性学習症）……………… 248

パソコンはめがね？（248）　学習障害とは（249）　学習障害のある
人の生きる世界：見えにくく，気づかれにくい障害（251）

5 ADHD（注意欠如・多動性障害／注意欠如・多動症）……… 252

子どもとかかわるのにいちばん大切なことって？（252）　ADHDと
は（253）　ADHDのある人の生きる世界：自分自身を乗りこなす
（254）

第 11 章　発達障害の心理的支援 ……………………… 257

1 発達障害のある人への心理的支援 ……………………… 258

社会が育ちの器となる（258）　人としてかかわる・対話的なやりとり
をする（259）　発達の流れを捉える（261）

2 心理的支援の実際 ……………………………………… 261

子どもの支援の現場から：目の前のその子から始まる心理的支援
（262）　大人の支援の現場から：「自分の人生を自分の歩幅で進み
たい」（272）

第 12 章　重症心身障害の理解と支援 ……………… 281

1 重症心身障害とは何か ………………………………… 282

重症心身障害とは（282）　重症心身障害のある人の生きる世界
（286）

2 重症心身障害のある人への心理的支援 ················· 288

彼らの感じていること，考えていることを信じる（288）　彼らの表出を
受けとめる（289）　成長の過程を見通す（290）

3 心理的支援の実際 ························· 291
「ことばへの道」を時間をかけて歩む

かかわりの場（291）　かかわりの実際（292）

引 用 文 献 ··· 295

索　　　引 ··· 306

事項索引（306）　人名索引（315）

コラム　一覧

1　障害×からだ（28）

2　障害×性の多様性（41）

3　障害×うむ・うまれる（73）

4　障害×貧困（89）

5　障害×エイジング（99）

6　障害×表現（183）

7　障害×トラウマ（231）

インタビュー　一覧

①　次世代の育ちを見つめて（76）

②　支援を受けるという体験：言語化しづらい思い（127）

③　出会い，信じて，かかわる：障害のある人の支援（142）

④　愛するという能力：子育てと障害（238）

⑤　それぞれとのかかわり：障害のある兄弟の子育て（270）

障害とは何か

障害と〈わたし〉と〈社会〉をめぐる問い

序章

Chapter structure　本章の構成

あなたに
偏見や差別
はある？

＞

障害とは何だろう？
何によって生じるの
だろう？

・社会モデルと個人モデル
・関係性において構築される障害

＞

何を
どのように
学ぼう？

★本章のウェブサポートページ：学習をサポートするウェブ資料は，
　右の QR コードよりご覧いただけます。

1 物語を読んで感じることは？
未知との遭遇

▷ 宇宙の物語から

さっそくですが，次の物語を読んでみましょう。

ぼくは　うちゅうひこうし。いろんなほしの　ちょうさをするのが，ぼくの　しごとだ。

ぼく　「このほしはどうかな？　…あ，だれかいる。」

［星に着陸。目が３つある宇宙人との遭遇。お互いびっくり！］

このほしのひとたちは，うしろにも　目があるので
まえも　うしろも　いちどに　みえるらしい。

宇宙人①　「へー。」

宇宙人②　「わーすごーい。」［ぼくに近づいてくる］

宇宙人①　「え?!　キミ，うしろが　みえないの？」

宇宙人②　「えー?!　ふべんじゃない？　かわいそう！」

宇宙人①　「このひとは　じぶんのせなかが　みられないんだね…」

宇宙人②　「かわいそうだから　せなかのはなしは　しないであげようね。」［宇宙人たちがヒソヒソ気の毒そうに話す。ぼくはビミョーな表情］

いろいろ　しらべていると，うまれつき「うしろの目だけ　みえない」ってひとがいた。

［「いっしょだ！」嬉しい出会い］

ぼくと　おなじだから，すごく　はなしが　もりあがった。

じぶんと　おなじだとおもうと，やっぱり　なんていうか　あんしんする。

宇宙人③　［うしろの目だけ見えない人］「いいなー，ちきゅう。ぼくはここだと『めずらしい』けど，ちきゅうでは　うしろがみえ

このひとは
じぶんのせなかが
みられないんだね…

かわいそうだから
せなかのはなしは
しないであげようね。

（出所）ヨシタケ・伊藤，2018。

　『みえるとか　みえないとか』（ヨシタケ・伊藤，2018）という絵本の 一節です（［　］は筆者が加筆）。この物語を読んでどんなことを思いましたか。

　物語から思うこと

「あたりまえ」は，星によって違う？

　皆さんもすでに気づいているように，この物語は宇宙人との出会いにたとえて障害のことを表現しています。地球では目が2つで後ろが見えないのが「あたりまえ」，この星では目が3つで後ろも見えるのが「あたりまえ」。「あたりまえ」かどうか，言い換えれば，障害であるのか否かは，場所（星）や時代によって異なる，相対的なものであるということです。私たちが障害と捉えているものも，現代社会で適応的とされる状態から隔たっている，平均から隔たっているといった理由でたまたま障害と見なされているのにすぎません。例えば皆さんもきいたことがある**発達障害**（神経発達障害）とは半世紀くらい前にできた概念で，日本で広く知られるようになったのはここ20〜30年ほどのことです。

障害のある人を宇宙人にたとえるなんて不謹慎？

　もちろん，この表現に傷ついた人がいないとは言い切れません。しかしここでは，不謹慎だからと敬遠してしまう，私たちのこころの動きに注目したいと思います。

　障害を前にすると私たちはつい身構えてしまいます。あまりじろじろ見ては失礼ではないか，うかつなことを言ったら差別になってしまうのではないか，正しい介助（介護）のしかたもわからないから下手にかかわれない，といった不安がよぎり，かかわらないほう

が無難だと避けてしまいがちです。よくわからないから避けてしまうことで，避けてしまうからますますわからない，という悪循環に陥ってしまいやすいのです。

見えないなんてかわいそう？

　かわいそうと言われた「ぼく」はビミョーな表情を浮かべます。皆さんは，「○○なんてかわいそう」といったことばを投げかけられて嫌な気持ちになったことはありませんか。なぜ嫌な気持ちがするかというと，別に自分では自分のことを「かわいそう」などと思っていないのに，相手がその人の価値観に基づいて自分のことを不幸と決めつけ，哀れまれている（見下されている）と差別を感じるからです。障害のある人をかわいそうだと思ったことがある人は少なくないでしょう。「自分は差別なんてしない」と思っていても，知らず知らずに差別していることは誰にでもあるのです。

宇宙人の体験する世界って？

　後ろが見えるってどんな感じでしょうか。背後を襲われる心配はなさそうですが，どのように見つめ合うのでしょう。なかなか想像しにくく，宇宙人にもっと話をきいてみたいような気もします。私たちは，障害のある人の体験はこんな感じと決めつけてしまいがちです。その決めつけのことをステレオタイプといいます。障害（機能障害）にはたくさんの種類があり，それぞれ個人差も大きく（➡ 1章），障害のある人一人ひとり，体験している世界は実に多様です。例えば，精神障害のある人には，実際にはない声などが聞こえる幻聴という症状があります。いかにも怖そうですし，実際強い恐怖を感じることがあるそうですが，一方，世界各国の調査によると，地域によっては，幻聴のことを「話し相手になってくれる」などとポジティブに捉えている人もいるのだそうです（Luhrmann et al., 2015）。

　障害について誤解していることやよくわからないことは実はいろ

いろあるのかもしれません。障害とはこうだと決めつけ，わかった
つもりになったり避けてしまったりする前に，なんで決めつけてし
まうのだろう，と考えてみることから始めてみましょう。

2 あなたに障害への偏見や差別はある？

　物語を読んで，自分の中にある思わぬ偏見に気づいた人もいるで
しょう。世論調査によると，世の中には障害を理由とする差別や偏
見がある，と思う人は8割以上にのぼります。私たち社会は障害
差別を克服できていません。そもそも偏見や差別とは何でしょうか。
障害への偏見や差別とはどのようなものなのでしょうか。

ステレオタイプ，偏見，差別とは

　社会心理学では，ある集団に属する人たちに対して，特定の性質
や資質を「みんながもっている」ように見えたり信じたりする傾向
のことを**ステレオタイプ**，ステレオタイプに好感や嫌悪などの感情
を伴ったものが**偏見**，ステレオタイプや偏見を根拠に接近・回避な
どの行動としてあらわれたものが**差別**であると区別します（北村・
唐沢，2018）。日々膨大で多様な情報にさらされて生きていくには，
カテゴリー化（あるカテゴリーに含まれるものとそうでないものを瞬時に
区別する）という情報処理は欠かせず，それを繰り返すことでステ
レオタイプが形成されます。カテゴリー化するときには，自分が所
属する集団（内集団）と所属しない集団（外集団）を区別し，外集団
より内集団に好意的な反応をしやすいことがわかっています（内集
団びいき）。私たちがステレオタイプな見方をすること，偏見を抱く
ことは避けがたいことであり，差別を減らすためには自分の偏見を
いかに認識するかが重要なのです。

▭▷　**障害をめぐる偏見や差別：2つのワークから**

　障害をめぐる偏見や差別とはどのようなものなのか，2つのかんたんなワークを通じて考えてみましょう。

┌─────────────────────────────────────┐
ワーク①：どのくらい「自己責任」？

聴覚障害　　エイズ　　　発達障害　　薬物依存症　　認知症

　ここに5つの障害（機能障害）が挙げられています（これから障害について学ぶので，よくわからないものもあるかもしれません）。近年，「自己責任」ということばを耳にしますが，これらの障害はそれぞれどのくらい「自己責任」がかかわっていると思いますか。
└─────────────────────────────────────┘

　本人の意思によって行動を変えられる程度のことを統制可能性といいます（北村・唐沢，2018）。その障害は統制可能である，つまり，障害はその人の振舞いや不摂生，気のもちようのせい，その人の「自己責任」だ，と捉える偏見があると，支援されにくく非難されやすいといった差別につながりやすくなります。一方，統制不可能という偏見がもたれると，支援はされやすくなりますが，「かわいそう」と哀れまれたり，危険視されたりしやすくなります。皆さんは，どの障害を「自己責任」とかかわるとみなしたでしょうか。これから詳しく学んでいくように，実際には，あらゆる障害についてどれだけ統制可能であるのかはわかりません。統制可能性の認知は，今皆さんにしてもらったように，断片的で直感的な決めつけにすぎません。

┌─────────────────────────────────────┐
ワーク②：何か問題はある？

　図 0-1 を見てください。婦人服売り場でしょうか。服を買いに来たのはおそらく車いすに乗っている女性です。しかし，店員は女性ではなくその後ろにいる男性に服のサイズを尋ねています。
└─────────────────────────────────────┘

　車いすに乗っていて足が不自由であることはあっても，会話の難

しさが必ずあるわけではありません（会話の難しい障害を併せもっている可能性はあります）。しかし，私たちは，ある障害を他の領域にも広げて捉える傾向があります（北村・唐沢, 2018）。このような見え方の拡張を光背効果といい，なめらかに話

図0-1　何か問題はある？

お連れの方の服のサイズは？

（出所）久野，2018をもとに作成。

せないことを思考力の問題に拡張する，表情が乏しいことを感情の問題に拡張する，さらには，障害という個人の中の一部でしかない特性を中心的な特性と広げて捉えてしまうといったことが，私たちには頻繁に起こります。こうした決めつけが，障害のある人を傷つけてしまったり，その人の取組みを妨げてしまったりすることにつながります。

　私たちには，障害についてよくわからないからこそ，こうした偏見が生じてしまいやすく，それによって障害のある人が誤解に苦しみ，行動が制約されることがあります。また，障害のある人がそのような周囲の偏見を自分の中に取り込んで，「障害のある自分は恥ずかしい存在だ」と思ってしまうこともあります。障害のある人など特定の集団に向けられる偏見や差別と，当事者に芽生える恥の意識のことを**スティグマ**（stigma）といいます（梶原・石垣, 2018）。障害のある人を「異質な存在」とする周囲の偏見や差別（パブリック・スティグマ）が，障害のある人に取り込まれ（セルフスティグマ），自尊心が低下して社会的活動が減少し，障害のある人と周囲がかか

わる機会が減り，「異質な存在」という周囲の偏見が一層強まる，といった悪循環の構造が，スティグマという概念によって見えてきます。

このように，周囲の偏見が障害のある人の苦しみを生み，不利益をもたらすのであれば，障害とはいったい誰の問題なのでしょうか。

3 障害とは何だろう？

▷ **障害とは何によって生じるのだろう？**：障害の社会モデルと個人モデル

障害のある人の人権を保障するためのはじめての条約である，障害者の権利に関する条約（障害者権利条約）は，障害が発展する概念であることを認め，障害の明確な定義を行っていません。本書では，障害（disability：ability［できること］に，「離れる」や否定を意味する接頭辞 dis）とは「できなさ」のことであるとひとまず捉えます。

図0-2では，白杖をもつ人が点字ブロックの上を歩いており，

図0-2 障害の社会モデルと個人モデル

（出所）久野，2018 を参照して作成。

自転車がその目の前にあります（白杖は視覚障害などがある人が歩行のときに使います）。ここで生じている障害，つまり，「できなさ」は，歩けないという状態です。歩けないという状態は何によって生じているのでしょうか。

まずは，①白杖をもっている人のからだに存在する視覚障害が，歩けないとい

図 0-3 個人モデルと社会モデル

機能障害 (impairment)	→	障害（disability） ＝ できなさ	←	社会的障壁 (social barrier)
	個人モデル		社会モデル	

(出所) 星加，2007 を参照して作成。

う状態の原因であると考えられます。

　また，②視覚障害のある人の歩行を誘導する点字ブロックの上に自転車が置いてあることが，歩けないという状態の原因であると考えることもできます。点字ブロックの上に物を置いてはいけないと子どもの頃に習った人もいるでしょう。

　このように，障害が何によって生じているのかという原因帰属のしかたによって，障害を2つの視点から捉えることができます（星加，2007）（**図 0-3**）。①に示したような，個人のからだなどのありよう（**機能障害**〔impairment〕と呼びます➡1章）によって障害が生じていると捉えるのは，皆さんになじみのある障害の捉え方です。

　②に示したような点字ブロックの上の自転車のように，社会に存在する妨げになるものによって障害が生じているという捉え方のことを，障害の**社会モデル**（social model of disability）といいます（この②の社会モデルとの対比で，①のほうの捉え方を，障害の**個人モデル**〔individual model of disability〕と呼びます）。

　社会に存在する妨げになるものっことは**社会的障壁**（social barrier）といい，「障害がある者にとつて日常生活又は社会生活を営む上で障壁となるような社会における<u>事物，制度，慣行，観念その他一切のもの</u>」（障害者基本法，下線は引用者）と法律上定義されています。事物だけでなく，頭の中の観念も含まれ，偏見も社会的障壁の1つです。社会モデルは，障害のある人たちが社会の問題を

図 0-4 ICF 構成要素間の相互作用

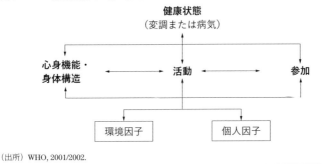

（出所）WHO, 2001/2002.

批判する運動の中で生まれた考え方です（➡ 2 章）。

▭ **関係性において構築される障害**：社会モデルと個人モデルの二項対立をこえて

2 つのモデルの統合を試みようとする考え方もあります。**世界保健機関**（World Health Organization；WHO）は，1980 年，ICIDH（国際障害分類：International Classification of Impairments, Disabilities and Handicaps）において，社会的な観点を取り入れました。

その改定版である **ICF**（国際生活機能分類：International Classification of Functioning, Disability and Health）が，2001 年の WHO 総会で採択されました（WHO, 2001/2002）。

ICF は，機能障害の有無にかかわらずすべての人の健康状態に関する分類です（**図 0-4**）。ある人の健康状態は，生活機能と相互的な影響があり，生活機能は，環境因子や個人因子と相互的な影響があります。生活機能は，心身機能・身体構造（こころとからだの機能とからだの解剖学的構造），活動（課題や行為の遂行），参加（生活場面へのかかわり）からなり，これらも双方向的に影響を及ぼし合い，その問題が障害（機能障害，活動制限，参加制約）としてあらわれると捉えます。障害者権利条約でも，「機能障害を有する者とこれらの者に対する態度及び環境による障壁との間の相互作用」によって障害

が生じることを示しています。

　ここで，宇宙人との遭遇をもう一度思い出してみましょう。何を障害と捉えるのか，あらかじめ決まっているわけではないのです。どのように障害が決まるかといえば，社会において，人と人の**関係性**においてです。星加（2007）は，「できなさ」を評価する基準点そのものが社会的過程において編成されてくるものであるとし，障害とは，「個々の主体と社会の間の，あるいは複数の主体間の特定の関係性に関する概念」であるとしました。つまり，障害とは，関係性において生成し，構築され，増幅されるものであるとしています（増幅というのは，前に述べたセルフ・スティグマの悪循環のようなプロセスです）。さまざまな要素間の関係性として障害を特徴づけている点は ICF と共通ですが，「できなさ」や機能障害の社会的構築性を射程に入れている点が異なります。

4　何をどのように学ぼう？

　本書は，主な読者として公認心理師を目指す人を想定しています（もちろん他の人にも手に取ってもらえたらとてもうれしいです）。

　障害の心理的支援は発展途上です。障害には決めつけが起こりやすいと学びました。障害のある人の思いについても，私たちは同じように一方的に決めつけてしまいやすく，障害のある人自身の声をしっかりきき，理解しようとすることを，これまで十分にはしてきませんでした。

　なぜ私たちは決めつけてしまうのでしょうか。偏見や差別のワークで，自分の中の嫌なところに気づいて苦しくなった人もいるでしょう。決めつけてしまえば，こうした苦しさは避けて通ることができます。障害のある人の声をしっかりきくことは，私たちが自分

自身に向き合うことでもあるということです。

　自分自身に向き合い，自分の足場を省みることによって，障害という問題に向き合うことが可能になります。この本では，障害という問題にわがこととして取り組み，障害のある人が生きやすくなるような心理的支援を主体的に開拓する心理職になるための，第一歩となる学びを提供することを目指します。

*** **Exercise　エクササイズ** //

0.1　自分の中にある障害への偏見や差別について，思い出し，書き出してみよう。

0.2　個人モデルに立った質問を，社会モデルに立った質問に言い換えてみよう。

個人モデルに立った質問	社会モデルに立った質問
あなたの具合の悪いところはどこですか？	社会の具合の悪いところはどこですか？
あなたは，身体障害があるために，現住所に引っ越したのですか？	あなたは，家の不便な設計のせいで，現住所に引っ越したのですか？
あなたは，知的障害があるために，特別支援教育を受けていますか？	
あなたは，聴覚障害があることで，人びとのことばを理解するのが困難ですか？	
あなたが物を持ったり握ったりひねったりすることを困難にしているのは，どんな症状ですか？	

(出所)　星加，2007 を参照。

障害の理解と
支援のために

Chapter

1　障害の「外」からの理解
2　障害の「内」からの理解
3　支援は誰が誰に行うのか
4　支援の横糸と縦糸

第Ⅰ部での学び

● **障害概念，制度，理論，歴史を体系的に学ぶ**：下図は機能障害の位置
関係を示しています（➡ 1 章）。他にも，全体的な構造や体系を捉えるた
めのツールを多数提示しますので，1 つひとつの概念の全体における位置
づけを意識しながら学びましょう。

● **「おや⁉」と動くこころを大切に学ぶ**：知っているつもりの概念につ
いて改めて考える，意外な事実を新たに知る，障害のある人のことばに立ち
止まって耳をすませてみる……「おや⁉」と動くこころを大切に，新たな
発見に出会いましょう。

図ア　機能障害の位置関係

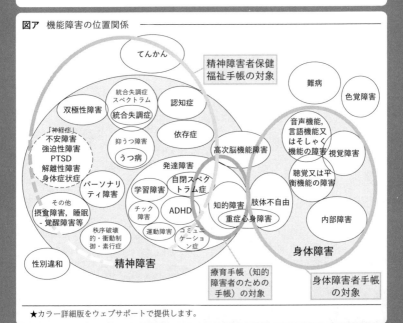

★カラー詳細版をウェブサポートで提供します。

障害の「外」からの理解

Quiz クイズ

Q1.1 「障害者」とされる人は，日本の人口の何％でしょうか。

　　　a. 1％未満　**b.** 約 4％　**c.** 7％以上

Q1.2 障害を身体障害，知的障害，精神障害の 3 つに区分したとき，どの障害のある人がいちばん多いでしょうか。

　　　a. 身体障害　**b.** 知的障害　**c.** 精神障害

Chapter structure　本章の構成

機能障害
とは何だ
ろう？

・機能障害は相対的
・機能障害をもつ可能性
　は一生涯
・個人差と発達的推移

機能障害って
何種類あるの？

精神障害
身体障害
その周辺……

「障害者」と
される人は
どれくらい
いる？

Answer クイズの答え

Q1.1　c.

内閣府の『令和 2 年版 障害者白書』で，7.6％です。想像よりも多いと感じた人もいるかもしれませんが，世界的な推計では約 15％とされており，それより少ない数値です。想像よりも多い「障害者」＝機能障害のある人とはどのような人のことなのか，なぜ世界的な推計と異なるのか，学んでいきましょう。

Q1.2　a.

内閣府の『令和 2 年版 障害者白書』では，身体障害者・児 436 万人，知的障害者・児 109 万 4000 人，精神障害者 419 万 3000 人となっています。

★本章のウェブサポートページ：学習をサポートするウェブ資料は，右の
　QR コードよりご覧いただけます。

1　機能障害とは何だろう？
障害をもたらすからだとこころ

　本書では障害とは「できなさ」と捉えます（➡序章）。機能障害とは，「できなさ」をもたらす個人のこころやからだのありようのことであり，心身機能の標準からの隔たりのことです（身体構造の欠損などである構造障害もここでは含めて捉えます）。機能障害は，心身機能，つまり，精神（こころ）機能と身体（からだ）機能（表 1-1）のどちらに隔たりがあるかによって，精神障害と身体障害に大別されます。機能障害を理解する基本となる 3 つの視点を以下に示します。

表 1-1　心身機能とは（ICF に基づく）

精神機能	全般的精神機能：意識，見当識，知的機能，全般的な心理社会的機能（社会的相互作用），気質と人格，活力と欲動，睡眠 個別的精神機能：注意，記憶，精神運動（運動の統制），情動，知覚，思考，実行機能，言語※，計算，複雑な運動を順序立てて行う精神機能，自己と時間の経験の機能
身体機能	感覚，音声と発語，心血管系・血液系・免疫系・呼吸器系，消化器系・代謝系・内分泌系，尿路・性・生殖，神経筋骨格と運動，皮膚

（注）※ ICF では，言語機能は精神機能に含まれている。日本の身体障害者福祉法においては，言語機能の障害は身体障害の 1 つに位置づけられている。
（出所）WHO, 2001/2002 を参照して作成。

▷ **機能障害は相対的**

　機能障害には，古くから知られていたものもあれば，近年になって見出されたものもあります。滝川（2019）は，第一次産業（農林水産業）が盛んで労働に身体能力が求められる時代に身体障害が，第二次産業（工業・製造業）が盛んになり労働に高い知的能力が求められる時代になると知的機能の標準からの隔たりである**知的障害**（知的能力障害）が，第三次産業（消費産業）が盛んになりコミュニケーション能力が求められるようになると社会的相互作用の標準からの隔たりである**自閉スペクトラム症**が見出されたと，社会の産業構造の変化と機能障害の発見との関連を推測しています。何の機能に関する隔たりを機能障害と捉えるのかは時代や文化によって異なるのです。

　どのような方向の隔たりを機能障害と捉えるのかも時代や文化の価値観に影響を受けます。知的機能などの秀でた能力をもつ**ギフテッド**（才能児）の，能力が高いゆえの社会的・情緒的問題に気づかれはじめたのは最近のことです。

図 1-1 さまざまな視覚障害

①通常

②ぼんやりとしか見えない

③見える範囲が狭い（視野狭窄）

④中心だけが見えない（中心暗点）

⑤白くモヤがかかる

（出所）京都ライトハウス, n.d.
https://www.kyoto-lighthouse.or.jp/knowledge/blindness-lowvision/

機能障害をもつ可能性は一生涯

障害というと生まれつきというイメージが強いでしょう。しかし，私たちは誰しも，機能障害をもつ可能性は**一生涯**あります。極端なことをいえば，明日交通事故に遭って身体障害を負う可能性もあるのです。生涯の途中で障害をもつようになることを**中途障害**と呼びます。機能障害の種類によってあらわれやすい時期は異なります。いわゆる健常者のことを「一時的に障害のない人」と呼ぶこともあります（Sinason, 2010/2022）。こうした意味でも，障害とはすべての人にとって他人ごとではないのです。

同じ機能障害での個人差と発達的推移

例えば見えない・見えにくい障害である**視覚障害**にも，**図 1-1** のように人によってさまざまな見えにくさの違いがあります。「○○障害」とひとくくりにせずに，**個人差を正しく捉えること**が必要で

す。

　さらに，発達的な経過で障害のあらわれが変化します。自閉スペクトラム症のある人の治療に長年携わってきた児童精神科医が，次のような三者三様の発達プロセスを紹介しています。

自閉スペクトラム症のある3人の例

Aさん：街で，きちんとした身なりの青年が医師に話しかけてきました。「○○病院でお世話になったAです」。幼児期にはことばが遅れ，集団行動がとれませんでした。人なつこく，短時間なら指示にも応じられました。小学校では話しことばも伸びましたが，いつも将棋の駒をポケットに入れ，嫌なことがあると打ち鳴らすなどこだわり行動が目立ちました。中学校は進学校で，友だち関係で嫌になって何度も学校をやめようとしましたが，担任の先生がよく理解してくれ，気心の合う友人もできました。高校になるとかなり楽になり，大学では比較文化学を学び，旅行会社に就職しました。

Bさん：小さいときから今まで，話しことばでのコミュニケーションはほぼとれませんが，気持ちの交流はできて，意思が通い合います。両親の愛情を受けて健やかに育ち，小学部から高等部まで特別支援学校で学んだ後，障害福祉事業所で仕事をしています。もくもくと正確に仕事をこなす働き頭です。趣味はジョギングで，年に1回フルマラソンに出ます。医師はBさんがきてくれると「疲れが癒やされてほっとくつろいだ気持ちになれる」そうです。

Cさん：幼児期からとても過敏で，からだが触れ合うのを嫌いました。小学校入学頃からことばが達者になり，思いつくままに勝手にしゃべり続け，友だちに嫌われ，いじめられることも多くなりました。5年生から学校に行かなくなりました。友人を見ると強い恐怖感が起こり，家に閉じこもってテレビを見てばかりの生活が続きました。15歳を過ぎる頃から大型書店めぐりをするようになり，国際紛争にとくに興味をもち，驚くほど物知りになりました。医師がアルバイトでもと勧めると，「僕は働くのはダメです，あまりにも感覚が過敏で他人と交わることはできない」と言います。

（村田，2008を参照して作成）

機能障害があってもあたりまえですが皆発達し，環境の影響を受けて多様な経過をたどります。障害が目立たなくなることもあれば，障害が強まったり別の障害を併せもったり（併存）することもあります。障害のある人が高齢期を迎えると，もともとある障害に加えて加齢による二重の負担を強いられるとする仮説と，高齢期になると障害のない人にも身体的な変化が生じて障害の有無による差がぼやけてくるとする仮説（高齢化がもたらす平等）があります（酒井ら，2021）。

2　機能障害って何種類あるの？
「機能障害マップ」を頭に入れよう

　機能障害にはたくさんの種類があります。個々の機能障害を詳しく学ぶ前に，それぞれの機能障害がどのグループに属するのかといった全体像や位置関係をまず頭に入れる必要があります。

　機能障害の分類には医学的な診断分類と法律上の分類があります（図1-2）。医学的には，ここまで解説した通り，精神障害と身体障害に二分して捉えます。精神機能の発達の遅れである**発達障害**は精神障害の中に含まれ，知的機能の発達の遅れである知的障害は発達

図1-2　機能障害の分類のしかた

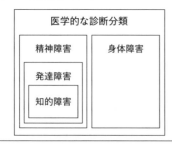
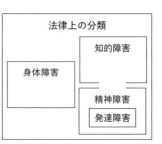

障害の中に含まれます。一方、法律上は、身体障害、知的障害、精神障害の順番に支援に関する法律が制定されてきた経緯から（⇒ 2章）、いわゆる3障害と並列で捉えられています。さらに後になって法制化された発達障害は精神障害に含まれます（精神保健及び精神障害者福祉に関する法律［**精神保健福祉法**］で、「精神障害者」の定義には「統合失調症、精神作用物質による急性中毒又はその依存症、知的障害、精神病質その他の精神疾患を有する者」と知的障害を含んでいますが、同法で示す保健や福祉の対象には知的障害は含みません。法的な分類における知的障害の位置づけにはあいまいさがあります）。

1節で見たように、何を機能障害と捉えるかは時代や文化により変わり、分類のしかたも変化します。それを前提にして、主な機能障害の全体像を捉えていくことにしましょう（Ⅰ部扉裏**図ア**に、医学的分類、法律的分類［福祉サービスを受けるため三障害ごとに交付される**障害者手帳**（⇒ 4章）の対象を示しました］において、それぞれの機能障害がどこに位置するかを示しました）。Ⅱ部で詳しく学ぶ障害には下線を引いてあります。膨大な機能障害のうち、他の公認心理師科目とのバランスなどを考慮してピックアップしました。太字で示すものはどれも重要ですので、他の科目で必ずしっかり学んでください。

精 神 障 害

ここでは主に**DSM-5**（Diagnostic and Statistical Manual of Mental Disorders［5th ed.］：精神疾患の診断・統計マニュアル）と尾崎ら（2018）に基づいて解説します。DSMは、アメリカ精神医学会（APA）が作成する精神障害（疾患）の診断マニュアルで、世界的に広く用いられています（⇒ 8章）。

発 達 障 害

発達早期から精神発達の遅れを示す障害です。

<u>知的障害</u>、<u>自閉スペクトラム症</u>、<u>限局性学習障害</u>、**ADHD**（attention-

deficit/hyperactivity disorder：注意欠如・多動性障害）の他，**吃音**（小児期発症流暢障害）などを含むコミュニケーション障害や，**発達性協調運動障害**などの運動障害，**チック障害**などを含みます。吃音は主に幼児期にあらわれ，音の繰り返しや延長，ことばの途切れなど話し方のなめらかさに支障が生じます。それにより，人前で話すことに不安を感じ回避したり，言いにくいことばを避けて別の表現に言い換えたりすることがあります。周囲は話し方を受けとめ，ことばの先取りをせずにゆっくりと待つことが大切です。発達性協調運動障害は，よく物とぶつかる，はさみや食器がうまく使えない，スポーツが苦手といった，不器用さや運動技能の遂行における遅さと不正確さがあらわれます。周囲からは気づかれにくい障害ですが，決してまれではなく，他の発達障害と併存することも多いとされています。チック障害では，チックと呼ばれる，突然急速にあらわれる，繰り返しの，リズミカルでない動きや発声が見られます。

統合失調症スペクトラム

統合失調症スペクトラムとは，妄想や幻覚，まとまりのない思考や行動などを示す障害群であり，統合失調症を含みます。統合失調症は思春期・青年期に発症しやすく，有病率（疾患を有している人の割合）は約 120 人に 1 人とされます。精神医学の中心的な課題として，統合失調症の診断や治療の研究が取り組まれ続けてきました。

抑うつ障害群

気分の落ち込みや，身体的・認知的症状が見られる障害群の総称で，うつ病（大うつ病性障害）などを含みます。うつ病は最も有病率の高い精神障害の 1 つであり，若年者を中心に，子どもから中高年までさまざまな年代でこの障害をもつことがあります（➡ 9 章3）。

双極性障害

気分が高揚して活動が亢進する躁病エピソードが見られる**双極Ⅰ型障害**，軽躁病エピソードと気分が落ち込み活動への興味を失う抑

うつエピソードが見られる**双極II型障害**などがあります。躁病エピソードにおいては，過度の自尊心，睡眠欲求の減少，多弁，考えが次々に浮かぶ，注意散漫なども見られます。青年期に発症することが多いとされます。気分がハイになることはそれほど悪いことではないように感じる人もいるかもしれませんが，躁病エピソードのときに逸脱的な行動をとってしまうことがあり，再発も繰り返しやすく，生活に与える影響の大きい障害です。うつ病と見極めて適切な対応を行うことが必要です。

「神経症」

「神経症」とは，かつて精神障害を原因によって分類していたときに，心理的な原因（心因）によって起こるものの総称でした（➡8章）。現在では心因だけでは説明がつかないとされていますが，心理的なストレスは大きくかかわっています。

DSM-5は原因による分類をしておらず，「神経症」ということばは使われていませんが，**表1-2**に挙げた障害が該当します。

秩序破壊的・衝動制御・素行症

情動や行動の自己制御の障害です。怒りっぽさ，挑発的行動，執念深さなどの見られる反抗挑戦性障害などが含まれます。

依存症（物質関連障害・嗜癖性障害）

依存症とは，物質や行動への強い依存が生じる障害です。DSM-5では，アルコールや大麻，覚醒剤などの物質の使用による障害を**物質関連障害**とし，ギャンブルといった行動への依存が見られる障害を嗜癖性障害としています。

認知症（神経認知障害）

いったん正常に発達した認知機能が低下し，毎日の活動に支障をきたした状態のことで，60歳以上になると有病率が急上昇します。記憶障害や見当識障害（日時や場所，周囲の状況など，自分のおかれている環境を正しく認識する能力）をはじめとする認知症状の他，幻

表 1-2 「神経症」に含まれるさまざまな障害

不安障害群	過剰な恐怖や不安が見られる障害。 愛着をもっている人や家からの分離に過剰な不安を示す**分離不安障害**，特定の社会的状況で話さない**選択性緘黙**，特定の対象または状況への顕著な恐怖を示す**限局性恐怖症**，他者の注視をあびるかもしれない場面に著しい不安を示す**社交不安障害**，突然激しい恐怖に襲われるパニック発作の見られる**パニック障害**，多数の出来事に過剰な不安を抱く**全般性不安障害**などが含まれる。
強迫性障害および関連障害群	考えたくないのに繰り返し考える強迫観念や駆り立てられるように繰り返し行う強迫行為が見られる**強迫性障害**の他，身体上の欠陥や欠点にとらわれる**身体醜形障害**，所有物を捨てることが困難であるため**こみ症**，繰り返し自身の体毛を抜く**抜毛症**などが含まれる。
心的外傷およびストレス因関連障害群	養育者に安楽や愛情を求めず交流が乏しい**反応性愛着障害**，見慣れない大人に過度になれなれしく交流する**脱抑制型対人交流障害**，心的外傷となるような出来事の後，関連する記憶や苦痛などが襲ってくる侵入症状，関連する刺激を避ける回避症状，眠れなくなるなどの過覚醒症状などが生じる**PTSD**（posttraumatic stress disorder：心的外傷後ストレス障害），はっきりと確認できる心因（ストレス）に反応して，情動面または行動面の症状が出現する**適応障害**などが含まれる。
解離性障害群	パーソナリティの同一性が破綻する**解離性同一性障害**，強いストレスを感じたことの想起ができなくなる**解離性健忘**などが含まれる。
身体症状症および関連障害群	苦痛を伴う身体症状があり，深刻に悩み強い不安を感じる**身体症状症**や，実際はそうでないのに重い病気なのではないかと不安になる**病気不安症**，随意運動や感覚機能の変化の症状が（身体神経疾患でないのに）あらわれる**転換性障害**などが含まれる。

覚・妄想，不安，抑うつ，徘徊，常同行動といった行動・心理症状が見られます。原因にはさまざまな疾患があり，アルツハイマー病，前頭側頭葉変性症，レビー小体病などの神経変性によるもの，脳梗塞や脳出血による血管性認知症などが代表的です（➡**コラム5**）。

パーソナリティ障害

パーソナリティの偏りによる障害で，奇妙さを特徴とする**A群**（猜疑性・シゾイド・統合失調型），演技的で移り気であることを特徴とする**B群**（反社会性・境界性・演技性・自己愛性），不安を特徴とす

るC群（回避性・依存性・強迫性）に分類されます。パーソナリティ
とは日常語の「性格」に近い意味であり，ある程度安定した個人差
を規定するものであって，情動，思考，行動，対人関係などの要素
（特性）からなるその人の適応のあり方のことです（原田，2020）。
パーソナリティの偏りを障害と捉えることに違和感を覚える人もい
るかもしれません。そもそもパーソナリティには，このA群・B
群・C群という分け方のような類型（タイプ）論的な捉え方と，複
数の特性から記述する特性論的な捉え方があります。パーソナリ
ティ障害を類型論的に捉えるという線引きの難しさが指摘され，診
断概念のさまざまな変遷の末，DSM-5の一部や，WHOの作成す
る疾病の分類ICD-11（International Classification of Diseases：国際疾
病分類）では，特性の程度差としてパーソナリティ障害を捉えよう
とする動きが進んでいます（➡ 8章中の「ディメンジョンモデル」）。

その他

　神経性無食欲症（摂取カロリーを制限し体重増加に強い恐怖を抱き，
体重や体型に関する自己意識に障害がある）などを含む**摂食障害**，不眠
や過眠などを含む**睡眠―覚醒障害**などがあります。

▷　身体障害

　身体障害（➡ 5章）は，一時的な不調である疾病とは違い，から
だの機能障害が一定以上で永続することが要件とされています。具
体的な機能障害は身体障害者福祉法によって5つに分けられてお
り（厚生労働省社会・援護局障害保健福祉部企画課，2013），以下でもこ
の枠組みで概説します。なお，障害の程度をもとにした身体障害者
手帳の等級については，2008年の身体障害者福祉法施行規則別表
第5号「身体障害者障害程度等級表」において定められています。

視覚障害

　<u>視覚障害</u>とは，見えない・見えにくいという障害です。見えな

さ・見えにくさには，視力の低下，視野狭窄（視野が欠けること；**図
1-1**），まぶしさ，斜視などがあります。視覚障害の原因は，眼球，
視神経，脳まで多岐にわたります。まったく見えない，もしくは明
暗程度の判断ならできるものの視覚情報の取得がほぼ困難な全盲と，
見えにくい状態である弱視に分類されます。

聴覚又は平衡機能の障害

　<u>聴覚障害</u>も平衡機能の障害もいずれも聴覚器官にかかわる障害で，
きこえない・きこえにくいこと，あるいはからだの向き，傾きの感
覚の受け取りの障害です。聴覚障害は，外耳・中耳・内耳・聴神経
などの部位における障害です。聴力全般の低下，音としてはきこえ
てもことばとしては認識できない，音のゆがみ，耳鳴りなどがあり
ます。平衡機能の障害は，内耳を含めた前庭系，中枢神経系の障害
であり，めまいやふらつきといった障害が起こります。

音声機能，言語機能又はそしゃく機能の障害

　音声機能，言語機能の障害は，音声をまったく発することができ
ないか，発声しても言語機能を喪失したものをいいます。咽喉や構
音器官の障害や，形成異常，中枢性疾患による障害です。支援とし
ては「訓練により食道発声をしたり，人工喉頭を使用したりして会
話ができるようになる人もいます」（千葉県，2017）。**そしゃく機能
の障害**は，重症筋無力症などの神経・筋疾患，延髄機能障害及び末
梢神経障害，外傷などによるそしゃく機能の喪失や著しい障害です。
口で食事することができなかったり難しかったりするため，その人
の状態に合わせて経管栄養（口腔，鼻腔，胃ろうより胃内に管〔チュー
ブ〕を挿入して流動食を注入して栄養を補給する方法）など食事形態の
調整がなされます。

肢体不自由

　身体障害の中でその障害のある人の数が最も多いのが<u>**肢体不自由**</u>
です。上肢・下肢機能障害，体幹機能障害，乳幼児期以前の非進行

性の脳病変による運動機能障害の3つがあります。上肢では、握る、つまむ、なでる、物を持ち上げるなど、下肢では歩く、平衡をとる、上る、座るなどの機能における障害です。体幹とは、頸部、胸部、腹部、腰部のことであり、体位を保持するなどの機能における障害です。乳幼児期以前の非進行性の脳病変による運動機能障害とは、主に脳性まひによる不随意運動や失調のことを指します。

内 部 障 害

　身体疾患のために内臓の機能が低下したり失われたりする障害です。心臓、じん臓又は呼吸器の機能の障害、ぼうこう、直腸又は小腸の機能の障害、ヒト免疫不全ウイルス（HIV）による免疫の機能の障害に分類されます。内部障害のある人は日常生活での困難さが周囲から見えづらいことがあります。例えば、肝臓の機能の低下やHIVの感染で免疫機能が低下して疲れやすい、心臓にペースメーカーという医療機器を使っているため携帯電話の電波が悪影響となる、排泄物を体外に排泄するための人工肛門・人工膀胱を造設していて（オストメイト）トイレに不自由する、肺の機能が低下してタバコの煙で苦しくなったりするなどです。外から見ると内部障害があることはわかりづらく、周囲からの理解や配慮を得づらいため、オストメイトマークやヘルプマークなどで周知を呼びかけています（3章扉の**クイズ** Q3.1）。身体障害のある人のうち、肢体不自由に次いで多くの割合を占めており、高齢化などの影響を受けて増加していると考えられます。

▭〉　**精神障害／身体障害の周辺**

　精神障害と身体障害の分類は心身二元論に基づくものですが、こころとからだは関連しあっていて明瞭に分けられるものではなく（⇒**コラム1**）、どちらにも分類しがたい障害もあります。精神障害と身体障害のどちらに位置づけるか難しいのが<u>高次脳機能障害</u>です

コラム1　障害×からだ

障害は「こころ」と「からだ」に分けられる？　　機能障害は，精神障害と身体障害という二分法で理解されることが一般的になっています。しかし，障害とは，いのちが生きて育つプロセスが何らかの要因によって妨げられることだといえます。人のいのちを2つに分けてしまうことはできませんね。むしろ，「心身一如」ということばにあらわされるように，また最新の脳科学や神経生理学の研究が明らかにしているように，こころとからだは分かちがたくつながっています。そう考えると，「こころ」の障害と「からだ」の障害は本来明確に区別されるものではなく，むしろこころとからだがどこかでうまくつながらなくなってしまったのが「障害」と呼ばれる状態なのかもしれません。

　「障害」と「からだ」については，実にさまざまな方向から考えていくことができますが，このコラムでは「からだから見た精神障害」について考えてみましょう。

障害による苦しさを表現するからだ：身体症状や運動障害　　「身体症状症」は，身体に異常がないのに心理的問題によってさまざまな身体症状が引き起こされる精神障害の総称ですが，こころの苦しさがからだを通して表現されるのは決してこの障害だけではありません。例えば，うつ病と診断されるケースの中には，気分の沈みはあまり自覚されないのに，不眠，食欲不振，身体の痛みなどが強く訴えられるケースがあります。摂食障害では，体重・体型に対するイメージや認知によって健康に食べることができなくなり，時には生命が危機にさらされるほど身体的健康が損なわれる場合があります。統合失調症などの精神障害に合併するカタトニア（緊張病）は，長時間同じ姿勢のまま身体を動かせなくなったり，同じ動きを繰り返したりする症候群です。こころの苦しさをことばにできない場合でも，からだは雄弁に物語っているのです。

感じられないからだ／感じすぎるからだ：感覚過敏と感覚鈍麻

上に述べたのは，精神障害がある人のからだ（身体症状）が，いわばこころの「代弁者」となる場合ですが，こころがからだをうまく感じられない，あるいは感じすぎてつらいという場合もあります。

例えば，自閉スペクトラム症の感覚過敏・感覚鈍麻については以前から知られていましたが，近年になって，はたから見ればかすかな刺激が激烈な苦痛となって（過敏）パニックを引き起こしたり，痛みや疲労を自覚できない（鈍麻）ために重篤なケガが放置されたり突然倒れてしまったりするといった困難が生じやすいことが注目されるようになりました。当事者の手記や自伝は，感覚をめぐる困難がいかに強烈な体験世界を生じさせるかを教えてくれます（➡ 10章）。

からだごとの共感を　精神障害に伴う身体症状や運動障害も，あるいは感覚異常も，その体験がない人には実感をもって想像しにくいものです。ですが，あたまでは想像しにくくても，かかわろう，支援しよう，一緒にいようとする人のからだは，障害のある人のからだと相互作用を始めています。例えば，うつ病の心理療法では，クライエントの語りをきいている心理職が，なぜか眠気に襲われるという現象が生じることがあります。これは，クライエントがうつ病によってエネルギーが低下した状態にあり，共にいる心理職のからだが自然に同調あるいは共鳴して，同様の状態を経験するためと考えられます。他にも，何らかの身体症状を訴えるクライエントと面接を重ねる中で，同じあるいは類似した症状を経験したという心理職は少なくないはずです。

　心理療法のような濃厚な二者関係でなくとも，さまざまな支援の場面で，例えば相手を見てはいけないような気がして目をそらしたり，緊張して身動きができなくなったり，逃げ出したくなったりすることがあるかもしれません。実はそこに，ことばを超えた共感の芽があります。ですから，まず「その人のからだ」を見守ること，そして一緒にいる「わたしのからだ」に生じる感覚や動きを見つめて味わうことが大切です。それが，障害がある人の，想像しにくい体験と共にあることや，少しでも想像してみることに，つながっていきます。　　　　　　［山田美穂：お茶の水女子大学（臨床心理学）］

（➡ 7 章）。脳の損傷によって記憶，思考，言語などの高次脳機能が障害されるものですが，損傷の部位によって，言語障害があらわれた場合には身体障害者手帳の対象となり，記憶障害など精神機能の症状があらわれた場合には「器質性精神障害」として精神障害者保健福祉手帳の対象となります。このように，高次脳機能の多様な症状を精神／身体と線引きする難しさがあります（どこまでの症状を含めるかによって，高次脳機能障害ということばの用法自体 2 つあります）。そして，器質的な成因（脳損傷）が明確な障害は精神障害に含めない考え方（石原，2017）をふまえると，高次脳機能障害が精神障害に含まれるのかどうかあいまいであるという難しさもあります。また，身体障害と精神障害が重なり合ったところに位置するのが<u>重症心身障害</u>です（➡ 12 章）。重度の知的障害と重度の肢体不自由が重複してあらわれます。このような分類の難しい障害は，障害種別ごとの支援制度では支援が不十分なことがあります。

　障害か否かの境界線に存在する疾患もあります。**てんかん**は，てんかん発作（脳神経細胞に突然発生する激しい電気的な興奮によって起こる反復性の発作）を主な症状とする脳疾患です。生涯有病率は 0.3 〜 1％であり，発達障害のある人が併存することもしばしばあります。脳疾患であるてんかんは精神障害ではないとする見方もありますが，精神障害者保健福祉手帳や障害年金を申請することができます。**色覚障害**（色覚異常，色弱，色盲）とは色の見え方の違いのことであり，先天性と後天性があります。光の強弱をキャッチする錐体という視細胞のうち，L 錐体と M 錐体の特徴が似ているかいずれかが機能していない P 型色覚と D 型色覚（赤，橙，黄，緑の違いを感じにくい）が大多数を占めており，日本人では男性の約 5％，女性の約 0.2％が該当します。身体障害における視覚障害には含まれません。てんかんも色覚障害もかつて多くの職業の制限（欠格条項 ➡ 2 章）がありました。**難病**とは，2015 年に施行された「難病の患者に対する

医療等に関する法律」（難病法）によれば，発病の機構が明らかでなく治療方法が確立していない希少な疾病であって，長期にわたり療養を必要とすることとなるもののことで，多くの疾病が含まれます。1993年の障害者基本法で難病患者も「障害者」として位置づけられることとなり，一部の難病が医療費助成や障害福祉サービスの対象となり始めました。**性別違和**（性別不合）とは，自分で実感して捉えている／外に見える形であらわれているジェンダーと，指定されたジェンダーとの不一致のことです（針間，2019）（⇒ **2章コラム2**）。かつては性同一性障害と呼ばれました。主に当事者が用いるトランスジェンダーということばと同じ状態を指します。障害なのか否かという議論が続いており，DSM-5では精神障害に含まれますが，ICD-11では精神障害ではなくなりました。

学校教育独自の概念もあります（柘植ら，2014）。選択性緘黙や不登校，非行など，学校や家庭での適応の困難を**情緒障害**といいます。病気のために心身が弱っている状態を指す**病弱**や，病気ではないが身体の不調が続く**身体虚弱**の子どもは，**特別支援学校**（病弱）または**特別支援学級**に通ったり，**通級による指導**（身体虚弱）を受けたりすることがあります（⇒ 4章）。視覚障害，聴覚障害，知的障害，運動障害あるいは病弱などを2つ以上併せもっていることを**重複障害**と呼び，とくに，精神発達の遅れが著しい，常時介護を必要とする，破壊的行動や自傷などの行動が著しい場合には**重度・重複障害**と呼ばれます。

3 「障害者」とされる人はどれくらいいる？

「障害者」とは，**障害者基本法**では「身体障害，知的障害，精神障害（発達障害を含む。）その他の心身の機能の障害がある者であつ

図1-3 年齢別有障害率の性別グラフ ─────

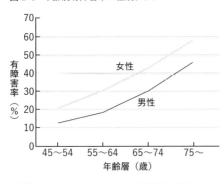

(出所) Officer & Posarac, 2011/2013 を参照して作成。

て，障害及び社会的障壁により継続的に日常生活又は社会生活に相当な制限を受ける状態にあるもの」とされています。つまり，機能障害や社会的障壁によって，「できなさ」を感じている人のことを指します。

WHO が行った世界規模の有障害率（人口に占める障害のある人の割合）の調査から，世界人口の約15％（10億人以上の人びと）が障害のある人と推定されています（Officer & Posarac, 2011/2013）。1970年代には約10％であり，増加傾向にあります。背景要因の1つが世界的な**高齢化**です。高齢になると，視覚障害，聴覚障害，認知症などをはじめ，障害をもつことは増えます（**図1-3**）。また，糖尿病などの慢性疾患の世界的増加も関連しているとされています。高齢であることの他にも，弱い立場にある人と障害には密接な関連があります。障害のある人は貧しい傾向があり，貧困層で有障害率が高く，障害と**貧困**は相互に関連し合います（➡ **4章コラム4**）。また，女性は男性に比べて有障害率が高く，障害のある男性よりも障害のある女性のほうが教育や所得などで不利益を被りやすく，障害とジェンダーの2つの差別が複合的に起こっています。

ただ，障害のある人の実態はまだ十分に明らかになっていないのが現状です。国別の有障害率の調査結果は1％未満から30％超まで幅があります。開発途上国の調査では有障害率が低いことが多く，調査対象とする障害の範囲が狭いことが背景にあると考えられてい

表 1-3 短い質問セット

基本生活ドメイン	質　問
見　　る	あなたは眼鏡を着用しても見るのに苦労しますか？
聞　　く	あなたは補聴器を使用しても聞くのに苦労しますか？
歩　　く	あなたは歩いたり階段を登ったりするのに苦労しますか？
認 識 する	あなたは思い出したり集中したりするのに苦労しますか？
セルフケア	あなたは身体を洗ったり衣服を着たりする（ようなセルフケア）で苦労しますか？
コミュニケーション	あなたは普通（日常的）の言語を使用して意思疎通すること（例えば理解したり理解されたりすること）に苦労しますか？

(注) 回答は4件法（いいえ／はい，多少／はい，とても／まったくできません）。
(出所) 森，2018。

ます。こうした状況を受けて，世界中で広く利用できる標準的な調査方法が開発されており，例えば国連統計委員会のもと設立された専門家の集まりであるワシントン・グループは，ICF に基づいた「短い質問セット」（**表 1-3**）を開発し，日本でも導入が検討されています（森，2018）。冒頭のクイズ **Q1.1** で紹介した日本の有障害率の 7.6％とは障害者手帳取得者数や患者数からの推定です。つまり，何らかの支援や治療を受けている人の割合です。調査方法の見直しによって，困難や苦労を抱えながら支援につながらなかった人たちを新たに把握できる可能性があります。

⫸⫸⫸ *Exercise*　エクササイズ ⫸⫸

1.1　機能障害の全体像を捉えよう：ウェブサポートページのワークシート「機能障害を理解しよう」に機能障害名を記入してみよう。
1.2　障害と高齢化について考えよう：本章1節中「同じ機能障害での個人差と発達的推移」（18 頁）には，「障害のある人が高齢期を迎えると，もともとある障害に加えて加齢による二重の

負担を強いられるとする仮説と，高齢期になると障害のない人にも身体的な変化が生じて障害の有無による差がぼやけてくるとする仮説（高齢化がもたらす平等）」（20頁）と書かれています。

　A.「二重の負担」とはどういうものか，B.「高齢化がもたらす平等」とはどういうものか，AとBそれぞれ具体的な事例を考え，話し合ってみよう。

障害の「内」からの理解

Quiz クイズ

Q2.1 私たちの過去に実際にあったのはどれでしょうか。

    a. かつて日本では精神障害のある人は家の中の牢屋のようなところに閉じ込められていた。

    b. 戦後，障害者施設の建設が進んだのは障害のある人の親の願いでもあった。

    c. 障害のある人の合法的な不妊手術（断種）が世界各国で行われた。

    d. 戦後，障害のある子どもが小学校に通えないことがあった。

Q2.2 障害者差別解消法で禁止されている「障害を理由とする不当な差別的取扱い」に相当するのはどれでしょうか。

    a. レストランが，盲導犬を同伴していることを理由に入店を断った。

    b. 病院の医師が，障害のある本人を無視して，付き添いの人だけに話しかけた。

    c. 不動産会社が，アパートを探しに来た障害のある人に対して，「障害者向けの物件はない」と言って対応しなかった。

Chapter structure 本章の構成

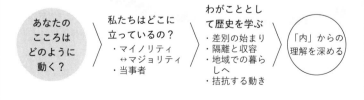

あなたのこころはどのように動く？ ＞ 私たちはどこに立っているの？・マイノリティ↔マジョリティ・当事者 ＞ わがこととして歴史を学ぶ・差別の始まり・隔離と収容・地域での暮らしへ・拮抗する動き ＞ 「内」からの理解を深める

Answer クイズの答え

Q2.1 a.～d. すべて（本文で確認してみましょう）

Q2.2 a.～c. すべて

障害者差別解消法では行政機関や事業者が，障害のある人に対して，障害を理由として，サービスなどの提供を拒否・制限することを禁止しています（参考：内閣府「障害を理由とする差別の解消の推進」）。

★本章のウェブサポートページ：学習をサポートするウェブ資料は，右のQRコードよりご覧いただけます。

1 あなたのこころはどのように動く？

まずはいくつかの文章を読んでみましょう。

> 　涙は，人の目からこぼれ落ちるものです。そして，喜びや悲しみという感情にともなって出てきます。（中略）人間だから泣くのです。／それは，人間が弱く，ひとりでは何もできない動物だからです。（中略）弱さを自覚するのは，強くなるためではありません。「助けてほしい」というメッセージを，人に伝えるためだと考えています。（中略）僕の望みは，ただ抱きしめて「大丈夫だよ」と言ってもらうことでした。そうしてもらうことができて初めて，人間としての一歩を踏み出せたのです。

（東田，2014）

　悲しみにうちひしがれて，つらさに身をよじって，涙を流したことは誰でもあるでしょう。この文章を読み，そうしたときに誰かに

寄り添ってもらった経験を思い出した人もいるでしょう。この文章は，ある人の思いが自分自身の思いであるかのように感じられること，つまり**共感**をおのずと引き起こします。この文章を書いたのは，自閉スペクトラム症のある東田直樹さんという作家です。映像で見る東田さんは泰然として表情をあまり動かしませんが，外側からは見えない，繊細で豊かなこころの世界を文章で伝え，多くの人びとの共感を呼んでいます。

　井上さんは40代。6歳のときに完全に失明し，小学校で点字を学びました。井上さんは，点字を読むときの感覚が普通の人とはいささか違っています。

　数字だと，「0」が濃いピンク，「1」が暗めの白，「2」が「0」より赤みが強い赤，「3」が黄色，「4」が緑，「5」が薄青，といった感じで，不思議なんですよね。点字を触っても，あるいは人の名前を聞いてもそれが点字に変換されて，頭の中で色付きでイメージされるんです。

（伊藤，2019）

　井上さんは，数字や文字それぞれに対応する色があり，点字に触れるとまるで頭の中の照明が切り替わるようにその色が頭に浮かぶのだそうです。ある刺激に付随して別の感覚刺激を感じることを共感覚と呼びますが，数字に色がついて見えるといった通常よく見られる共感覚とも異なります。なぜこのような不思議なことが起こるのでしょうか。井上さんは，失明した時期に与えられていた色つきの木製かるたにその鍵があると推測しているそうです。木製かるたを使って色を手がかりに文字の形と音を結びつけて学ぶ途中で視力を失ったことにより，色と音の結びつきがそのまま井上さんの中に残ったのではないか，と井上さんにインタビューを行った伊藤（2019）は考察し，「他者からはアクセスできない，井上さんの中にだけ封印された色とりどりのカラフルな世界。それはまるで，さま

ざまな条件が偶然重なってできた，秘密の花園のよう」と述べています。人のこころとからだの不思議をつくづく感じるとともに，自分の体験との違いを強く感じて興味が湧いた人もいるでしょう。

手話で語った，秘した半生　地裁で結審　亡き原告の思い　強制不妊訴訟／兵庫県

「高尾」という仮名を名乗る原告男性は，手話通訳者とともに証言台に立った。

男性が，手を自分の肩の辺りに持っていくと，斜め下に向かってバサリと切り捨てるような動作をする場面があった。「仕方ない」という意味の手話だ。／「『切り捨てご免』というしぐさから来た手話です。私たちは何度も何度も自分の体を切り捨て，『仕方がない，仕方がない』と言い聞かせてきました」／自らの半生も手話でたどった。／「いじめや差別，何度もありました。馬鹿と言われ，石を投げられ……。親兄弟ともコミュニケーションをとれない。会話はほとんどありませんでした」（中略）27 歳で妻と出会った。しっかりした人で，自分と同じ障害があった。2 年の交際を経て結婚が決まった。（中略）結婚前，母に連れられて病院に行き，説明もないまま不妊手術を受けさせられた。下半身に麻酔を打たれたが意識はあり，手術台のライトがまぶしかった。気づいた時には遅かった。「通訳がいれば断れたのに。逃げ出せたのに」／妻に打ち明けると，泣き続けた。（中略）50 年間，秘してきた。「恥ずかしいこと」と思った。子連れの家族を見るたびに胸が締め付けられた。（中略）苦しく，押さえつけられた 50 年を知ってほしかった。「間違いを，国に謝ってほしい」／「高尾」さんは，法廷で人生を語った 4 か月後の昨年 11 月，判決を聞くことなく病気で亡くなった。

（朝日新聞 2021 年 3 月 29 日朝刊）

「高尾」さんに何が起こったかわかるでしょうか。1948 年から1996 年まで施行されていた**優生保護法**は，「優生上の見地から，不良な子孫の出生を防止する」ことを目的とし，この法律のもとで約2 万 5000 人の障害のある人に不妊手術が行われました。2018 年以降，被害者が損害賠償を求めた訴訟を起こしています。この記事を読み，それほど大昔ではない時代にひどい人権侵害がなされていた

ことに驚き胸を痛めた人は多いでしょう。自分が直接かかわっているわけでなくても,「高尾」さんの苦しい50年に対し,何か申し訳ないような思いを抱き,居心地の悪さを覚える人もいるのではないでしょうか。

　障害について学ぶのには,外側の知識を習得するだけでは足りません。障害のある人の声を,自分自身のこころを動かしながらきくことが不可欠です。皆さんと一緒に3つの声に耳をすませました。それによって私たちのこころはどのように動いたでしょうか。まず,外から傍観しているだけではわからない思いに触れ,「わかる」と共感を覚え,つながりを感じる動きが起こりました。これは,偏見の乗り越えに向かう動きです。次に,自分とは異なる固有の世界を知り,「わからない」と驚き,もっとわかりたいという気持ちを喚起されました。これは,偏見の先の新たな理解に向かう動きといえます。最後に,障害のある人の苦しみに接し,居心地の悪いような思いが起こりました。これは,私たちが偏見や差別をつくりだし見ないふりをしてきたことへの気づきに向かう動きです。

2　私たちはどこに立っている?

▷ マイノリティ,そして当事者とは

　障害のある人や女性,外国籍の人などを指して,**マイノリティ**(minority)ということばをよく用います。辞書で引くと「少数派」と出てきますが,女性は男性に比べて数が少ないわけではありません。西原・杉本(2021)は,「個人の生活の機会や権利が,力ある他者によって奪われて,劣位に置かれている状況にある人びと」のことであるとしています。荒井(2020)は,マイノリティの対義語であるマジョリティとは「葛藤を伴うことなく,自分のことを『大

きい主語』で語れる人」であるとしています。例えば「障害者差別」をどう思うか尋ねられたら，「社会が成熟しなければ……」などとためらわず答えられるということです。それに対してマイノリティとは「そうした語り方ができない（許されない）人たち」であり，「自分自身に関わる『小さな主語』で語ることを求められる」と説明しています。障害のある人にとって，「障害者差別」とは「他ならぬこの私」に降りかかってくる問題であって，どう思うかと尋ねられれば差別を受ける自分自身の困難を語らざるをえません。

　「そうした語り方ができない（許されない）」という視点は，近年やはりよく用いられるようになった「**当事者**」という用語を理解するのにも重要です。当事者とは，「そうした語り方ができない」立場に立たされ，その状態を「こうあってほしい状態に対する不足ととらえて，そうではない新しい現実をつくりだそうとする」人（中西・上野，2003）と本書では捉えます。障害のある人という立場は，その人が自ら選択したわけではありません。社会によってそのように見なされて，否応なしにその立場に立たされているのです。当事者としての障害のある人とは，否応なしに決められた「障害者」という立ち位置に向き合い，そこに不足を見出し，主体的に取り組もうとする人といえます。

　こうした意味で，皆さんが障害のある人やその家族でなければ，障害という問題については当事者ではありません。当事者ではないマジョリティが立っているのは，障害という問題をつくりだして，それを障害のある人に押しつけている社会です。先ほどの居心地の悪さとは，こうした立ち位置を意識することによって湧き起こります。居心地が悪くて思わず逃げ出したくなりますが，これは，これまで人ごとであった障害という問題に一歩近づいたからこそ生じる感覚です。ここに踏みとどまってみましょう。そして，後ろを振り返ってみましょう。果たしてこの道はどこから続いているのでしょ

コラム2　障害×性の多様性　　男性と女性が愛し合う異性愛以外にも，さまざまな「性」があります。現代では「多様な性」を示すものとして，LGBTQ ということばが使われていますが，人類のどの時代，どの地域にも多様な性がありました。

LGBT／LGBTQ の意味　　人の性を構成する要素は4つです。

- ・身体的性（sex）：生まれたときの身体的な性。男性器がついているといった身体的特徴です。
- ・性自認（gender identity）：自分自身の性を男性か女性かその両方，あるいはその他かという，自分自身の性について，自分がどう認識しているか。これは，身体的性と一致しないときもあります。
- ・性的指向（sexual orientation）：好きになる相手の性。同性か異性かあるいはその両方，またはその他か。
- ・性表現（gender expression）：服装や髪形，しぐさ，ことば遣いなどを通して，自分がどのような性であると表現したいか。

　LGBT の「L」はレズビアン（lesbian：女性を愛する女性），「G」はゲイ（gay：男性を愛する男性）です。「B」はバイセクシュアル（bisexual：女性または男性，あるいはその他の，2つ以上の性に惹かれる人）。「T」はトランスジェンダー（transgender：身体の性〔身体的性〕と心の性〔性自認〕が異なる人）です。

　このうち，L・G・B は性的指向，T は性自認に当たります。日本ではこの LGBT の4つが比較的知られていますが，実は，それらに分類されないもっとさまざまな性があるのです。性的指向も，はっきり同性愛，異性愛とくくれない人もいます（基本的には異性愛でも，ごくまれに同性にも惹かれるなど）。性自認も，男性にも女性にも当てはまらないという人，流動的な人（昨日は男性，今日は女性と移り変わる人など），さまざまです。それを示すのが，LGBTQ という，「Q」を加えた表現です。

　LGBTQ というときの「Q」はクィア（queer），またはクエスチョニング（questioning）を意味します。クィアは，さまざまな性的指向・性自認の総称的な意味で使われることが多く，クエスチョニングは，自分自身の性的指向や性自認がはっきりしていない

人，または意図的に決めていない人のことです。この Q の部分を LGBTQIA や LGBTQ ＋と表記する人もいます。「I」はインターセックス（intersex），「A」はエイセクシュアル（asexual），「＋」は I 以外の多様な性を表しています。

LGBTQ と障害のある人　　LGBTQ はなかなか理解されにくく，なかでも障害のある人は，LGBTQ の集まりに行っても障害のある人ということですっきり中に入れない，そうしたはざまにいます。例えば，ろう者の場合，手話の中にはこれまで LGBTQ をきちんと表現できるものがありませんでした。ろうコミュニティの中でも差別的な表現でからかわれることがありました。また，日本の手話には男女を分ける手話表現が多く，自分の性自認／性的指向に合った手話表現を選べませんでした。最近では当事者自身によってジェンダーニュートラルな表現が使われるようになってきています。

　そして，LGBTQ の集まりに行っても手話通訳がない，LGBTQ を取り上げた映画にも字幕がないなどで，ろう者だと参加しづらい・学びづらいことが多々あります。病院に行くとき，役所に行くとき，LGBTQ のことを十分理解している手話通訳者がまだまだ少なく，安心して行くことができません。こうした問題を解決するために，ろう LGBTQ などの当事者たちが集まって，LGBTQ の新しい手話を作ったり，LGBTQ の集まりに理解ある手話通訳者を同席させたりといった活動を進めています。

多様性のある社会の実現へ　　人間は一人ひとり違います。顔も身長も体重も十人十色ですし，こころもそれぞれ違います。それがあたりまえなのです。異性愛の人もいる，同性愛の人もいる，その他いろいろな性の人びとがいる……それをお互いに認め合い，尊重しあうこと，それが「多様性」です。皆が同じ「型」に押し込められて生きるよりも，一人ひとりが違う，それぞれの個性をのびのびと活かしていけるほうがずっと楽しいと思いませんか。

［山本芙由美：Deaf LGBTQ Center］

うか。

▷ **障害のある人と社会のなしてきたこと**：わがこととして歴史を学ぶ

　過去と現在と未来を，それぞればらばらに捉えるのではなく，「すべてが折り重なって現在に至っていること，そのことをつねに現在進行形において考えようとする」歴史の見方があります（本橋, 2005）。そのような歴史観に立ち，過去を「自分と関係ないもの」や「なかったこと」にしてしまわないことで，力をもつ者ともたざる者に引き裂かれた者たち，つまり，「いったん同じ人間として出会いそこねてしまった」当事者とそうでない私たちが，「ふたたび人間として出会う」ことが可能になると考えられます。

　たとえ自分自身が直接なしたことでなくても，歴史は今を生きる私の「内」にあるのです。ここでは，鈴木・田中（2019），佐藤・小澤（2016），杉本（2008）を主に参照しながら，現在の立ち位置に連なる日本の障害史を学びます。自分の「内」に湧き起こる痛みや居心地の悪さの感覚を大切にしながら，歴史をわがこととして学んでいきましょう（★年表をウェブサポートで提供します）。

差別の始まり（〜1945 年）

　障害のある人への差別がいつから始まったのかは議論がありますが，差別が明確化したのは近代になってからです。**近代**とは，西欧で 18 〜 19 世紀に成立した，個人を中心とし，階級や信仰などによって差別を受けることなく，自由競争により利潤を獲得する資本主義のシステムと合理的な科学主義にのっとり，国家の発展を目指す国家主義が展開する時代のことです（西原・杉本, 2021）。自由競争が活発化する中で，能力によって地位を配分する**能力主義**という考え方がとられました。できるかできないかの能力による区別が行われ，「できなさ」である障害が浮き彫りになりました。その区別には科学主義のもと発展した医学や心理学が「科学的な根拠」を示

しました。国家の発展のための手段の1つである戦争は大量の障害のある人を生み出し，資本主義は労働災害や公害などの機能障害の発生要因をもたらしました。つまり，近代社会が多くの障害のある人を生み出したのです。能力主義のもとで障害差別は是認され，苛烈な排除を引き起こしました。

　近代の日本においても，選挙制度や家制度，学校制度が確立していく中で，障害がある人は制度に乗る能力をもたない者として，被選挙権を与えられない，財産を管理させない（禁治産），学校に通うのを遅らせる・通わせない（就学免除・猶予）といった差別をされました（障害や病気のある人が何かをすることの制限を欠格条項といいます。免許や資格の問題は現在もあります）。戦前の支援制度はごく限定的でした。1878年に京都盲啞院が開設され，視覚障害，聴覚障害のある人への教育が取り組まれました。聴覚障害教育には口話法がもちこまれ，手話は次第に聾学校から締め出されるようになり，手話が教師に見つかると厳しく懲罰されました。戦争で傷ついた**傷痍軍人**の対策は手厚くなされましたが，傷痍軍人への差別も見られました。

　身体障害は，感染症（ポリオや結核など）や栄養障害によるものが多くを占める時代でした。皮膚と末梢神経に症状をきたす**ハンセン病**という感染症のある人には強制的な隔離政策がとられ，人里離れた劣悪な環境の療養所に収容されました。精神障害（疾患）は18世紀以降欧米で医学的概念として捉えられるようになり，19世紀には**クレペリン**（Kraepelin, E.）が精神医学の礎を築きました。精神医学は明治時代に日本に導入されましたが，精神障害（疾患）に関するわが国最初の法律である1900年の精神病者監護法は，精神障害（疾患）のある人を警察の監督下におくというものであり，多くの人が**私宅監置**といって自宅の一室などに閉じ込められました（**図2-1**）。このように，障害や病気のある人を感染予防や治安の維持といった名目で排除する考え方を**社会防衛思想**といいます。知的障害

図 2-1　私宅監置の例

（出所）呉・樫田，1920。

は前近代には明確に認識されていませんでしたが，学校制度により「できなさ」が明確化し，1905 年に**ビネー**（Binet, A.）らが開発した**知能検査**が日本に導入され，知的障害（当時のことばで「精神薄弱」）という概念が確立しました。

　知能検査はアメリカで兵士の選別などに利用され，「知能は遺伝的に決定され知的障害は犯罪と関連する」といった誤った理解のもと，知的障害をはじめとする障害のある人の不妊手術（断種）が科学的な根拠なく合法的に行われました（米本ら，2000）。ヨーロッパでも多くの手術がなされた他，ドイツでは障害のある人の安楽死計画も実行され，犠牲者の数は少なくとも 7 万人といわれます。意外に感じる人もいるかもしれませんが，福祉先進国である北欧諸国も，障害のある人の施設収容を進める中で，そのコスト削減のために不妊手術を合法化しました。「病気や障害などをもとにして人間に優劣をつけ，『優れた者』の子孫だけを残して国家や民族が繁栄するべきであるとする，生命の選別を肯定する考え方」のことを**優生思想**といいます（西原・杉本，2021）。能力主義の極端な帰結である優生思想は今日にも私たちの身近にある課題です。

隔離と収容（1945〜70年代）

　厚生省（当時）が出した最初の「厚生白書」（1956年）には、「身体障害は、人間をおそう不幸のなかでもきわめて深刻なものの1つ」「身体障害者が親族あるいは国家社会の負担になっている」「精神に障害があれば（中略）人生の落伍者として取り残され、その妻子家族を不幸に陥れ、悲嘆にくれさせることとなる。またそれがこうずれば、社会の安寧に危害を及ぼすことにもなるであろう」といった記述が見られ、障害を、劣った忌むべきものとして、社会の負担や脅威と捉える、すさまじい偏見が見てとれます。戦後、障害のある人に対する諸制度が始まりましたが、この記述に明らかなように、能力主義と社会防衛思想は引き継がれました。以下に紹介するように、戦後の制度は、身体障害、知的障害、精神障害の順につくられました。また、職業自立を目指せる人には職業自立を促進し、目指すことの難しい人には入所施設への隔離が進められていきます。

　⑴　**戦後の教育・福祉・医療制度**　　教育制度は、1947年の学校教育法において盲学校（視覚障害対象）・聾学校（聴覚障害対象）・養護学校（肢体不自由、知的障害、病弱など対象）が義務教育制度に位置づけられたものの、養護学校のみ1979年まで義務化が延期されました。養護学校の設置はなかなか進まず、重度・重複障害（⇒1章）などのある子どもたちは就学猶予・免除とされ、教育を受ける権利が保障されませんでした。盲学校では本人の意思にかかわらず、あん摩・マッサージ・指圧、鍼、灸の職業訓練を行うなど、職業自立が重視されたままでした。

　障害福祉制度は1949年の**身体障害者福祉法**の制定に始まりますが、重視されたのは「**更生**」（rehabilitationの訳語）であり、軽度の身体障害のある人の職業自立、身辺自立でした。精神障害（疾患）については、1950年に**精神衛生法**が制定され、私宅監置が廃止された代わりに精神科病院の設置が都道府県に義務づけられました。

財政不足などにより設置が進まなかったことから，民間で病院をつくりやすいよう，医師や看護師の数が一般病床より少なくてよいとする医療法の精神科特例が出され（この特例は今日も続いています），民間精神科病院が急速に増加しました。1950年代には，これまで有効な治療法がほとんどなかった精神科医療に，幻覚や妄想に有効なクロルプロマジンという薬が開発されるなど**精神薬理学**が登場しましたが，隔離収容の傾向は変わりませんでした。1964年に起こった統合失調症のある少年によるライシャワー米国大使刺傷事件は，「患者狩り」と呼ばれるような社会防衛的な風潮を生み，本人の同意によらない**措置入院**が多く適用されました。

⑵ **高度経済成長期における入所施設の増加**　1955年から始まる高度経済成長期に，経済成長から取り残された重度の障害のある人への対策が進められました。戦後間もなく設立された知的障害のある戦争孤児などの「精神薄弱児施設」において大人が増え続けたために，1960年に「精神薄弱者福祉法」（現・**知的障害者福祉法**）が制定されました。知的障害福祉から排除された**重症心身障害**のある子どもには，島田療育園やびわこ学園の開設を皮切りに1963年に施設が制度化されました。1960〜70年代には，地域社会から隔たった場所に大規模な障害児者入所施設群である**コロニー**が建設されました。

この間，盲・聾・養護学校や特殊学級（現在の特別支援学級）で学ぶ子どもや，入所施設・精神科病院に入る人は急増しました。こうした動きと連動して，「不幸な子どもの生まれない運動」「愛の十万人運動」といった優生思想を広める運動が展開され，一部の施設は組織的に不妊手術を行いました（清水，2018）。

このような施設や特殊教育学校・学級の増加は，障害のある人の親や支援の専門家のつくった団体の活動も影響を与えていました。1952年の「精神薄弱児育成会（手をつなぐ親の会）」をはじめ，各障

害種別の団体が相次いで結成されました。当時のある母親は、「詩人、立夫（引用者注：障害のある息子の名前）よ！　と私は賞めます。でもこの私の愛すべき詩人を一歩外に連れてでると、人びとはふりかえり、好奇の目をみはり、ささやきあいます。（中略）慣れてはいても哀しみは新たになります」と記しています（篠原, 1979）。孤立した親たちは、差別の目にさらされない場での特別な教育と、「親なきあと」の保障としての入所施設を求めました。教員、研究者と親による全国障害者問題研究会が 1967 年に結成され、重症心身障害施設の実践から生まれた**発達保障論**（重い障害の子どもも発達すると捉え、発達の必要に応じた教育の機会を保障すべきとする理論）に基づいて、**養護学校義務化**に向けて活動しました。

地域での暮らしへ（1970〜90 年代）

　ここまでで見たように、親たちが暮らしや教育の特別な場（施設や養護学校）を求めなければならなかったのは、社会の差別が苛酷であったためです。そうした差別にさらされていた障害のある人たちが、1970 年代以降自らの思いを社会に発信し始めます。ここからは、そうした当時者たちの思いを受け、また、経済状況の変化もあいまって、入所施設から地域生活支援へ転換していった、制度をめぐる動きを見ていきます。

　⑴　**障害のある当事者の主張**　　脳性まひによる身体障害のある人たちによる、「障害者自身が主体となり、障害者差別に対して毅然と闘う姿勢を見せたはじめての運動団体」である青い芝の会は、1970 年代に社会に対し強烈な主張を展開しました（荒井, 2020）。以下に示す主張は、現在の私たちから見てもラディカル（過激：radical の語源は「根っこ」であり、本質的という意味もあります）で、受けとめがたく感じる人もいるでしょう。受けとめがたいのは私たちの立ち位置の問題を突きつけられるゆえです。

　この会は、障害のある子を抱え込む親、その背後にある社会の差

別を批判しました（荒井，2020）。1970 年に，障害のある子どもが，養育に疲れた母親に殺される事件が起こり，母親に同情が寄せられて母親の減刑や施設建設を求める世論が高まりました（こうした事件も世論も当時珍しいことではありませんでした）。会はその世論に抗議し，「愛と正義のもつエゴイズム」を告発しました。障害のある子どもの殺害は罪が軽いのか，「結局，あなたたちは，障害者は場合によっては殺されてしまってもしかたがないと考えているのではないか」と社会に問いかけました。『さようなら CP』（CP は脳性まひのこと）というドキュメンタリー映画では，脳性まひのある身体をあえて人前にさらし，その姿を見る人びとにカメラを向け，社会の差別のまなざしを明るみにしました。

　施設とは，障害のある人を排除するためのものだと批判し，公共交通機関を普通に利用して地域で生活することを求めました。さらに，障害の有無にかかわらず同じ場で共に教育を受けるべきとインクルーシブ教育（➡ 4 章 2）の先駆けとなる「共生共育」と呼ばれる主張をしました（1970 年代には，養護学校義務化について，発達保障として推進すべきとする立場と，障害の種類や程度による選別であるとして共生共育の観点から反対する立場〔青い芝の会を含む全国障害者解放運動連絡会議など〕との間で激しい議論がありました）。

　障害のある人が普通（ノーマル）の生活を確保するという理念のことを**ノーマリゼーション**（normalization）といいます。デンマークのバンク＝ミケルセン（Bank-Mikkelsen, N. E.），スウェーデンのニィリエ（Nirje, B.）が確立しました。**図 2-2** は，1960 年代のアメリカの知的障害者入所施設の写真です。隠しカメラで写真を撮影したブラットとカプラン（Blatt & Kaplan, 1974）は，不潔で悪臭が漂う施設で，密集してほとんど裸で無為に過ごす知的障害のある人たちの様子を報告しました。ニィリエはアメリカの施設を訪問してこうした様子を目の当たりにし，知的障害のある人もノーマルな生活リ

図 2-2　1960 年代アメリカの
　　　　知的障害者入所施設 ————

（出所）Blatt & Kaplan, 1974.

ズムをもつこと，ノーマルな
経済的水準や生活環境である
こと，**自己決定**が尊重される
必要があることなど，ノーマ
リゼーションの原理を示しま
した。この考え方は世界中に
広まり，欧米では施設批判が
強まって入所施設の縮小・解
体の動きをもたらしました。

(2)　地域での暮らしへ　　施
設や親への批判は，**地域**にお
ける自立生活の実現を目指す
運動へ展開しました。ここで
いう「**自立生活**」とは，前述
した職業自立，身辺自立の概念とは異なり，障害のある人が自己決
定権を行使して自分らしく生きることを指します。福祉サービスの
まだ整っていないこの時代，常時介助が必要な障害のある人が自ら
選択して地域に出るのは命がけのことでした。この動きは，1960
年代にポリオによる四肢まひのあるエド・ロバーツ（Roberts, E. V.）
がアメリカのカリフォルニア大学構内で自立生活を始めたのを機に
起こった**自立生活運動**の影響も受けました。そして，ノーマリゼー
ション理念を反映した「完全参加と平等」を掲げた 1981 年の**国際
障害者年**をきっかけに大きな取組みとなっていきました。見落とせ
ないのが，1973 年，オイルショックが起こって高度経済成長が終
わり，国家財政の見直しが叫ばれるようになったことです。障害の
ある人の訴えの高まりと財政状況が影響し，お金のかかる大型施設
の建設から，地域での生活の支援へと政策が転換しました。1986
年には日本で最初の自立生活センター（障害のある人が運営する，障

害のある人に総合的なサービスを提供する機関）が開設しました。1980
年代は仕事や日中活動の場として**作業所**が全国各地につくられました。

⑶　精神障害のある人や知的障害のある人の苦境　　1960～70年代
には，精神障害（疾患）とはそのようにレッテルを貼る支援者や病
院，社会がつくりだすものであるとする「反精神医学」という異議
申し立てが学界でなされ，精神科病院における虐待の数々の実態が
明らかにされました。1984年，看護者による患者の虐待，暴行致
死（鉄パイプで殴り，遺体は密かに埋められました）や無資格の職員や
患者による不法な医療行為など多くの人権上の問題が明るみに出た
宇都宮病院事件が起こりました。国連の調査団が来日し，日本の精
神科病院の劣悪な処遇と患者への人権侵害の問題を指摘しました。
それを受けて，1987年には精神衛生法が**精神保健法**と改称され，
本人の意思による**任意入院**がはじめて法制化されました。1993年
の**障害者基本法**の改正で，精神障害のある人がはじめて「障害者」
に位置づけられ，1995年には精神保健法が**精神保健福祉法**と改称
され，精神障害のある人への福祉サービスにようやく法的な根拠が
与えられました。1990年代には，ソーシャル・スキルズ・トレー
ニング（social skills training；SST）（⇒4章）などの支援技法が普及
し始め，外来のクリニック（診療所）が増加し，全国精神障害者団
体連合会が結成されるなど当事者の運動が始まりました。

1990年代には，滋賀サングループ事件をはじめとした，知的障
害のある人を雇用した企業での横領や虐待事件が次々と発覚しまし
た。この時代に精神障害や知的障害のある人への虐待が増えたとい
うより，それまでもあった虐待にようやく社会が気づき始めたと考
えられます。

⑷　子どもの障害への注目　　発達保障論に見られるような発達心
理学的な理解の広がりや，リハビリテーション医学や予防医学の隆

盛を背景に，1970年前後から，**早期発見・早期対応**の原則に立って医療と福祉，教育の連携がなされるようになり，子どもの障害に注目が高まりました。母子保健法に基づき**乳幼児健診制度**がスタートし，1972年には就学前の療育のための通園施設が制度化しました。自閉症（現在の自閉スペクトラム症）は，1943年に**カナー**(Kanner, L.) がはじめて報告し，日本の児童精神医学では早くから関心が向けられていましたが，1960年代後半，重症心身障害施設における「処遇困難」な子どもとして社会に知られるようになりました（小澤，1984）。子どもの行動や学習の障害を総称した微細脳損傷という概念が枝分かれして，1960年代に学習障害（現在の限局性学習障害）とADHDの概念が確立し，1980～90年代に日本社会で知られるようになりました。1970年代には，自閉症などに対する行動療法をはじめ，さまざまな療育技法が導入，開発されました。

拮抗する動き（1980年代以降）

　能力主義を先鋭化するような動向（新たな福祉制度など）が打ち出される一方で，障害のある人の声の高まりによって**障害者権利条約**の採択につながるなど，拮抗する動きが見られ始めます。

　(1)　制度の変容：契約制度への移行，発達障害への制度拡充　　1980年代以降，自由競争と能力主義を肯定し，政府の福祉への介入を縮小する新自由主義的政策が世界的に展開されました。日本でも1990年代以降，低経済成長の中で社会福祉基礎構造改革が必要であるとされ，「自助・共助・公助」（自らの責任で生活を営むこと〔自助〕，社会保険〔共助〕，税を財源とする公的扶助や社会福祉〔公助〕）と**優先順位**が示されました。2003年の支援費制度，2005年の障害者自立支援法により，障害種別ごとのサービスが一元化され，**就労支援**が強化されました。行政が支援を支給する措置制度から，福祉サービスの利用者と提供する事業者が契約を結ぶ**契約制度**に移行し，多くのサービスを利用するほど費用負担が大きくなる応益負担となり

ました。応益負担は生存権などの侵害であるとして当事者の反対運動が起こりました。原則応能負担（所得に応じた費用負担）にする見直しがなされ，2012年，「障害者の日常生活及び社会生活を総合的に支援するための法律」（障害者総合支援法）に改正されましたが，見直しは不十分であるとの見解もあります。

2000年代には，「発達障害ブーム」とでもいうくらい，知的障害を除いた発達障害に対する社会の関心が高まりました。発達障害があるとされる少年の重大犯罪がセンセーショナルに社会問題化し，十分な実態把握のないままに，専門家が「早期発見・早期対応しなければ，発達障害のある人は触法行為に至る可能性が高い」というような社会防衛的な主張をしたことが「ブーム」のきっかけの1つとなりました。また，文部科学省（2002）が学校教員を対象に全国調査を行い，通常学級に在籍する小中学生のうち約6.3%の子どもが発達障害のような困難を抱えているとする結果を示しました。2004年には発達障害者支援法が制定され，2007年には発達障害を対象に含む特別支援教育の制度が開始しました。

発達障害概念の普及は，発達障害のある人にとって，これまで光の当たらなかった苦しさに光が当たるという意義があった一方，「その名前がレッテルとして働き，蔑視のまなざしを向けられる体験」（綾屋・熊谷，2010）にもつながりました。

(2) 障害のある人の新たな動き　　一方，1981年に結成された世界的な当事者組織である「障害者インターナショナル」（Disabled People's International；DPI）は，「私たち抜きに私たちのことを決めるな」（Nothing about us, without us）をスローガンに掲げ，障害のある人の権利条約の制定に向けて活発な運動を展開しました。

アメリカでは1990年に障害のあるアメリカ人法（Americans with Disabilities Act；ADA）が制定され，包括的な差別禁止が謳われました。従来の医療や社会福祉の視点とは異なる観点から障害を分析す

る**障害学**という新たな学問が起こり，イギリスでは DPI などの運動と一体化して発展し，オリバー（Oliver, M.）は，障害は社会的障壁によって生じると考える**社会モデル**（➡序章）を確立しました。

1980 年代末から社会政策に**インクルージョン**（包摂：inclusion）という概念が登場しました（清水，2010）。新自由主義による格差の拡大に対抗する概念であり，排除され孤立した人たちを包み込むという意味です。

こうした動きを背景に，2006 年，社会モデルを取り入れ，インクルージョンを謳い，障害のある人の権利を実現するための措置を規定した，障害者権利条約が国連総会で採択されました。日本では，2011 年障害者基本法の改正，2012 年障害者総合支援法の制定，2013 年には障害を理由とする差別の解消の推進に関する法律（**障害者差別解消法**）の制定，障害者の雇用の促進等に関する法律（障害者雇用促進法）の改正と国内法を整備し，2014 年に条約を批准しました。このような世界的な，障害のある人の声の高まりと並行し，1995 年，「ろう者とは，日本手話という，日本語とは異なる言語を話す，言語的少数者」であるとして，「**ろう文化宣言**」（木村・市田，1995）が発表されました（➡ 5 章）。聴覚障害のある人としてではなく，言語的・文化的マイノリティとして捉えようとする新たな発想であり，聾学校は子どもが手話やろう文化を伝承する場であるとして，インクルーシブ教育の動向を「同化」として批判し，人工内耳の治療を，ろう文化を揺るがすものとして**警戒**しました。また，2001 年には，精神障害のある人とユニークな活動を続けてきた浦河べてるの家で，精神障害のある人自身が自らの苦労について仲間とのつながりの中で研究する**当事者研究**が始まりました（浦河べてるの家，2005）。当事者研究は注目を集め，さまざまな領域に広がりました。

ここまで，近代社会における能力主義のもとで，障害のある人に

対して，目を覆いたくなるような差別（排除や虐待）が数多くなされてきたという歴史を概観しました。これが過去のことでないのは，2016年に，知的障害者施設で19人が殺傷された**相模原事件**（相模原障害者施設殺傷事件），そして，県の調査で明らかになった，その施設でも長時間の身体拘束など虐待がなされていたという事実が示す通りです。数々の痛ましい事実の合間から，振り絞るような当事者の声がきこえてきました。ここに紹介しただけでも，障害のある人と親の思いの相違，発達保障，共生共育，文化的同化といった多様な観点に基づくインクルーシブ教育の是非，愛情や支援・治療といった「良いもの」とされているものは無条件に良いものなのかという問いなど，かんたんには答えのだせない重い投げかけばかりです。

3 障害のある人はどのような世界を生きている？
「内」からの理解を深める

　本節では，障害のある人のことをわがこととして「内」から理解していくためのプロセスを学びます。この章のはじめに，「わかる」という共感から，固有の世界を「もっと知りたい」という気持ちへ，さらに自分の立ち位置の認識へと，「外」から「内」へ皆さんを誘いました。「内」からの理解を深めていくためには，それと逆向きのプロセスをたどっていくことになります（**図2-3**）。

▷ 立ち位置を自覚する

　まずは，ここまで学んだ歴史をもとに，過去から現在に連なる自身の立ち位置を自覚することから始めましょう。

　立ち位置を自覚するとはどういうことか，**障害受容**を例に深めてみましょう。障害受容とは，1950年代以降のアメリカの心理学界

図 2-3 障害のある人の体験世界の理解

①「外」から「内」へ
理解を進める

同じ人としての
共感的理解

対話

固有性の理解

立ち位置の自覚

②「内」からの
理解を深める

で生まれた概念であり，日本のリハビリテーション医学の第一人者
である上田（1980）が，「障害の受容とは，あきらめでも居直りで
もなく，障害に対する価値観（感）の転換であり，障害をもつこと
が自己の全体としての人間的価値を低下させるものではないことの
認識と体得を通じて，恥の意識や劣等感を克服し，積極的な生活態
度に転ずること」と紹介し，受容に至るまでには，ショック期，否
認期，混乱期，解決への努力期，受容期と段階があるとしました。
この概念は，根治を目指すそれまでのリハビリテーションのあり方
に疑義を唱え，障害のある人のこころに光を当てるものとして意義
がありましたが，数々の批判もなされてきました。

　批判の１つとして，障害に悩みリハビリテーションに取り組む
意欲の湧かない人や，障害があると実現が困難な夢を語る人などに
対して，支援者が「あの人は障害受容ができていない」と非難して
受容を強要することが問題視されました。障害のある人が「頑張っ
ていない」ときや，障害を「わきまえていない」ときに，「障害を
もっと受けとめろ」と思わず言いたくなるようなこころの動きは，
私たちの中にいまだにあると思います。その根底には，障害はネガ
ティブなものであり，障害がある人はそれを引き受けて克服しなけ
ればならないとする暗黙の前提があります。けれども，2 節で歴史
に学んだように，そもそも障害をネガティブなものにして，それを

障害のある人に押しつけたのは私たち社会でした。「障害をもっと受けとめろ」と思わず言いたくなったとき，そのことばを胸にとどめて，なぜ自分はそのように言いたくなったのかと内省することが，立ち位置を自覚するということです。障害受容とは，障害がある人やその家族がなすべきことであるというより，障害という問題を押しつけてきたマジョリティがまず取り組まなければならない課題であるのかもしれません。

　とくに心理職を目指す皆さんは，自身の立つ心理学という足場について反省的に捉えることも重要です。一般に心理学は，人の知覚や思考，行動を理解する上で個人の内的過程に着目し，障害についても個人モデル的に，個人に備わった問題として捉える傾向にあります（栗田，2020）。そうした心理学のまなざしが，障害の個人への押しつけを強めてしまう可能性は否定できません。かつて知能検査が選別に利用されたのはその顕著な例です。

▷　**対話する**：固有性の理解の試みから共感を目指して

　次のステップは双方向的な**対話**です。単なる言語的コミュニケーションではなく，障害のある人のあらわした言語的・非言語的な表現を感受し，感じ思ったことを内省し，内省したことを障害のある人に投げかけて確かめてみる，というやりとりを指します。

　障害を前にためらい戸惑う気持ちが起こるかもしれませんが（⇒**序章**），そこを乗り越え，傍観者としてではなく，やりとりをしながら自分が感じることを大切にする，**関与しながらの観察**の姿勢をもつことが，生きた理解につながります。

　感じることである主観には，他者の主観と自分の主観の「あいだ」（木村，2006）の感じ合い伝わり合う領域（間主観性）があります。私が感じとったことは，相手の感じていることを間主観的に感じたものである可能性があるのです。例えば自閉スペクトラム症の

ある人が感覚刺激にさらされてパニックになったとき，そこに立ち会う私たちが，胸がかき乱されるような恐怖と混乱に襲われることがあります。その恐怖と混乱は，誰よりも自閉スペクトラム症のある人自身が感じているものなのかもしれない，それがこちらに伝わっている部分もあるのかもしれない，と思うと，こちらが怖いからその人の行動を制限しよう（これは社会防衛思想による隔離そのものです）ではなく，その人の怖さとはなんだろう，それを和らげるにはどうしたらよいだろうと発想することが可能になります。一方，私が感じることが私由来であることももちろん多くあり，そこに偏見が潜んでいることもあります。いずれの場合でも，私はなぜそのように感じ思うのだろうと自分とも対話することが，目の前の障害のある人の体験世界の理解につながります。

　私が捉えたことがその人固有の体験世界に近いのかどうかは，確かめてみなければわかりません。単刀直入に確認するだけではなく，やりとりの中で反応を捉えて，理解がどれくらい適切なのかを確かめることもできます。理解の仮説をやりとりの中で絶えず検証し，修正していくということであり，田中千穂子（2021）はこの作業を「小さな実験」と呼んでいます。

　このような理解の試みは，誰かを障害名に当てはめる理解とは異なります。ことばを通して病めるこころのありようを「わかろうとする」学問である精神病理学では，障害名を当てはめて客観的にわかるやり方を「説明」とし，その人の体験をわかろうとすることを「了解」として区別してきました（松本，1996）。「説明」のわかり方では，障害名を当てはめて，それでわかったと完了し，対話は断たれてしまいます。「了解」のわかり方では，すっきりわかる唯一のゴールがあるわけではなく，対話は繰り返されます。どうしても理解しがたいことも多々あるでしょう。障害の有無にかかわらず他者とはわからないものであり，むしろ，わからない部分があるという

ことこそが他者の尊厳に結びつきます。共にいながら，粘り強くその人らしさの理解のきっかけを探していけばよいのです。

　能力主義をつきつめ，「正常」や「健常」に近づくことを人びとに強制するような力のことを**エイブリズム**（ableism）といいます（栗田ら，2017）。エイブリズムによって能力主義的な優劣の競争に駆り立てられ，苦しんでいるのは，障害のない人も含むすべての人たちです。自身の立ち位置を自覚しながら，障害のある人と人として出会おうとし，対話を重ねた先で，当事者性をもってエイブリズムのもたらす苦しみを本当に共感的にわかちあえたとしたら，能力主義に根ざした障害差別を乗り越える未来が見えてくるかもしれません。

⁄⁄⁄⁄ *Exercise* エクササイズ ⁄⁄⁄

2.1　自分の立ち位置を感じながら，こころを動かすレッスンをしてみよう：相模原事件とは，2016 年 7 月 26 日未明，神奈川県相模原市にある知的障害者施設「津久井やまゆり園」で入所者など 45 人が次々に刃物で刺された殺傷事件のことです。入所者 19 人が死亡，職員 2 人を含む 26 人が重軽傷を負いました。殺人事件の犠牲者数としては，戦後最悪とされる事件です。事件の動機について，逮捕された元職員は「障害者はいなくなればいい」などと，障害のある人の存在そのものを否定する供述をして，SNSなどではその供述に同調するような声も聞かれました。元職員は，2020 年 3 月 16 日，死刑判決を受けました（2022 年 4 月に再審請求）。被害者の実名は公表されていません。その理由の 1 つに，偏見や差別に苦しんできた遺族の思いがあります。被害者がどのように生きたのか，せめて少しでも感じられるような手がかりとして，家族や周囲の人たちがその人となりや思い出を記したサイト（19 のいのち〔NHK〕 https://www.nhk.or.jp/d-navi/19inochi/）があります。胸の痛む内容です。無理はしなくてよいので，どなたか 1 人の記事だけでも読んでみましょう。自分の感じたこと，思ったことをなんでもよいのでことばにしてみましょう。

⁄⁄⁄

支援は誰が誰に行うのか

障害の支援とは①

Quiz クイズ

Q3.1 これらは障害のある人にかかわるマークです。どのような意味をもつマークでしょうか。

a.

b.

c.

d.

Chapter structure 本章の構成

支援とは何だろう？	誰が？	誰を？ どう支援するの？
人権の尊重 対等な対話 エンパワーメント 社会を変える 支援者が変わる ……	インフォーマルな 支援者 フォーマルな 支援者	身近な家族 　├ 親・きょうだい 　├ パートナー・配偶者 　└ 障害のある親の子ども 支援者・支援機関 地域・コミュニティ

Answer クイズの答え

Q3.1

a. オストメイトマークといい，オストメイトのための設備があることやオストメイトであることをあらわしています。

b. ヘルプマークといい，外見からわからなくても援助や配慮を必要としていることを示します。見かけた場合には，電車やバスで席を譲る，困っているようなら声をかけるなどが必要です。

c. 視覚障害のある人のアクセシビリティに考慮した設備や機器につけられる世界共通のマークです。

d. 聴覚障害のある人が運転する車につけるマークです。危険防止のためやむをえない場合を除き，このマークをつけた車に幅寄せや割り込みを行った運転者は道路交通法の規定により罰せられます。

(参照：内閣府「障害者に関係するマークの一例」)

★本章のウェブサポートページ：学習をサポートするウェブ資料は，右の
　QRコードよりご覧いただけます。

---

1 支援とは何だろう？

　19歳で失明したある人は，「毎日がはとバスツアー」のようなのだそうです。例えばトイレで「早く用を足したい」と思っているのに，介助者に「トイレットペーパーがこちらで，流すのがこちらで，ここがドアノブ，ここが鍵……」と親切に細かく説明されてしまい，「はい，はい」ときくしかないと言います。伊藤（2019）は，「障害のある人が，障害のある人を演じさせられてしまう」という事態が起こっていると指摘します。私たちには「障害のある人＝支援され

る人」という思い込みがありますが，障害のある人でほとんど他者の支援を必要としない人もいますし，障害のある人が支援を必要としない場面や状況はたくさんあります。

　一方，障害のある人が必要な支援を受けられないこともあります。内部障害や難病など，外見からはわからなくても支援を必要としている人がつけるヘルプマーク（Quiz の b）を知っていましたか。ある人は，このマークをつけていても「まだ席を譲ってもらえたことはない。（中略）スマートフォンに夢中の人や居眠りしている人が多く，マークを付けている意味がないのかなと悲しくなる。自ら『席を譲ってください』と口に出す勇気はなく，お願いしてどんな対応をされるかと思うと怖い」と述べています（朝日新聞, 2018）。支援を求めることは勇気のいることであり，申し訳なさや罪悪感を伴うこともあります。困っていることをうまく表現できない人もいますし，対人関係で嫌な思いを重ねてきて支援をあきらめてしまう人もいます。**援助要請**（他者に助けを求める対処方略のこと）を出しにくい人の場合には，支援を届けるために支援者自らがアプローチする支援（**アウトリーチ**）を，その人の意思や尊厳を損なうことのないよう留意しながら行う必要がある場合もあります。

　障害のある人一人ひとりに関心を向け，その人が必要とする支援を個別的に考えることが，過不足のない支援の出発点です。その上で，支援において大切なことを 3 点確認します。

▷　人権の尊重

　人を思いやる気持ちなくして支援はできません。しかし，思いやりとは，気持ちであるがゆえにあやふやで恣意的なものです。相手のことが嫌になっても，こちらの余裕がなくなっても，思いやりはもてなくなります。かつては，障害のある人が思いやりを向けて「もらえる」ように，ニコニコと従順な「愛される障害者」として

振る舞うことを余儀なくされました。障害のある人が必要な支援を受ける根拠として，思いやりだけでは不十分です。

　根拠となるのは**人権**であり，支援とは人権の尊重のために行うものです。人権とは，自分の大切さと共に他人の大切さを認めるという思想を法的概念としたものであり，人が生まれながらにしてもっている権利のことです。**障害者権利条約**は「全ての障害者によるあらゆる人権及び基本的自由の完全かつ平等な享有を促進し，保護し，及び確保すること並びに障害者の固有の**尊厳**の尊重を促進すること」を目的としています。支援のいかなる局面においても人権の尊重が求められます。

▷　対等な対話とエンパワーメント

　支援とは「良いもの」であるというイメージを私たちは素朴にもっていますが，実際はそうとは限りません（⇒ 2 章）。**依存症**のある人の家族が，本人が解決すべき問題を代わりに解決してあげることで，かえって本人が問題に直面するのを遠ざけてしまうことを**イネーブリング**（enabling）と呼びます（信田，2021）。その背景には，家族が本人を支援することで弱者化し支配する**共依存**というメカニズムが働いていると考えられています。「してあげる」と「してもらう」を基本とする支援の関係は対等ではありえません。支援者が本人によかれと思って一方的に判断や介入を行うことを**パターナリズム**（paternalism）と呼び，かつての障害者支援ではよく見られましたが今日では批判されています。あからさまなパターナリズムでなくても，支援には，支援者が相手の力を弱めて支配するという**権力関係**が入り込む危険性が常にあることを意識する必要があります。

　その危険を避けるために，できるだけ対等な関係を目指し，障害のある人の思いをききとる**対話**（⇒ 2 章）を行い，その人が主体的に生きることを尊重します。パワーを発揮できない状況におかれた

人が, 対話によって自らの**強み**（**ストレングス**: strength）を認識し, 状況の改善や自己実現などを目指して環境に働きかけるようになることを**エンパワーメント**（empowerment）といい, これは, 支援の柱となる考え方です。

　興味深いことに, 障害のある人と共に生きたあかつきに, 「してあげる」と「してもらう」の動かしがたい非対等な関係が逆転することがあります。社会学者の最首悟は, ことばを話さず目も見えない娘と40年以上共に暮らしています。娘の悠然と生きる姿を前に, 「私のほうこそ"星子（娘の名前：引用者注）あっての自分"みたい」に感じ, 一緒にひなたぼっこをしているときなど「まるで悠久とした時間の流れにひたっているような, 幸せな気分をもたらしてくれる」のだそうです（渡辺, 2018）。これほど深い体験でなくとも, 対話的な関係において支援者のほうが何か大切なものをもらっているような感覚が訪れる瞬間があります。それは, 共依存的な関係で得られる支配欲求の充足などとは質の異なる授かりものです。

▷ 社会を変える・支援者が変わる

　2章で, 障害をめぐって2種類の「自立」があることを学びました。1つには, 「自ら進んでその障害を克服し, その有する能力を活用することにより, 社会経済活動に参加することができるように努めなければならない」（身体障害者福祉法）とされるような, 障害のある人に機能障害の「克服」の努力を求める**個人モデル**（⇒序章）の発想の「自立」です。もう1つは, 自己決定権を行使して自分らしく生きる, **社会モデル**に基づく「自立」です。

　社会モデルにおける自立支援とは, 障害のある人が自分らしく生きられるよう社会が変わることであり, 近年法律に明文化された**意思決定支援**もその1つです。障害者権利条約第12条で謳われた法的能力の平等の実現を目指して始まった取組みであり, 法的能力の

行使にとどまらない日常的な自己決定に対する支援も含意されています。そのあり方はまだ模索段階ですが，厚生労働省（2017）の示す福祉支援者向けのガイドラインでは，「自ら意思を決定することに困難を抱える障害者が，日常生活や社会生活に関して自らの意思が反映された生活を送ることができるように，可能な限り本人が自ら意思決定できるよう支援し，本人の意思の確認や意思及び選好を推定し，支援を尽くしても本人の意思及び選好の推定が困難な場合には，最後の手段として本人の最善の利益を検討するために事業者の職員が行う支援の行為及び仕組み」とされています。ただし，意思（思い）とは本来，前項で述べたような対話の中で形づくられていくものであって，誰の意思かという区別は困難です。まして，意思の表現に困難をもつ障害のある人であればなおさら，支援者の意思が与える影響は大きく，誘導の危険性もあります。「障害のある人が自分で決めたのだから」などと自己責任の押しつけにならないよう，支援者は影響を自覚し，自分自身の信念や考え方を見つめ，必要に応じて見直さなければなりません。支援においては，障害のある人に変化を求めるだけではなく，社会を変えて，支援者自身が変わることも必要なのです。

2　誰が支援するのか

▷ **支援者は私たちすべて：インフォーマルな支援者**

市　民

　支援するのは専門職（**表3-1**）に限りません。冒頭のヘルプマークの例に示したように，私たちすべてが支援者になれますし，なる必要があります。地域住民として，友人として，職場の同僚として，**ボランティア**として（無償で住民の相談などを行う民生委員や児童委員

もいます。**社会福祉協議会**はボランティアの支援などの社会福祉活動に取り組みます），さまざまな立場での支援があります（専門職が行うフォーマルな支援に対して，インフォーマルな支援といえます）。例えば大学生はうつ病になっても専門家に支援を求めにくく，身近な友人にうつ病の早期発見を担う役割が期待されます（河合，2019）。日常時はもちろん，**災害時**のような非常事態においても，インフォーマルな支援者の存在は重要です（東日本大震災の被災地で犠牲となった障害のある人の割合〔1.90%〕は，被災住民全体の割合〔1.10%〕より高く，地域で暮らす障害のある人が多く亡くなりました；上野谷，2013）。

　私たちすべてが支援者となることは，「人間が，それに対して何らかの帰属意識をもち，かつ構成メンバーの間に一定の連帯ないし相互扶助（支え合い）の意識が働いているような集団」としての**コミュニティ**（広井，2009）において可能になります。**コミュニティ感覚**（お互いのつながりと支え合いの感覚）を育みつながりを形成することも心理職の役割の1つです。

家　族

　障害のある人にとって最も身近なインフォーマルな支援者は家族です。改めて家族を「支援者」と呼ぶことに違和感を覚える人もいるかもしれません。私たちには，家族，とくに母親や妻など女性が障害のある人を支援するのは当然と見なしているところがあります。こうした社会規範のもと，家族は，介助，リハビリテーションや教育のサポート，心理的・経済的支援（➡ 4章コラム4），支援のマネジメントや判断，医療的ケア，意思表示のサポートや代弁など広範な支援を担っています。家族が背負う「支援者」としての過重な負担を可視化し，家族への支援（➡本章3）や，家族の外部に支援（ケア）を移行する**ケアの社会化**を考える必要がありますが，家族には支援を外部に託すことのためらいや不安もあります。本人の思いと共に家族の思いを汲むこと，家族が託せるような社会をつくること

表 3-1　障害支援に携わる専門職

医師※	病気の診断と治療を行う
看護師※	傷病者や妊産婦の療養上の世話や診療の補助を行う 医療機関の他，訪問看護や福祉施設で働く
保健師※	乳幼児健診や妊産婦，新生児，障害のある人の訪問指導など保健活動を行う
教員※	学校で教育を行う 特別支援教育では特別支援学校・学級の教員や特別支援教育コーディネーター，養護教諭が中心的な役割を担う
社会福祉士※	身体・精神障害や環境上の理由で日常生活を営むのに支障がある人の福祉的な相談や支援（ソーシャルワーク）を行う 福祉領域の他，医療，教育領域で働く
精神保健福祉士※	精神障害の専門知識をもち，精神障害のある人などの福祉的な相談（ソーシャルワーク）を行う 精神科医療機関や精神保健福祉センター，福祉施設などで働く
介護福祉士※	身体・精神障害や環境上の理由で日常生活を営むのに支障がある人の介助を行う／ケアワーカー 福祉施設での支援や在宅支援を行う
社会福祉主事	福祉事務所現業員として任用される者に求められる任用資格
児童福祉司	児童相談所でソーシャルワークを行う人に求められる任用資格
児童心理司	児童相談所で心理支援を行う人に求められる任用資格
ホームヘルパー	在宅の障害のある人の住まいを訪問して，介助・家事援助サービスを行う
ガイドヘルパー	障害のある人の外出時の移動の介助を行う
保育士※	子どもの保育や保護者への指導を行う 保育所だけでなく障害児福祉や児童養護施設などの子ども支援の場で中核的な役割を担う

が大切です。

ピア：障害のある人

　障害のある人が障害のある人を支援する**ピアサポート**（peer support：何かしらの共通項や対等性をもつ人同士〔ピア〕の支え合い）も多くなされています（岩崎，2019）。歴史的には，**アルコール依存症**のある人たちが匿名で集う **AA**（Alcoholics Anonymous）をはじめとする**セルフヘルプ**（self-help：自分のことは自分でするということとお互い助け合うということの両側面をもつ活動）や自立生活運動（➡ 2 章）

児童指導員	生活指導や家庭的な援助を行う／障害児福祉や児童養護施設などで働く
相談支援専門員	障害児相談支援や障害福祉サービスにおける相談支援（ケアマネジメント）を行う
障害者福祉施設指導専門員	障害者福祉サービスを提供する事業所で相談・助言，指導などを行う 日常生活の相談や指導を行う生活支援員，職業訓練を行う職業指導員，求職活動の支援や職場開拓等を行う就労支援員，作業を通じて必要な指導を行う作業指導員など
理学療法士※	PT；physical therapist：身体障害のある人などに運動や温熱，電気，水，光線などを用いた理学療法を行う 医療機関の他，福祉，教育領域で働く
作業療法士※	OT；occupational therapist：身体・精神障害のある人などに手芸，工作などを用いた作業療法を行う 医療機関の他，福祉，教育領域などで働く
言語聴覚士※	ST；speech-language-hearing therapist：音声機能，言語機能，聴覚などに障害のある人に，言語訓練や検査などを行う 医療機関の他，福祉，教育領域などで働く
視能訓練士※	眼科の検査，健診，視能訓練，ロービジョンケアなどを行う
手話通訳士	手話により聴覚障害のある人とその他の者の意思疎通を仲介する
義肢装具士※	四肢や体幹に障害のある人に，義肢や装具を製作する
障害者職業カウンセラー	障害者職業センターで，障害のある人への職業リハビリテーションや事業主に対する相談・援助を行う
心理職 （公認心理師※，臨床心理士等）	心理的支援を行う

（注）※は国家資格。
（出所）川村，2019；WAM NET, n.d.b などを参照して作成。

からのつながりがあります。ピアサポートは，AA のような自発的な相互支援としてのセルフヘルプグループと，ピアサポーターやピアスタッフのような当事者が意図して提供するピア提供サービス（ピアカウンセリングなど）に大別されます。後者には，自立生活センター（⇒ 2 章）や薬物依存のある人が運営するダルク（DARC；Drug Addiction Rehabilitation Center）のような組織もあります。自分の権利を主張し，自分自身やピアのための権利擁護活動を行う**セルフアドボカシー**も取り組まれることがあります（⇒ 4 章）。

━━▷ **多様な機関・組織・人の協働**：フォーマルな支援者

支援に携わる専門職や機関は多岐にわたります（**表3-1**，★より詳細な表はウェブサポートで提供します）。複数の支援者が支援を行うときに鍵となるのが**協働**（collaboration）です。協働とは，「異なる専門職・機関・分野に属する二者以上の援助者（専門職や非専門的な援助者を含む）や本人をまじえ，共通の目的・目標を達成するために，**連携**をおこない活動を計画・実行していく協力行為」です（鶴・津川，2018）。多くの職種が集まって行う**多職種連携**や地域での協力（**地域連携**）がなされます。協働においては，障害のある人を常に中心にすえ，その人にとってよりよい支援を目指すことが基本となります。他の職種や機関を理解し多様な視点を尊重すること，抱え込まずに素直に助力を求めること，チームで最も困っている人を支えること，解決が難しい状況であるほど起こりやすい衝突や緊張をチームで粘り強く乗り越えていくことなどがポイントです。

医療福祉領域のネットワークとして，障害者総合支援法に基づき地域に設置される（**自立支援**）**協議会**は，関係機関や障害のある人，家族などの関係者が，地域の課題を共有し，地域の支援体制の整備について協議します（WAM NET, n.d.b）。教育領域のネットワークとしては特別支援連携協議会があります。

インフォーマル／フォーマルな支援者は，**図3-1**のような多層的な構造で捉えることできます。

3　誰を支援するのか

支援とは相互的なものであって，支援をする者は同時に支援をされる者ともなります。**図3-1**の中心にある，障害のある人への支援というのは本書全体を通じて述べますので，本節ではまず家族への

支援を学びます。次に，家族におけるピアサポートのありようについて，さらにそれらを支える支援者・支援機関，それらが根差す地域・コミュニティへの支援，というように，対象

図3-1 支援の構造

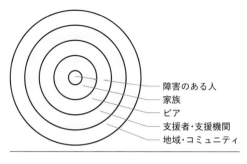

- 障害のある人
- 家族
- ピア
- 支援者・支援機関
- 地域・コミュニティ

が広がっていくさまについて学んでいきます。

最も身近な家族

親：障害のある人との出会いが自分の子ども

　子どもに障害があるとわかったとき，親はどのような反応をするでしょうか。出産時のトラブルやその後遺症によって，出産直後に子どもに障害があるとわかる親もいれば，発達障害の場合のように，幼児期以降になって子どもに障害があるとわかる親もいます。それまで身近に障害のある人がいない場合，障害のある人とのはじめての出会いが自分の子どもということになり，どのようにかかわればよいのかわからないというところからスタートする人もいます。そのような背景もあり，障害受容（➡ 2 章，**コラム 3**）の概念は，障害のある子どもの親に対してもよく当てはめて考えられます。

　親がたどる障害受容の過程は，これまで，ドローターら（Drotar et al., 1975）による，子どもの障害を知った後の親の情動的反応は，ショック→否認→悲しみ→怒り→適応，再起という段階をふむとする段階説が優位を占めていました。この考え方では，時間の経過と共に，子どもの障害を受け入れていく状態に達することが前提とされていますが，障害受容はしなければならないものではないという

考えも広まっています。

　障害のある子どもの親は，慢性的悲嘆，絶えざる悲しみ（chronic sorrow）を抱えながら生きているともいわれます。慢性的悲嘆は，常に悲嘆の状態にあるのではなく，発達課題の達成時期や，就園・就学といったライフイベントが悲嘆を再燃させる出来事になりうるといわれています。発達障害のように出生直後の診断確定が困難な事例の場合，親は「期待と落胆の繰り返し」という慢性的なジレンマに陥りやすく，慢性的悲嘆の概念がその状態の理解に役立ちます（中田，1995）。例えば，「日ごろは子どもが障害をもっていることを忘れているが，要所，要所で障害であることを突きつけられる。学校をどこにするかなど人生の選択を迫られるとき。アルバイトを始めるときも，履歴書一枚書くのに時間がかかる。一歩外に出て社会とコンタクトをとるときに，ああ普通じゃなかったと思う」（鳥畑ら，2007）と発達障害のある子どもの親が語るように，普段は意識する機会が少ない子どもの障害について，何かのきっかけでふと思い出し，改めて子どもに障害があることを再認識するときに，悲嘆がまた訪れることがあります。

　親への支援としては，そのときどきに必要な情報を提供し，子どもの将来の見通しを提示しながら進めていくことが大切です。障害のある人の親が将来を不安に思う理由の1つとして「先のみえなさ」（中根，2006）があります。現代の家庭は，核家族化，複雑化，多様化していることもあり，各家庭にあった先の見通しを立てる支援が重要となります。子どもの障害にはどのような特徴があるのかなど，**心理教育**において正しい知識を伝えることは大切です。心理教育とは，現在や将来の問題の解決または予防に役立つよう，障害のある人や家族などに心理学や障害に関する知識やスキルを伝え，よりよく問題に対処できるように働きかけるアプローチのことをいいます。また，わが子の障害は自分の育て方や妊娠中の行動が悪

コラム3　障害×うむ・うまれる　赤ちゃんがうまれ，赤ちゃんを育てていく周産期では，うむ母親とうまれる子の個性や課題を大切にします。障害もその1つです。

妊婦健診では，妊娠中にからだと胎児に起きていることを理解し，お産と育児のイメージをつくり準備をしていきます。障害のある女性が出産をするときにもその人に合った準備，例えば人形での育児練習や適切な説明媒体等を検討していきます。またうまれる子の養育について地域の関連機関も介入し協議がなされます。

知的障害のある志織さんは地域の見守りを条件に家庭養育の方針となりました。入院中は安全な育児行動がとれるよう練習に追われましたが，児が眠るときには母子二人の空間をつくるようにしました。表出の少ない志織さんが唯一目を輝かせて語ったのが，赤ちゃんが寝るときは歌をうたうという素敵なこだわりでした。子守歌に包まれ満足そうに眠っていた赤ちゃんは今，自己主張に目覚めた幼児となり，その傍らにはあの手この手でわが子と向き合う志織さんがいます。

育児方法やサポートの利用を提示されることに抵抗を示す人もいます。家庭での養育が許されないこともあります。どうして自分の子どものことなのに自分で決められないのか。親として当然の思いです。しかし子どもがうまれるとその生命を守ることが最優先事項となり，本来外には閉じられているはずの家族の時間の中に強制的に人の手が入ります。だからこそ，親子としての時間を紡ぎ始める最初の時期に誰にも邪魔されず親が親でいられる時間を守ることを大切にしています。

赤ちゃんの誕生が，想像していた未来とは大きくかけ離れたものをもたらすこともあります。例えば，赤ちゃんに何らかの障害があるとわかったとき。

紬ちゃんには脳の疾患があり長期入院をしていました。母親はわが子に障害があると知ってから面会に来ても話しかけることをしなくなりました。「この子は笑わないんです」。母親の目に紬ちゃんは反応をしない，笑うこともない子として映っていました。あるとき紬ちゃんがしきりに鈴の玩具を見ていたため「紬ちゃん　鈴の音気

に入ったんだよね」と鳴らすと，紬ちゃんは返事をするようにちょいと腕を上げにんまりとしました。そのときのはっとしたこころの動き。それは親として，紬ちゃんを改めてこころで感じられた瞬間でした。

　わが子の障害に直面した親は，障害のわからなさから子との生活をイメージできず，愛おしかったはずのわが子が未知の存在のように感じることもあり，先の見えない暗闇の中で動けなくなる人もいます。そこに光を差し込むのが，子どもたちのきらきらとした生命力です。親が「障害」ではなくわが子の生きる姿と出会うとき，こころがつながったとき，親は子を知ろうとしていき，子の親への反応も変わっていきます。親子の場にいる心理職として，親のこころの動きを見守り，親子の出会いの瞬間に，丁寧にことばを添えていきます。

　「障害」はときに障害受容や家庭養育困難など難しい課題をもたらしますが，こうした課題は親子の出会いの経過の中にあります。はじめておなかの赤ちゃんと対話したとき，命をかけてこの世界にうもうとしているとき，数カ月にわたり自分のからだの中で育った命と対面したとき。母たちは何を感じ，何にこころが動き，どんな思いを親として抱いてきたのでしょう。そこに心理職として直に立ち会う機会はなかなかありません。ですがそういった点と点がつながった延長線上で私たち心理職は親たちと会うことになります。紬ちゃんの両親も，志織さんも，待望の赤ちゃんと出会うことを何よりも楽しみにしていました。そこにはたくさんの感動と溢れんばかりのわが子への思いがあります。そこから障害のあるわが子と新たな未来を描いていく。また，障害があり育児をする中で，わが子のために奮闘していく。その過程で生じるこころの痛みに耳を傾けながら，親子のこころのふれあいが守られていくよう心理職としてこころを尽くしています。

［坂井玲奈：東京かつしか赤十字母子医療センター］

かったからではないか，と自らを責める親もいます（➡ 11 章インタビュー⑤）。例えば発達障害であれば，育て方だけが影響して発達障害になることはなく多様な要因が関与しているといったように（➡ 10 章），学術的な根拠に基づいて正確な情報を伝えることも必要です。親がもっている資源や能力を引き出し，子どもとどのように生きていくのかを共に考え，歩んでいけるよう，エンパワーメントしていくことも心理職の重要な役割となります。

きょうだい：物心ついた頃から障害のある人と人生を共にする

　障害のある人の家族の中でも，きょうだい関係は「親なきあと」も一生涯続く可能性の高い関係です（障害のある人の兄弟姉妹は「きょうだい」と表記されます）。家族にケア役割が求められることは多く，きょうだいがケアを担うことも増えています（Meyer, 2009）。また，兄弟姉妹が車いすに乗っている場合，段差の激しい場所にはなかなか外出できないなど，障害のある人の日常の制約が家族の制約になることもあり，周囲が経験していることを簡単には経験できないこともあります。同様に，障害のある人の生活が家族の生活の中心となり，きょうだいは後回しになることもあります。とくに小さいときは親を独り占めされているように思い，親に甘えられず孤独を感じたり，兄弟姉妹に嫉妬したり，好きだけど嫌いといったアンビバレントな気持ちや葛藤を抱く人もいます。また，自分が健康でいることに罪悪感を抱いたり，障害がない自分への周囲からの期待にプレッシャーを感じたり，「親なきあと」の将来への不安を抱える人もいます。また，きょうだいは大人になってから**アダルトチルドレン**（Adult Children of Dysfunctional Family）になりやすいともいわれます。アダルトチルドレンは，機能不全のある家族の中で子ども時代を過ごした人がもつ特徴で，常に努力し続ける，神経が細やかで献身的，いつも周囲を笑わせる，自分のニーズを大事にできない等，自分を愛するエネルギーが足りなくなり「生きていきにく

インタビュー①　次世代の育ちを見つめて

（話し手）熊谷晋一郎／（聴き手）沖潮満里子

> 熊谷晋一郎さんは，脳性まひのある小児科医です。大学では当事者研究の実践や発展も専門にしています。聴き手（沖潮）には，脳性まひのある妹がいます。熊谷さんにも妹がいます。そこで聴き手が自分自身の家族について普段感じていることを話したり，熊谷さんの家族について話をききました。インタビューはオンラインで実施しました。

全力で否定される障害児とかまってもらえなかったきょうだい児

脳性まひのある子どものほとんどは，小さい頃からリハビリテーションに通います。熊谷さんも，沖潮の妹もそうでした。そこでは，親が脳性まひのある子どもにかかりっきりになってしまうという事態が発生します。今改めて，どちらもつらかったと振り返ります。

　「1つ言えるのは親がかかりきりになるときに，一方で，否定されてる感じも感じてるんですよね。かかわられて，エネルギーを注いでくれててそれは愛情ゆえなのかもしれないけど，ありのままの自分でいちゃいけないんだなっていうふうに。とくにリハビリとかもそうですよね。全力で否定されてる感じっていうんでしょうか。だから，全力で否定されている障害児と，構ってくれなかった（もらえなかった）きょうだい児っていう。（沖潮：どっちも，どっちも切なくなりますね。）なんですよね。だからきょうだいの関係ってすごく貴重でして，『つらかったよね』なんですよね。それは種類が違うんですけれども。うちの家族しんどかったよね，という一点では一致できるだろうなっていう。つらさの質は全然違うんですけれども。そういう誰が悪いわけでもないんですけれども，しいて言うなら，家族に全部押し付けている社会が問題なわけですけれども。その帰結としてやっぱり両方しんどかったよねっていう感覚があるのかもしれないですよね」

次世代の子どもたちと向き合うことで　　沖潮の2人の娘は，沖潮の実家（妹も同居）にいくとわがまましし放題で，娘たちがいること

でそれまで実家の中心にいた妹の存在がどんどん小さくなっていくように沖潮には感じられ，それを面白い，不思議だなと思い，熊谷さんに話すと，子どもの存在について話してくれました。

　「子どもの存在っていうのはとても自然なので，特別扱いされない空気をつくってくれるところがありますよね。小児科病棟っていうのは障害のある研修医にとってすごくよい場だったと思うんですよね。なにこれっていうふうにみんなが［車いすを］ジャングルジム扱いしてくれて。だから割と風景に溶け込んでいく感じをはじめて経験するというか，普通に扱ってくれる空気をつくってくれてるっていう意味で存在感がなくなったのであれば，それはある意味ですごく恵みで，とても居心地がいいことだろうなというふうに，思ったりもします。

　その一方で障害者のライフストーリーってやっぱりちっちゃい頃のほうが我慢が集中するので，多くの障害者はちっちゃい子が苦手ってされるのは，挫折，傷をえぐられるような感覚というか，あの頃が置いてけぼり感が MAX になった時期だった。そこを突きつけられることに苦手意識をもっている方もいなくはないです。［子どもは］それも乗り越えて普通扱いしてくれるので，傷をえぐりながら癒やしてくれる存在なんです。そうじゃないと傷って癒えませんので。えぐりながら癒やしてくれるような存在が，子どもだったりして。同級生の頃だったら成し遂げられなかった，大人になって子どもと接することで癒やされていく部分っていうのもあると思いますよね。だからそういう次の世代の子どもの様子を見ながら，えぐられながら語る空間みたいなものが切り開かれる感じですかね」

心理職を目指す読者の皆さんへ　　熊谷さんは，肢体不自由への心理的なアプローチとして動作法を受けた経験から，そして小児科医としての経験から語ってくれました。

　「心理的にアプローチしていくときに，気をつけたほうがいいなと思うのは，こころの外側というかですね，本人のこころだけじゃなくて，社会の仕組みとか，環境ですよね。その辺がどういうふうに心理に影響を及ぼすのかっていうところを見る必要があると思います。案外その心理的な問題は，制度を1つ知っていれば解決したりとか，そういうことも結構少なからずあると思うので。そう

> いったその個人の心理と，社会制度とか社会規範みたいなのを連携
> しながらやってくことがすごく大切かなと」

い状態」になることをいいます（古川，2008）。

　きょうだいへの支援は近年少しずつ広がっています。1980年代に，Sibshop（シブショップ）という，児童期のきょうだいを対象とした支援プログラムがアメリカで開発され，その後日本にも持ち込まれました。きょうだいの悩みや情報を提供・共有する場となることを目的としています。具体的な支援の方法としては，きょうだいの年齢に応じた情報を与える，障害のある子どもの将来設計をし，きょうだいを安心させる，同じ立場の人と出会う機会をつくる，きょうだいの不安に親や周囲が気づく，ということが挙げられます。

パートナー・配偶者：障害のある人と人生を共にする

　障害がある人のパートナーは，相手に障害あるいは何らかの個性や特性があると知っていてパートナーとなったのか，それともパートナーになってから相手が中途障害を負うことになったのかで心理的な体験も異なります。前者の場合，障害，あるいはそれが障害とは知らずとも何かしらのパートナーの特徴的な面を個性として理解しているという前提がありますが，後者はそうではありません。中途障害を負うことで，日常生活上それまでできていたことができなくなったり，離職せざるをえなかったりと，生活が大きく変わることがあります。その変化にパートナーがショックや戸惑いを感じ，なかなか受け入れられないこともあります。また，ケアをするためや，経済的な理由のためにパートナーが転職や退職をするなど，パートナーシップのありようやパートナーの生活を変化させる必要がある場合もあります。障害のある人の体調や症状によって家事育児をパートナーがほとんど担うことがあったり，コミュニケーショ

ンや交流がうまくいかずに悩みを抱えたり，周囲からの理解が得られにくく孤立感を抱いたり，将来の見通しがなかなかもてず結婚生活を継続するかどうか考えるという人もいます。支援においては，後述するピアサポートも有効ですし，利用できる社会資源や障害についての情報提供や，相手の障害をどのように受けとめ生きていくか等，パートナーの視点や立場にたった支援を提供することが大切になります（林・蔭山，2020）。

子ども：障害のある親のもとで育つ

　親に障害がある子どもの中には，親が家事等を十分にできない状態にいることから，家が安心できる場所にはならず，世話されることの少ない生活を送ることがあります。また，親に心配をかけまいと相談せずにいたり，親に障害があることを周囲に話せず，悩みを抱える人もいますし，親元を離れる等の将来設計に葛藤を抱える人もいます（田野中，2019）。家族にケアを要する人がいる場合に，大人が担うようなケア責任を引き受け，家事や家族の世話，介助，感情面のサポートなどを行っている18歳未満の子どものことを**ヤングケアラー**といいます（澁谷，2020）。親の代わりに家事や弟妹の世話をするために，勉強や友だちと過ごす時間がとれない等の行動的な側面で影響を受ける人もいます。一方，ケアを担うことで家族内のコミュニケーションがむしろ活発になったという肯定的な側面を語る子どももいます（土屋，2006）。支援としては，親のケアを子どもが過度に担わなくてもよいように親への支援体制を整えることはもちろん，親の障害について知る機会をつくったり，子どもの気持ちをきいたり，親も含めて家族全体としてどうしていきたいか話しあえるよう支えたりするなど，家族の生活状況を把握しながらさまざまな方向からのアプローチが必要です（大野・上別府，2015）。

家族同士のピアサポート

　家族会，親の会，きょうだいの会といった，障害のある人の家族

同士やきょうだい同士のセルフヘルプグループもピアサポートの一種です。どちらか一方が支援者で，他方が被支援者という立場に分かれるのではなく，お互いが支援し支援される関係がそこにはあり，対等な関係性の中で支援がなされます。具体的な支援の方法としては，お互いが悩みを打ち明けたり，相談したりするなど，話をきく支えあいが中心となります。親の会と呼ばれることの多い，障害のある子どもの親のピアサポートは，愚痴が言いあえる居場所や，いざというときに頼れる基地として位置づけている人もいます。他にも，親の多様な経験が親の会に蓄積されることで，その後他のメンバーへのアドバイスとして活かされるという意義もあります（東村, 2006）。

　きょうだいの会とも呼ばれる，きょうだいのピアサポートも同様に，基本的には，経験を話しあい，わかちあうという活動が中心になります。また，親の会にもありますが，学習会や勉強会といった名称で，後見人制度や法律等について学ぶ機会が設けられることもあります。きょうだいには「自分にはとくに支援は必要ない」という人も多いといいます。支援されるべきは障害のある人，という考えが強かったり，「支援」ということばのもつニュアンスがきょうだいにはフィットしなかったり，支援が必要と見なされることに抵抗があったりするのかもしれません。そのような理由からも，支援を受けるという受け身的なものだけでなく，お互いに支えあうというケアのあり方にも注目する必要があります。自分たちの特徴を理解しあい，自分が感じていることは自分一人だけの感覚ではない，と知ることは生きる上で非常に大きな意義になると考えられます。一方で，東村（2006）が指摘するように，障害のある人の親同士，きょうだい同士といった同じ立場にあるからといって，その人たちを取り巻く状況はさまざまであり，決して常にわかりあえるわけではないことには注意が必要でしょう。

▷ 障害のある人を支える支援者・支援機関

　支援者や支援機関は障害のある人を支援する立場にあるものなので，支援を受ける対象であるいうことに「？」と思う人もいるかもしれません。しかし，支援者も人間です。日々ストレスを抱えたり，その対処をしながら生きています。他者の支援ばかりに気が向いて，自分自身をおざなりにしてしまい，**バーンアウト**（燃え尽き症候群）してしまう人もいます。障害のある人を日々支援している支援者に特有のストレスや困難もあります。支援者に対する支援は，支援者から支援を受ける人にとっても重要です。

　重度の知的障害がある人の支援者（福祉職や特別支援学校の教員等）は，3つの側面において困難さを抱えているといいます（大瀧ら，2020）。1つめは環境の困難で，専門性が評価されない，賃金が低い，財政が厳しい，人手が足りないなどの劣悪な環境があります。2つめの困難は，障害のある人や他の専門家との関係です。重度の知的障害のある人との関係では，自分の支援について言語的なフィードバックが得られないため，自分のケアが役に立ったかわからない不安を抱えつつ，相手の非言語的な様相からそれを判断します。それでも，これでよいという確証が得られないとケア活動に意味を見出すことが難しくなり，ストレスを感じるようになります。また，他の専門職とのかかわりにおいて，専門職のバックグラウンドは多様であり，障害のある人への支援に正解はありません。そのため，とくに支援観の異なる他職種とのつながりが難しく，それが専門職のストレスになっていました。そして3つめは，社会的な困難で，支援の意義が社会から理解されにくいということがあります。社会において障害や障害のある人に対する理解の欠如があるために，福祉職等の専門性が軽視され，仕事の重要性も理解されにくいと感じています。

　安心して体験を共有できるような支援者同士のピアサポートや，

心理職などの専門職の配置，外部機関による研修やコンサルテーションといった支援者支援や労働環境の改善を，支援機関が組織的に取り組むことや，それを支える制度の構築が必要です。また，社会に対して援助職の専門性を周知するような働きかけも今後必要になっていきます。

障害のある人が生活をする地域・コミュニティ

　近年，ケアの社会化が重視され，障害のある人が施設ではなく，地域社会で自立しながら生きていくということが目指されています。そのためには，障害のある人や家族に対する支援だけでは不十分です。障害のある人の勤務先の職場，地域に住む人びとなど，より多くの人に対する**啓発**活動が鍵となります。啓発活動の内容としては，例えば，精神障害のある人への理解を深め，差別や偏見を解消することを目的として，精神障害のある人から直接体験をきくイベントや出前講座を開催したり，商店街の空き家を利用した障害のある人のための居場所づくりといったものがあります（⇒ 9 章）。

*** Exercise エクササイズ ///

3.1 親やきょうだいの思いを知り，支援のあり方を考えよう：コラム 3 やインタビュー①⑤の，障害のある人の親やきょうだいの思いを読み込んでみよう。さらに，手記やインタビュー記事・動画などを探して（⇒★ウェブサポートの文献・資料案内も参考に），それぞれの思いを理解することを試み，支援において何が大切かを考えてみよう。

3.2 支援者の特性について考えよう：本章 2 節では，専門職や機関が相当する「フォーマルな支援者」，そして「インフォーマルな支援者」として誰もが支援者であると解説があります。フォーマルな支援者だけではなく，インフォーマルな支援者の役割も重要なのはなぜでしょうか。それぞれのよさについて具体的に考え，話し合ってみよう。

///

支援の横糸と縦糸

障害の支援とは②

Quiz クイズ

Q4.1 「合理的配慮」に該当しないものはどれでしょうか。

a. 車いすを利用する人たちや杖をつく人が来店しやすいように，レストランの入り口にスロープを設置した。

b. 視覚障害のある大学生 A さんが，授業を受ける際にテキストデータ（電子データ化した文字情報）が必要となった。教員 B さんは講義ノートのテキストデータを A さんに渡した。

c. 知的障害のある英文学科の大学生 C さんに，学位取得の条件である英語の知識の証明を免除した。

d. 公共交通機関を使って通勤するのが困難な D さんが，通勤負担を減らすための配慮を申し出て，話し合いの結果，助成金を用いて事業主が会社近くのアパートを借り上げ，D さんに貸与することにした。

Chapter structure 本章の構成

いつ何に，どう支援するのか

支援の横糸

機能障害をめぐって
→発見，アセスメント／診断，リハビリテーション，療育，介助，アドボカシー，所得保障，心理療法……

社会的障壁をめぐって
→アクセシビリティ，合理的配慮，アファーマティブ・アクション……

心理的支援とは何だろう？

高齢期
成人期
青年期
児童期
乳幼児期
胎児期

支援の縦糸（生涯発達的な視点）

Answer クイズの答え

Q4.1　a. と c.

合理的配慮とは，障害のある人個々のニーズに応じ，配慮を提供する人に過重な負担とならない範囲で，社会的障壁の除去を目指すものです。a. は，個々のニーズに応じている，という要件を満たしません。c. は，「学位取得の条件を免除すること」は合理的な範疇を超えます。合理的配慮には，物事の本質にかかわる事柄の変更は行わないという要件もあります。

★本章のウェブサポートページ：学習をサポートするウェブ資料は，右の
　QR コードよりご覧いただけます。

本章ではフォーマルな支援者（⇒ 3 章）が何をいつ支援するのかを概観し，心理職が行う心理的支援の基礎を学びます。フォーマルな支援は法律に基づくものが含まれます。障害分野の法体系を理解しておきましょう（**図 4-1**）。

1 何を支援するのか
支援の横糸

障害の支援は，障害の原因にアプローチし，障害という「できなさ」を減らしたり和らげたりして，障害のある人の人権を保障することを目指します。アプローチする方向は，障害の原因を個人モデルで捉えた場合の機能障害と，社会モデルで捉えた場合の社会的障壁の 2 つであり，支援ではどちらも欠かせません。

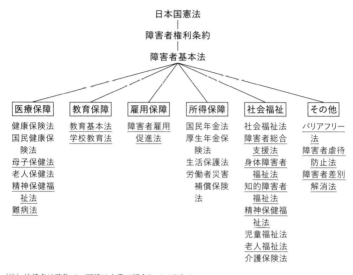

図 4-1　障害分野の法体系

日本国憲法

障害者権利条約

障害者基本法

医療保障	教育保障	雇用保障	所得保障	社会福祉	その他
健康保険法 国民健康保険法 母子保健法 老人保健法 精神保健福祉法 難病法	教育基本法 学校教育法	障害者雇用促進法	国民年金法 厚生年金保険法 生活保護法 労働者災害補償保険法	社会福祉法 障害者総合支援法 身体障害者福祉法 知的障害者福祉法 精神保健福祉法 児童福祉法 老人福祉法 介護保険法	バリアフリー法 障害者虐待防止法 障害者差別解消法

(注) 法律名は略称で，下線は本書で紹介しているもの。
(出所) 佐藤・小澤，2016 を参照して作成。

機能障害をめぐるアプローチ

機能障害を明らかにする

　機能障害の種別や個人差によって，発見される時期や方法は異なります。健診などの機会や病気や事故の後に専門職が気づくこともあれば，本人や家族が違和感や困りごとをきっかけに気づくこともあります。それらの気づきを受けて，**診断**は医療機関で医師が行います。診断のためにさまざまな検査が行われ，心理検査（➡本章 3）もその 1 つです。障害の診断告知は，本人や家族に，ショック，悲嘆や絶望，あきらめ，否認や抵抗感，（とくに家族には）罪悪感を引き起こすことがあります。一方で，違和感や困りごとが名づけられることが納得や安堵をもたらすこともあります。診断告知は医師だけでなく**チーム**で行い，本人や家族を心理的に支えるだけでなく，

その後の見通しをわかりやすく示し，外部機関への紹介など支援の
ネットワークを構築する出発点となることが基本です。

　支援の出発点に診断名がつかないこともあります。例えば乳幼児
期の精神発達に心配があってもすぐに診断がつかないことがありま
すが，ただ「様子をみましょう」とするのではなく，子どもに必要
なかかわりや親への具体的なサポートをただちに始めることが重要
です。

　支援の始まりに，福祉事業所や学校では**個別支援計画**をつくりま
す（支援する場によって，児童発達支援計画，教育支援計画・指導計画な
どとも呼ばれます➡本章2）。本人が，そして家族が何を望んでいるの
かを汲み取り，本人や家族との共同作業で計画を立てることが必要
ですが，そもそも人の変化とは物をつくるように計画的にはいかな
いものであるという前提を忘れてはいけません。

機能障害を軽減する・補い代替する

　機能障害にアプローチする方法としては，リハビリテーションや
療育，薬物療法，介助，福祉用具の利用などがあります。**リハビリ
テーション**とは，環境との相互作用の中で，機能を最大限に高め，
個人の健康状態に生じる障害を軽減することを目指す一連の介入と
定義されています（WHO, 2021）。皆さんが真っ先にイメージするの
は，歩けなくなった人の歩行訓練のような身体機能回復のための訓
練ではないかと思いますが，それだけでなく，医療，教育，職業，
社会参加と多領域で，さまざまな専門職が，機能の維持や復元，能
力の強化，併存症の予防をはかって自立と参加を促進し，**QOL**
（quality of life：人生の質）を高めることを目指します（酒井ら，2021）。

　類似概念として，**療育**があります。肢体不自由児施設を1942年
に開設した髙木憲次が，療育とは「自活」のために科学を総動員し
能力を高める取組みの総体であるとしました。戦後，知的障害児施
設や重症心身障害児施設（近江学園，びわこ学園）を設立し（➡2章），

障害のある子に「施しの光」を当てるのではなく「この子らを世の光に」と説いた糸賀一雄は，子どもの発達保障として，治療と教育を統合した「療育」の必要性を主張しました。現在では，肢体不自由や知的障害に限らずすべての障害のある子どもの発達促進を目指す，医学，教育学，心理学などの諸科学が統合された実践と幅広く捉えられています（井原，2009）。制度的には**児童発達支援**に位置づけられます（➡本章 2，**表 4-2**）。リハビリテーションと同様にさまざまな専門職によって行われます。

　また，機能障害や**二次障害**，併存症の治療のために**薬物療法**が行われることもあり，とくに精神障害（➡ 8 章）では重要なアプローチです（ちなみに二次障害とは，もともと脳性まひによって直接起こる運動障害に加えて生じる障害を指す用語ですが，発達障害に環境的要因がかかわって発現する精神障害や反社会的な言動，不登校などに対しても使われるようになりました［国立特別支援教育総合研究所，2012］）。

　その他にも，機能障害を補う手立てとして，**介助，福祉用具**の利用，住環境の整備があります（酒井ら，2021）。介助とは，障害された機能を対人援助により代替することです。身体に直接接触して行う身体介護（排泄・食事介助，入浴・更衣介助，体位変換，移動介助，外出介助，服薬介助など）と，掃除や洗濯，調理，買い物などの生活援助があります。福祉用具には，義肢，装具，座位保持装置や車いす，補聴器，歩行器，杖，意思伝達のための装置などの**補装具**や，介護ベッドなどの日常生活用具，持ちやすい形の食器などの**自助具**などのほか，パソコンなどの情報通信技術（ICT）やロボットも含まれます。

機能障害とともに生きることを支える

　アドボカシー（advocacy）とは，権利擁護の活動のことです。障害のある人自ら行うセルフアドボカシーだけでなく，自ら発信しにくい障害のある人の意思決定支援やニーズの表明の支援，代弁も含

みます（⮕3章）。制度的には，家庭裁判所がつけた成年後見人などが行う**成年後見制度**と，社会福祉協議会が行う日常生活自立支援事業（福祉サービスの苦情・異議申し立て受付や日常的な金銭管理の支援など）があります（佐藤・小澤，2016）。成年後見制度は，禁治産制度（⮕2章）が改正されたものであり，判断能力の不十分な成年者の財産管理や身上監護（生活や療養のための手続きや契約）を後見人などが行う仕組みです。障害者権利条約では契約などの法的能力の行使を別の人が行うことを認めておらず，条約と成年後見制度との整合性が議論となっています。現状では成年後見制度に意思決定支援（⮕3章）の考え方が導入されています。また，障害のある人への数々の虐待事件（⮕2章）を受け 2011 年に「障害者虐待の防止，障害者の養護者に対する支援等に関する法律」（**障害者虐待防止法**）が制定されました。（正当な理由のない身体拘束を含む）身体的虐待，ネグレクト，（不当な差別的言動を含む）心理的虐待，性的虐待，経済的虐待が禁じられ，虐待を発見した者には市町村等への通報義務が課されています。

　障害のある人は貧困に陥りやすく（⮕1章，**コラム4**），**所得保障**（障害などによって所得の喪失・減少や出費の増加に直面した個人や世帯に政府が金銭を給付すること）はとても重要です（山村，2019）。**障害年金**，特別障害者手当などの社会手当制度，業務災害で障害を負った場合の労災保険制度，**生活保護**があります。障害年金の中で最も受給者が多い障害基礎年金 2 級は現行制度で支給月額約 6.5 万円であり，最低限度の生活を営むことができず生活保護を同時に受給せざるをえないケースも少なくありません。

　手当の支給は手帳制度によります。3 障害ごとに，身体障害者福祉法に基づく**身体障害者手帳**，精神保健福祉法に基づく**精神障害者保健福祉手帳**，根拠法はなく厚生省（当時）の通知に基づく**療育手帳**（知的障害のある人を対象）があります。申請に基づいて，身体障

コラム4　障害×貧困　　「私は球根のように生きてます」これは，障害のある子どもの母親に就労とケアの両立をテーマにインタビューした際，ある母親が語ったことばです。子どもの障害がわかったときから，仕事を辞めて，趣味や友人づきあいからも遠ざかり，多くの諦めを重ねてケア役割に専念して生きる様を"球根"と表現しているのです。

　障害（障害のある人のみならず，ケアラーである家族）と貧困は非常に親和性が高く，貧困リスクを高める社会的構造があります。

特別な出費　　障害のある人の生活やケアに関しては，特別な追加的費用が発生しています。例えば，身体障害のある人であれば，補装具や自助具，住宅改装等にかかる費用（それらは往々にして，公的補助の対象となる範囲が限定的であったり，交換ペースが実際の必要に見合わなかったりすることがあります）などが発生しますし，知的障害のある人であれば，生活を安定させるためのこだわりの物品の購入，外出の費用などです。しかしながら，それらは，通常の生活費との区分けが困難であり，かつ個別性が高く障害のある人に共通する費目が見出せないため，障害にかかる追加的費用という認識には至らないのが現状です。そのため，高齢者介護の場合であれば，手すりやベッドなどある要介護度において一定割合の人に共通して発生する費用が，介護保険制度等による公的補助の対象となるのに対して，障害のある人の場合は制度によって保障される範囲が限定的であるという課題があります。

本人の収入を上回る支出　　障害のある本人にかかる収入（児童期は児童手当や特別児童扶養手当などがありますが，それは養育している者に対して支給されるのでここでは検討しません）は，障害基礎年金と工賃を合わせても最低生活費を下回ることが自明です。また，一般就労の場合であっても，その給与水準は，就労者一般と比べて，低位なものとなっています。

　一方で支出は，先述のように通常の生活費以外に追加的な費用が発生します。障害のある子どもや大人の社会参加の機会は，近年，生涯学習や芸術活動などを含む多様な余暇や生活の場など，着実に拡大していますが，当然ながらそれらは支出を伴うものです。

収入が，低位な水準に据え置かれている状況下では，障害のある人の社会参加の可否は，家族の経済力に左右されている状況です。

世帯の追加的収入が見込めない　　障害のある人を含む世帯においては，本人のみならず世帯全体が低位な収入水準にとどまり，その理由として，家計がシングルインカムによって支えられているケースが多いことが挙げられます。障害のある人のケアにかかる社会資源が十分に整備されていない状況の中で，主に母親にはケア役割に専従化することが期待されています。その結果，母親の就労が長期・永続的に制限されること，さらには成人になった障害のある本人による世帯への追加的収入が見込めないことは，労働者全体の賃金が低下している現代において，貧困リスクを最も高める要因となります。またケアを担う親の稼働期の低収入は，高齢期の低位な年金へと反映され，より一層深刻な貧困状態へと陥ることとなります。親が高齢期になった場合，障害のある人の自立をめざし，社会資源を活用したり，障害のある人の暮らしの場を移行させようとしても，障害のある本人の収入が世帯全体の家計において不可欠なものであるために，本人の自立を困難にさせるというように，生涯を通じての問題へとつながります。

家族も社会的支援を必要とする当事者である　　以上のように，障害のある人を含む世帯が貧困に陥りやすい背景として，ケアの家族依存があります。幼少期から成人期に至るまで，送迎，付き添い，見守り，訓練等変わらないケアを継続している中で，親自身の生活スタイルは子育て期から不変の状態です。

　そして，そのような状況に対して，親自身もあたりまえの生活として受け入れ，改めて負担という自覚がなされないことで，問題が社会的には潜在化してきたということがあります。

　障害のある人のノーマルな暮らしを実現するために，家族を含み資産として位置づけるのではなく，家族も社会的支援を必要とする当事者であると位置づけを明確にすることが必要です。

［田中智子：佛教大学（社会福祉学）］

害者更生相談所，精神保健福祉センター，知的障害者更生相談所（18 歳未満は児童相談所）で判定します。身体障害は 1 〜 7 級，精神障害は 1 〜 3 級の等級があり，知的障害の等級は自治体により異なります。手帳によるサービスは種類や等級により異なりますが，上に示した手当の他，医療費助成，障害者扶養共済加入，運賃などの割引，税金の控除・減免などがあります。

日中の福祉的就労（➡本章 2）や活動，夜間の生活などの暮らしを支える社会サービスは，主に**障害者総合支援法**に基づいて行われます（➡2 章）。介助のための給付（介護給付）と就労等の訓練のための給付（訓練等給付）があり，サービスの形態としては，在宅で受けるサービス，通所で受けるサービス，入所して受けるサービス，経済的負担を軽減するサービスに大別されます（**図 4-2**）。前に示したリハビリテーションや介助，福祉用具の利用などにはこの制度に基づくものもあります。

機能障害とともに生きる人生の途上では，先述の二次障害を含むさまざまな心理的な困難を体験することを余儀なくされます。そうした生の道程に伴走し，環境と折り合いながら主体的に生きることを支える**心理療法**（カウンセリング）も，重要なアプローチの 1 つです（➡本章 3）。

▷ 社会的障壁をめぐるアプローチ

社会的障壁をなくし（バリアフリー），障害のある人が他の人と同等に施設やサービスを容易に利用できること，利用のしやすさを**アクセシビリティ**（accessibility）といいます（長瀬・川島, 2018）。その実現のためには，**ユニバーサルデザイン**（universal design：最大限可能な範囲ですべての人が使える製品，環境，計画，サービスの設計）を導入する必要があります。「高齢者，障害者等の移動等の円滑化の促進に関する法律」（バリアフリー法）に基づいて公共交通機関や建

図 4-2 障害者総合支援法に基づくサービス

サービスの対象	サービス利用手続き
身体障害のある人，知的障害のある人，精神障害（発達障害を含む）のある人，身体障害または知的障害のある児童，難病患者等で一定の障害のある人 ※知的障害，精神障害のある人は，障害者手帳がなくてもサービスを受けられることがある	利用を希望する人が市区町村窓口に相談・申請 ↓ 障害支援区分認定　※介護給付の場合 面接の調査（認定調査）と医師意見書による判定 非該当，区分1～区分6の認定（区分により受けられるサービスが異なる） 申請者は求めに応じサービス利用計画案を提出 ↓ 支給決定 ↓ サービス等利用計画の作成 ↓ サービスの利用開始 申請者がサービス提供事業所と契約を結ぶ ※一定期間ごとにサービスのモニタリング
サービスの内容	
日常生活，社会生活を営むための支援 自立支援給付 　市区町村が主体となって行うサービス 　※詳細は下表 地域生活支援事業 　市区町村と都道府県が独自に行うサービス	

自立支援給付一覧

介護給付	訪問系	居宅介護*	自宅で，入浴，排泄，食事介護等
		重度訪問介護	常に介護を要する人に，自宅で，入浴，排泄，食事介護，移動支援等総合的に実施
		同行援護*	視覚障害により移動に著しい困難のある人の外出時，必要な情報提供や介護
		行動援護*	自己判断能力が制限されている人の行動時，危機回避に必要な支援，外出支援
		重度障害者等包括支援	介護の必要性がとても高い人に，居宅介護等複数のサービスを包括的に実施
	日中活動系	短期入所*	介護者が病気等の場合，短期間，夜間も含めた施設で，入浴，排泄，食事介護等
		療養介護	医療と常時介護を要する人に，医療機関で機能訓練，看護，介護等
		生活介護	常に介護を必要とする人に，昼間，入浴，排泄，食事介護と，創作活動，生産活動
	施設系	施設入所支援	施設に入所する人に，夜間や休日，入浴，排泄，食事介護等
訓練等給付	居住支援系	自立生活援助	一人暮らしに必要な力を補うため，定期的な居宅訪問などによる必要な支援
		共同生活援助	夜間や休日，共同生活を行う住居で，相談，入浴，排泄，食事介護，生活上の援助等（グループホーム）
	訓練・就労系	自立訓練（機能・生活）	自立した生活ができるよう，機能の維持向上の訓練（機能訓練），生活能力の維持向上の訓練（生活訓練）
		就労移行支援	一般企業等への就労を希望する人に，一定期間必要な就労訓練
		就労継続支援（A型・B型）	一般企業等での就労が困難な人に就労機会提供，訓練（A型は雇用）
		就労定着支援	一般就労に移行した人に，就労に伴う生活面の課題に対応するための支援
相談支援			障害福祉に関するさまざまな相談（基本相談支援），地域で生活するための相談（地域相談支援〔地域移行支援・地域定着支援〕），サービス等利用計画作成・見直し（計画相談支援〔サービス利用支援・継続サービス利用支援〕）
自立支援医療*			心身の障害を除去・軽減するための医療費の自己負担額軽減（更生医療，育成医療，精神通院医療）
補装具*			車いす等，身体の欠損や機能障害を補完・代替する用具の購入・修理の費用の支給

(注)　＊は障害のある児童が利用可能。
(出所)　WAM NET, n.d.b を参照して作成。

設物，道路などの整備が進められていますが，情報保障（情報通信のアクセシビリティ）や教育のアクセシビリティはとくに今後の課題です。

こころの中の社会的障壁である偏見を解消するために，潜在的な偏見に気づかせるような教育プログラムやキャンペーンが試みられています。自分の偏見に気づき，どのような状況であらわれやすいか手がかりを捉えることで，偏見をコントロールできる可能性があります。偏見そのものを軽減させるには，障害のある人とかかわる機会をもつことも役立ちます（接触仮説）が，ただ形式的に機会をつくればよいのではなく，対等な立場で，十分な頻度や時間をとり，共通の目標に向かって協力することが重要とされています（北村・唐沢，2018）。

個々の場面で生じる社会的障壁に具体的にアプローチするのが**合理的配慮**（reasonable accommodation）です（川島ら，2016）。①障害のある人個々のニーズに応じ，②配慮を提供する人に過重な負担とならない範囲で，③社会的障壁の除去を目指します。「合理的」とは無駄なく能率的ということではなく，障害のある人にも配慮を提供する人にも「理に適っている」という意味であり，「配慮」とは思いやりのことではなく「調整」に近いニュアンスです。個別的な社会的障壁を除去するため，その状況に即した最適の方法で調整していく取組みということです。役所などの行政機関や私立学校などの事業者（障害者差別解消法に基づく），事業主（障害者雇用促進法に基づく）に，合理的配慮を提供する義務が課せられています。能力主義の範疇で機会の平等を保障すること（村山，2019），つまり社会の構造が不均衡であるために障害のある人が他の人と同じスタートラインに立てない状況を是正して能力を発揮するチャンスを公平にすることが目的であり，スタートラインをそろえても「できなさ」がなくならない場合には，合理的配慮だけでは限界があります。

また，より積極的で，暫定的な差別解消策は**アファーマティブ・アクション**（affirmative action）といい（川島ら，2016），障害者雇用率制度（⇒本章2）はその一例です。

2 いつ支援と出会う？
支援の縦糸

▭▷ **生涯発達的な視点をもつことの意義**

　生涯発達とは，人は受胎してから死ぬまで生涯にわたって発達していくとする考え方です。この考え方に立つことで，その人が過去にどういう状態だったのか，何ができるようになり（獲得），何ができなくなったのか（喪失），今後どうなるのかと長いスパンで捉えることが可能になり，人の発達の多様性が見えてきます。

　生涯発達の視点は，障害のある人もかかわりの中で多様に変化しうるという見方を与えてくれます。障害のある人を支援するとき，身体的な不自由さなどの機能障害を変化しないものとして固定的に捉えてしまいがちです。生涯発達という視点をもつことで，障害のある人もあたりまえですが常に変化し続ける存在であるということをしっかりと認識することができ，長期的な観点をもってどのようにかかわったらよいかを考えることが可能になります。

▭▷ **発達段階に応じた支援**

乳児期・幼児期

　すべての子どもを対象とした支援（ポピュレーションアプローチ）として，出生後すぐから障害の早期発見や予防的対応が行われます。早期の対応で障害の発現や進行をおさえられる疾病（例えばフェニルケトン尿症やクレチン病）があるか調べる**新生児マススクリーニング**（先天性代謝異常等検査），生後1歳6カ月，3歳などの時期に医師

表 4-1　児童発達支援の事業所の種類

名称	児童発達支援事業所	児童発達支援センター	
		福祉型児童発達支援センター	医療型児童発達支援センター
対象	障害のある就学前の子ども	主に知的発達に遅れのある就学前の子ども	主に運動発達に心配のある就学前の子ども
支援の内容	・子どもへの発達支援 ・家族への支援 ※児童発達支援センターより小規模の地域密着型施設	・子どもへの発達支援（感覚遊び，運動，音楽療法など） ・家族への支援 ・地域への支援（保育園への援助，通園していない家族へのアドバイスなど）	・子どもへの発達支援（感覚遊び，運動，音楽療法など） ・家族への支援 ・地域への支援 ・診察 ・理学療法・作業療法などのリハビリテーション

(出所) 厚生労働省，n.d.a を参照して作成。

や保健師，栄養士，心理職などが，子どものからだ，粗大運動・微細運動，人とのかかわり方やことばの成長などを調べる**乳幼児健診**などです。また，**乳児家庭全戸訪問事業**により，原則として生後 4 カ月を迎えるまでの乳児のいるすべての家庭を保健師などが訪問し，子どもや家庭の支援の必要性を把握します。

　ポピュレーションアプローチにより特別な支援の必要性があると考えられた子どもには，児童福祉法に基づいて支援が行われます。児童発達支援は，通所による障害のある子どもへの療育，家族や地域への支援を行います（**表 4-1**）。他に，入所支援や**保育所等訪問支援**（子どもが生活する場に専門職が出向き，子どもの観察やコンサルテーションなどを行う）などがあります。

　親子の暮らしの始まりの時期である乳幼児期は，親にとってとくに心身の負担や不安の大きい時期であり，障害のある（可能性がある）場合にはなおさらです。乳幼児期のこうした重層的な支援システムは，障害をラベリングするためのものではなく，安心できる手厚い子育て環境をつくるためのものです。

児 童 期

特別支援教育は、「障害のある幼児児童生徒の自立や社会参加に向けた主体的な取組を支援するという視点に立ち、幼児児童生徒一人一人の教育的ニーズを把握し、その持てる力を高め、生活や学習上の困難を改善又は克服するため、適切な指導及び必要な支援を行う」（文部科学省、2005）ものです。個々のニーズや状態を把握して作成される**個別の教育支援計画**（障害のある子どもが、乳幼児期から学校卒業後まで一貫した教育的支援を受けられるように関係機関が連携して効果的に支援するための計画）と**個別の指導計画**（個別の教育支援計画を踏まえた具体的な指導の計画）をもとに指導が行われます（**図4-3**）。

障害のある子どもの学校や学習の場には、**特別支援学校、特別支援学級、通級による指導、通常学級**があり（**表4-2**）、特別支援学校や特別支援学級で学ぶ子どもの数は近年増加傾向にあります。特別支援学校は地域の通常学級への情報提供など地域のセンター的機能も担います。特別支援教育の入り口の1つである**就学相談**では、子どもの状況をふまえて、子どもや保護者の意向を可能な限り尊重して学校等との合意形成を進め、最終的には市区町村教育委員会が就学先を決定します。

障害のある子どもへの指導は学校内でチームを構成して行います。**特別支援教育コーディネーター**を中心に、担任や養護教諭、管理職、**スクールカウンセラー**などの学校内連携、情報交換、学校外専門機関との連携などを行います。

放課後や長期休暇には、児童福祉法に基づき**放課後等デイサービス**が障害のある子どもの療育や居場所の機能を担います。学童保育でも障害のある子どもを受け入れており、職員の加配、必要時保育所等支援を用いながら子どもの支援を行います。地域の**教育相談室**（所）では、いじめや不登校などの問題、発達障害などに関する相談を受けています（⇒ 11章）。

図 4-3 個別の指導計画と個別の教育支援計画

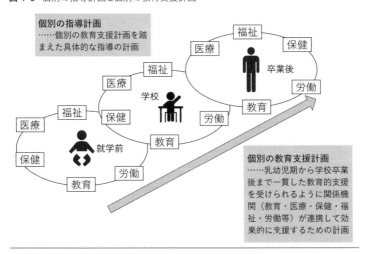

個別の指導計画
……個別の教育支援計画を踏まえた具体的な指導の計画

個別の教育支援計画
……乳幼児期から学校卒業後まで一貫した教育的支援を受けられるように関係機関（教育・医療・保健・福祉・労働等）が連携して効果的に支援するための計画

表 4-2 特別支援教育における教育の場

名称	特別支援学校	特別支援学級	通級による指導	通常学級
概要	障害の程度が比較的重い子どもを対象として，専門性の高い教育を実施する学校	障害の種別ごとの学級を編成し，子ども一人ひとりに応じた教育を実施する学級	大部分の授業を在籍する通常の学級で受けながら，一部の時間で障害に応じた特別な指導を実施	障害のない子ども，障害のある子どもが一緒に教育を受ける
対象障害種	視覚障害，聴覚障害，知的障害，肢体不自由，病弱（身体虚弱を含む）	知的障害，肢体不自由，病弱及び身体虚弱，弱視，難聴，言語障害，自閉スペクトラム症，情緒障害	言語障害，自閉スペクトラム症，情緒障害，弱視，難聴，学習障害，ADHD，肢体不自由，病弱及び身体虚弱	
特徴	・幼稚園，小学校，中学校又は高等学校に準ずる教育を施す ・自立活動，（知的障害の場合）生活単元学習などの科目がある	・地域の小学校，中学校等において設置される ・疾病療養中の子どものために病院内にも設けられる（院内学級）	通常の学級（小学校，中学校，高等学校等）での学習におおむね参加でき，一部特別な指導を必要とする児童生徒が対象	個々の障害に配慮しつつ通常の教育課程に基づく指導を行う

（出所）松浦・角田，2019；文部科学省，n.d.a を参考に作成。

近年では，障害に限らず，貧困や不登校，外国籍といった，さまざまな**特別な教育的ニーズ**をもつ子どもを含むすべての子どもを対象として，学びと参加における障壁を取り除き多様性を受け入れる（是永，2021）という**インクルーシブ教育**の理念に基づいて，新たな教育実践のあり方が検討されています。

思春期・青年期

子どもから大人へと成長していくこの時期には，就労に先立ち，特別支援学校において職場見学や職場実習などが行われます。高等部の上位課程である専攻科では障害に応じた専門的な職業訓練を行います（例えば，視覚障害の特別支援学校では，あん摩・マッサージ・指圧や鍼，灸，聴覚障害では情報，理容など）。障害のない子どもよりずっと早くから就労に向けた準備を行うこととなり，じっくりと将来について模索するゆとりが少ないことが課題です。

特別支援学校の場合，高等部を卒業した後に就労する生徒がほとんどであり，大学などの高等教育機関への進学は2%にとどまりますが，視覚障害や聴覚障害のある生徒では3割程度が進学するなど，障害種によりばらつきが見られます（文部科学省，2021）。大学に在籍する障害学生数は3万5341人（全学生数322万8488人の1.09%），障害学生在籍学校数は935校でした（2020年5月現在）（独立行政法人日本学生支援機構，2021）。大学では，障害のある学生に対して，**障害学生支援**にかかわる部署や**学生相談**がサポートを行っています。具体的には，授業での支援（教室内の座席や課題内容・提出に関する配慮，ノートテイク，テキストデータ化など），学生生活支援（居場所確保，通学支援など），相談支援，施設・設備の整備などです。

成人期・壮年期

就労支援は，いわゆる福祉的就労と一般就労において行われます。

福祉的就労の支援は障害者総合支援法に基づくもので（➡本章1），一般的な企業に就労すること（一般就労）の難しい人に就労の機会

コラム5　障害×エイジング

エイジングと障害の関係性　私たちは，日々，年を重ねていきます。エイジング（老化，加齢）は避けられない変化であり，老化に伴って，さまざまなネガティブな体験をします。心身機能が低下したり，からだに不調が生じたり，今まで簡単にできたことに困難を感じるようになります。定年退職や身近な人の死といった喪失を経験します。心身機能の低下や喪失体験は，病気や事故などによって突然障害のある状態（中途障害）になるリスクへつながります。例えば，配偶者が亡くなったことをきっかけに意欲が低下し，自宅へ閉じこもりがちの生活になる。加齢によって低下した身体機能に，閉じこもりによる運動不足が加わり，何もないところで転倒してしまう。転倒によって足のつけねを骨折してしまい，歩行困難から介護が必要になる。多くの高齢者は，いつまでも自立し，介護の必要な状態（要介護状態）にならないことを望んでいますが，老化に伴い要介護状態になるリスクは高まります。

高齢期になって介護が必要になること　これまで自立した生活をしていた高齢者が，病気や事故によって要介護状態になったとき，その受けとめ方は多様です。時間経過によって要介護状態を受け入れ肯定的に考えようとする人，仕方がないことだと諦めながら受け入れる人，受け入れられずに悲観する人もいます。ここでは，とくに要介護状態になることを受け入れている人のことばを取り上げます。

　①　「年をとったら，病気や障害が1つ2つあることは珍しくないでしょ？」：高齢になれば病気や障害をもつことも普通のこと。障害のある状態になることも老化の一部として捉えている。

　②　「これまでやるだけのことはやってきて，いろいろ（障害によって）できなくなっちゃって，そろそろお迎えが来てもいいなって思うこともあるけれど，できるだけ長生きしたいから健康に気をつけてます」：障害をきっかけに死んでもいいかもと考えることもあるが，基本的に長生きしたいという思いを抱いている。

③ 「これまでずっと大変なことを乗り越えてきた。だから，今回もどうにかなると感じちゃうね。頑張ったぶん，今度は助けてもらってってことかな」：人生経験に基づく自信や，自分なりに障害を人生経験の中で意味づけて捉えている。

認知症高齢者になること　　認知症は，自宅の近所なのに道に迷う，シャツをズボンのようにはこうとするといったさまざまな症状を呈し，認知機能の低下が見られ，毎日の活動に支障をきたした状態（尾崎ら，2018）と説明されます。認知症の原因となる病気や障害は非常に多く，原因によって認知症の進行や目立つ症状も異なります。ここでは，介護施設に入所し，会話が可能な（けれど，認知症によって施設にいると理解していない）認知症の人のことばを取り上げます。

① 「いやだわ，ここのところすっかり忘れん坊になっちゃったみたいなの」：認知症（病的な状態），老化に伴う物忘れのどちらで体験しているか不明だが，自分の認知機能の低下を感じている。

② 「ここは知らない人ばっかりいるから，病院でしょ？」：今の状況に対するわからなさを感じているものの，自分の過去経験に基づきながら，今の状況を意味づけたり把握したりしようとする。

まとめ　　以上の当事者のことばからは，認知症によるわからなさや要介護状態に対し，高齢者がこれまでの人生経験を資源として活用しながら，適応しようとしている様子がうかがえます。支援などにおいても，その人の人生経験にも意識を向け，その体験を理解しようとすることが重要です。

［田中元基：東京都健康長寿医療センター研究所］

を提供します。**就労継続支援 A 型**（雇用契約を結ぶ），**就労継続支援 B 型**（雇用契約を結ばない）といった支援があり，仕事の内容は，製造，飲食業，農業などさまざまです（⇒ 7 章 3，9 章 2）。制度上は就労ではない生活介護の事業所で作業（生産活動）を行うこともあり

ます（➡11章）。

一般就労の支援には，**障害者雇用促進法**に基づく障害者雇用率制度があります。従業員が一定数以上の規模の事業主は，従業員に占める障害のある人の割合を法定雇用率（2022年現在，民間企業は2.3%，国，地方自治体は2.6%など）以上にする義務があります。また，公共職業安定所，**地域障害者職業センター**，**障害者就業・生活支援センター**，**就労移行支援・就労定着支援**事業所などが連携し，相談支援，アセスメント，職業リハビリテーション，事業主に対する助言，**ジョブ・コーチ**（職場に訪問して障害のある人や職場に支援する）などの支援を行います。

今日の障害支援において就労支援は重点的に取り組まれています（➡2章）が，障害のある人の労働実態は厳しいことが指摘されています（➡**コラム4**）。職業自立ばかりを促進した過去に逆行するのではなく，やりがいをもって生き生きと働くことのできるような就労支援が求められます。

高 齢 期

超高齢社会である今日において，障害のある人にも高齢化が進んでいます。高齢期から障害のある人は，高齢化によって，機能障害の変化（例えば，脳性まひにおける運動機能の低下，統合失調症における陽性症状の軽快など），二次障害や併存症の増加，長期間・多種類の薬物療法による副作用といったことが起こります（山上・横山，2022；新村・水野，2022）。コミュニケーションの難しさから，症状が気づかれにくく対策が遅れてしまうこともあるため，日頃から細やかに状態を観察し，微細な変化や発信を見落とさないようにする必要があります。本人と同時に家族も高齢化することになります。とくに家族と同居している割合の高い知的障害のある人には，家族と同居できなくなった後の生活支援が必要ですが，地域の受け皿は十分とはいえません（志賀，2022）。高齢化に伴い，種々の**喪失**を体

験し，老化や死への不安を抱き，孤独を感じることが増えます。こうした思いに寄り添い，安心して過ごせるような包括的な支援を行う必要があります。法律上，65歳以上になると基本的には障害福祉サービスより介護保険サービスを優先して受けることとされていますが，障害のある人がなじみのある場で個別性に即した支援を受け続けることが難しくなるといった課題があります。同一事業所において介護保険サービスと障害福祉サービスの両方を提供する共生型サービスの制度が始まるなど，模索が続いているのが現状です。

3　心理的支援とは何だろう？

▶　心理的支援とは

　障害の専門機関だけでなく，医療機関，教育機関，児童福祉施設，企業，司法機関など，さまざまな機関で心理職は障害支援を行っています。しかし，心理的支援のニーズがあっても支援に結びついていない障害のある人は多く，支援システムはまだ発展途上です。心理職は，障害のある人に必要な支援を届けるため，心理的支援へのアクセシビリティの向上に努める必要があります。

　心理的支援の対象者（クライエント）は，障害のある人個人だけでなく，家族や周囲の人，障害のある人たちの集団などさまざまです（➡3章）。支援対象にかかわらず支援の方法は，「わかる」ことと「かかわる」ことが軸となります。「わかる」こととは**心理的アセスメント**であり，面接や，観察，**心理検査**を用いて行います。「かかわる」こととは，心理療法や療育，リハビリテーション，**コンサルテーション**（コンサルティ［支援者］がよりよい支援を行う助けになるよう，コンサルタント［心理職など］が助言などを行うこと），**カンファレンス**（支援の方向性などについて本人や家族，支援者が集まり話

し合うこと）などの介入です。心理療法とは，専門的な訓練を受けた心理職が，苦しんでいる人に対して，「治療的人間関係」をもつ（Frank & Frank, 1991/2007）ことです。つまり，セラピーとして機能するように心理職が専門的にクライエントとやりとりするのが心理療法です。

　心理的支援を支える臨床心理学的理論の詳細は他書に譲りますが，とくに障害の支援で重要なのは，発達論的アプローチ，行動論的アプローチ，関係論的アプローチです。

　発達論的アプローチは，発達的観点に基づいて支援するものです（長崎・前川, 2008）。精神発達（心理的発達）を中心とした生涯発達のプロセスを理解することは，発達障害だけでなく障害のある人への心理的支援全般に不可欠です（⇒本章 2）。

　行動心理学や認知心理学に基づいた行動論的アプローチは，多くの支援技法として具体化されています。とくにオペラント条件づけの理論に基づく**応用行動分析**は療育技法の基礎をなしています。オペラント条件づけの基本的な原理は，「行動は，その結果に応じて，その後の生起頻度が変化する」というものです（長崎・前川, 2008）。行動とその直後の出来事（結果）の関係を**行動随伴性**と呼び，それらの関係は**表 4-4** のようにあらわされます。他に，行動の直前の出来事や動機づけにも行動の生起頻度は影響を受けます。こうした原理を用いて，ある行動が生起したり，しなかったりする要因を分析し（機能的アセスメント），行動の増加や減少を目指して介入します。

　関係論的アプローチは，主体と主体の間で繰り返される相互作用（**関係性**）に着目して支援するものです。障害とは関係性において構築されるものであるとするならば（⇒序章），障害のある人とその周囲の関係性を捉える観点は欠かせません。クライエントと心理職の共感的な関係性の構築は，**クライエント中心療法**のみならず，すべての心理的支援の基礎となっています。クライエントと心理職の関

表 4-4 行動随伴性

		②行動が変化する方向	
		増加＝「強化」	減少＝「弱化」
①行動の結果	行動前なかった刺激（出来事）が行動後出現＝【正】	**正の強化** リモコンのスイッチ押す ⇒テレビつく【正】 ⇒スイッチ押す行動増加	**正の弱化** ストーブ触る ⇒熱い【正】 ⇒ストーブ触る行動減少
	行動前あった刺激（出来事）が行動後に消失＝【負】	**負の強化** 目覚まし鳴りボタン押す ⇒鳴りやむ【負】 ⇒ボタン押す行動増加	**負の弱化** 門限破る ⇒スマホ禁止【負】 ⇒門限破る行動減少

(出所) 長崎・前川，2008 を参照して作成。

係性に着目した理解や介入は現代の**精神分析**で重視されています。**コミュニティ心理学**などの理論に基づいて，関係性や環境へ働きかけることも大切です。

心理的支援の具体的技法

心 理 検 査

　心理検査は，機能障害の有無や特徴を把握する他，機能障害に伴う行動や情動の特徴を捉えるために用います。さまざまな検査がありますが，次の5つに大別されます（**表 4-5**）。(ア)知能を測定する**知能検査**（測定された知能は，多くの場合 IQ〔知能指数〕や精神年齢などであらわします。認知機能の領域ごとの差〔個人内差〕や同年代集団での比較〔個人間差〕を捉えるのに適したウェクスラー式知能検査，総合的に知能を評価できる田中ビネー知能検査V，認知尺度と習得尺度を測定でき学習障害の評価などに有益な KABC-II など），(イ)認知機能だけでなく社会性や運動機能など幅広く発達を捉える**発達検査**（領域ごとの発達水準を捉えることができる新版 K 式発達検査 2020 など），(ウ)言語，記憶，実

表 4-5　主な心理検査

分　類			主 な 検 査
(ア) 知 能 検 査 （全般的知的機能検査）			ウェクスラー式知能検査（WAIS-IV，WISC-V，WPPSI-III），田中ビネー知能検査V，KABC-II，DN-CAS 認知評価システム，長谷川式認知症スケール（HDS-R），精神状態短時間検査—改訂日本版（MMSE-J）
(イ) 発 達 検 査			新版 K 式発達検査 2020，Bayloy III 乳幼児発達検査，津守・稲毛式乳幼児精神発達検査，遠城寺式乳幼児分析的発達検査
(ウ) 特定の精神機能のアセスメントツール	言語・コミュニケーション		標準失語症検査（SLTA），WAB 失語症検査，PVT-R 絵画語い発達検査，J.COSS 日本語理解テスト，LCSA 学齢版言語・コミュニケーション発達スケール，言語・コミュニケーション発達スケール（LC スケール）
	記　憶		ウェクスラー記憶検査（WMS-R），三宅式記銘力検査，ベントン記銘検査，リバーミード行動記憶検査（RMBT）
	注　意		抹消検査，AMM（Audio-Motor Method），トレイルメイキングテスト，標準注意力検査（CAT）
	実 行 機 能		ウィスコンシンカード分類テスト，ストループテスト，遂行機能障害症候群の行動評価（BADS）
	視 覚 認 知		標準高次視知覚検査，フロスティッグ視知覚発達検査，Rey の複雑図形検査
	適応行動・行動的問題		日本版 Vineland II 適応行動尺度，CBCL・TRF
	感覚・運動		DCDQ-R，SP 感覚プロファイル，日本版ミラー幼児発達スクリーニング検査（JMAP），感覚処理・行為機能検査（JPAN）
(エ) 精神障害のアセスメントツール	発達障害	自閉スペクトラム症	一次スクリーニング：M-CHAT 二次スクリーニング：AQ（AQ-J），PARS-TR，対人コミュニケーション質問紙（SCQ） 診断・評価：ADOS-2，ADI-R，CARS2
		学習障害	LD 判断のための調査票（LDI-R），小学生のための読み書きスクリーニング検査（STRAW），特異的発達障害診断・治療のための実践ガイドライン（ガイドライン読み検査・算数検査）
		ADHD	ADHD-RS，ASRS，Conners3，CAARS
	うつ病		SDS，BDI-II，うつ病自己評価尺度（CES），ハミルトンうつ病評価尺度（HAM-D）
	統合失調症		陽性・陰性症状評価尺度（PANSS），簡易精神症状評価尺度（BPRS）
	アルコール依存症		新久里浜式アルコール症スクリーニングテスト（新 KAST），AUDIT
(オ) 人格検査	質問紙法		MMPI-3，TEG3，YG 性格検査
	投 影 法		ロールシャッハテスト，PF スタディ，文章完成法（SCT），描画法（バウムテスト，HTP テスト）

（出所）尾崎・三宅，2016a；辻井，2014；黒田，2018；玉井，2016 を参照して作成。

行機能，行動など，特定の精神機能のアセスメントツール，㈐精神障害のアセスメントツール，㈠精神障害やパーソナリティを捉える**人格検査**。㈗㈖のうち，高次脳機能（⇒ 7 章）に関する検査を**神経心理学的検査**と呼びます。

　心理検査を用いる際には，必要性と目的を見極めて計画的に行います。心理検査の実施はクライエントに負担をかけ，その結果はクライエントや周囲の人にインパクトを与えることに留意します。1つの心理検査で明らかになることには限りがあり，例えば，発達障害の診断を目的とする場合，ウェクスラー式知能検査だけでは不十分であるため，他の検査とのテストバッテリーや検査以外の情報収集も必須です。

　結果の分析には，数量的な分析だけでなく，数量化しがたい表現や行動を質的に分析することも重要です。例えば発達検査の積み木を積む課題で，積めた数だけでなく，検査中の行動を観察することで，積むことの難しさの背景（目で見て操作するというなめらかさ〔視覚と運動の協応〕の問題なのか，力のコントロールの問題なのか，うまくできないことへの不安なのか）や社会性の特徴（教示をどのようにきくか，積めたことを大人にどう伝えるか）など，豊かな情報が得られます（市川・岡本，2018）。

　結果の中で，強みや得意なことなどポジティブな部分に目を向けることは重要です。エンパワーメントは支援の柱であり（⇒ 3 章），クライエントの強みがその源になるからです。一方，ネガティブな部分から心理職が目を背けないことも大切であり，それをどのようにフィードバックするのがクライエントにとってよいかをしっかりと考える必要があります。

　検査を行った目的に照らしてその応答となるよう，専門用語をわかりやすい表現に置き換えるなどクライエントに伝わりやすい形でフィードバックを行います。とくに，IQ などの数値だけがひとり

歩きしてしまわないよう，数値そのものよりもその意味をしっかり伝えることが大切です。

心理療法と療育

　心理職が行う心理療法と療育はどちらも物やことばを介してやりとりします。心理療法では心理的な困難や悩みへの対処，療育では発達促進に重点がおかれます。心理的な困難への対処が自己やパーソナリティの発達につながることもあり，一方，発達促進的なかかわりによって心理的な困難が軽減することもあって，目的や効果は重なり合うところがあります。心理療法は支持的，療育は指示的なイメージもあるかもしれませんが，心理療法で具体的な助言や指示を行うこともありますし，後述の通り，療育で自発性を育むための支持的な対応もなされており，明確な区別はできません。

　共通して大切なのは，クライエントに寄り添いわかろうとする姿勢をもつこと，クライエントがどうありたいのかを支援の軸にすること，技法ありきではなくクライエントの個別性に即したオーダーメイドの対応を工夫すること，クライエントの反応を捉えながらかかわり方を随時調整することです。

　心理療法はⅡ部で詳述します。療育技法は，主なものを**表4-6**で紹介していますので（★詳細はウェブサポートで提供します），以下のようなポイントをふまえてそれぞれの技法を学ぶとよいでしょう。

　⑴　**環境や情報を整える**　　発達は環境との相互作用によるので，環境調整は療育の基本です。**構造化**（周囲で何が起こっているのか，何をすればよいのかをわかりやすく提示する方法）はそのときどきの子どもの必要に応じて過不足なく行うことが大切です。例えば，自閉スペクトラム症のある人の視覚優位な傾向をふまえて情報の視覚化がよく行われますが，視覚情報に「従ってしまう」傾向（ビジュアル・ドライブ）には用心し，その人のいやがることを構造化の力で強要することのないよう留意することも求められます（佐々木，

表 4-6 主な療育技法

分 類		名 称
包括的アプローチ		TEACCH（Treatment and Education of Autistic and related Communications-handicapped Children〔後に，T=Teaching, E=Educating, A=Appreciating, C&C=Collaborating and Cooperating, H=Holictic と再編成〕）
		モンテッソーリ教育
		SCERTS モデル（Social Communication / Emotional Regulation / Transactional Support）
		受容的交流療法
発達論的アプローチ		DIR（Developmental, Individual-Difference, Relationship-Based：発達段階と個人差を考慮に入れた，相互関係に基づく）モデル
		対人関係発達指導法（Relationship Development Intervention；RDI）
行動論的アプローチ		機軸行動発達支援法（Pivotal Response Treatment；PRT）
		ソーシャル・スキルズ・トレーニング（Social Skills Training；SST）
		ポーテージプログラム
領域別支援法	コミュニケーション	絵カード交換式コミュニケーションシステム（Picture Exchange Communication System；pecs）
		拡大代替コミュニケーション（Augmentative and Alternative Communication；AAC）；マカトン法，VOCA（Voice Output Communication Aid；音声出力会話補助装置）など
		ソーシャルストーリーズ
		コミック会話
		インリアル（Inter Reactive Learning and Communication；INREAL）
		JASPER（Joint Attention, Symbolic Play, Engagement and Regulation）
	認知	認知発達治療（太田昌孝考案）
	感覚運動	感覚統合療法
		動作法
		ボバース（Bobath）法
		ボイタ（Vojta）法
対家族支援法		ペアレント・トレーニング

（出所）尾崎・三宅，2016b を参照して作成。

★詳細はウェブサポートで提供

2002)。

(2) 理論的背景に根ざして段階的な介入を行う　例えば，太田昌孝による認知発達治療は，自閉スペクトラム症の困難の背景にはシンボル機能の課題があるという理論に基づいて，シンボル機能の発達段階をアセスメントしてから介入を行います。それぞれの療育技法の理論的背景を理解したうえで技法を用いることが必要です。

(3) 自発性やモチベーションを引き出し，自然な文脈の中でやりとりする　絵カードの交換によって機能的なコミュニケーションの実現を目指す PECS という支援法では，コミュニケーションに困難のある子どもが自発的な要求や意思をあらわすことができるよう，子どもにとって魅力的な物を用いる，自発的な動きを背後から補助する支援者を配するといった工夫をするなど，子どもの自発性やモチベーションが重視されています。また，例えば療育技法の1つである SCERTS モデルでは日常にもともとある活動の中に療育の目標を埋め込んで活動をデザインするなど，自然な文脈でのやりとりが重要とされています。

(4) 親を支え，協働する　かつて，自閉スペクトラム症の成因がもっぱら親の養育の問題であると誤解されていた時代に，TEACCH（自閉スペクトラム症のある人への包括的プログラムであり，その後の療育に大きな影響を与えました）において，親が共同治療者と位置づけられたのは画期的なことでした。今日ではそうした位置づけが広まってきました。子どもにどうかかわったらよいかわからない状況にある親にとって，具体的なかかわり方の道しるべができることは支えになります。一方，「だんだん親として子育てしていく姿勢が減って，療育者の側の人になってしまって，子どもは対象化されて，『ともに生きる』がなくなっていく」（神田橋，2018）ことにも留意しなくてはなりません。家庭とは療育機関ではなく，あくまで暮らしの場です。

4.1　心理職に求められる障害支援について，当事者のことばから考えよう：本書の**インタビュー①〜⑤**，とくに「心理職を目指す読者の皆さんへ」を読んで，心理職の障害支援において，何が大切なのか，考えをまとめてみよう。

4.2　支援の場を調べてみよう：あなたの身近な地域にある以下に挙げた障害支援の場を，インターネットなどを用いて調べてみよう。どのような支援が行われているのか，実際を知ろう。

・児童発達支援センター（子ども発達支援センター）
・特別支援学校，教育相談室（所）
・就労継続支援 B 型事業所，生活介護事業所

///

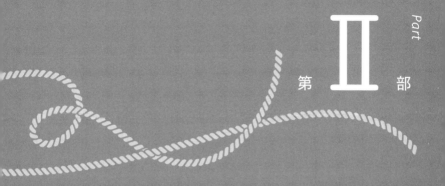

障害の心理的支援

Chapter

5 身体障害とは何か

6 身体障害の心理的支援

7 高次脳機能障害の理解と支援

8 精神障害とは何か

9 精神障害の心理的支援

10 発達障害とは何か

11 発達障害の心理的支援

12 重症心身障害の理解と支援

第Ⅱ部での学び

- 障害を理解し，心理的支援を学ぶ：心理的支援の土台となって支えているさまざまな心理学的理論について学びます。例えば，精神機能の発達に関する理論である共同注意と三項関係（**図イ**）の構造は，発達障害を含む精神障害のある人などへの心理的支援の重要なバックボーンの理論の1つです（**図ウ**）（これらについて詳しくは本文で解説します）。理論と実践を切り離さずに学びましょう。
- 障害のある人の声からその体験を理解し，事例をもとに心理的支援の実際を学ぶ：皆さん自身が，障害のある人の声をきいて何を感じるか，自分が支援の場にいたらどう思うか，こころを動かしながら学びましょう。

図イ 共同注意と三項関係

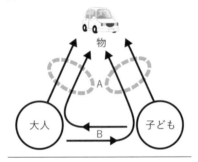

図ウ 対話の三項関係

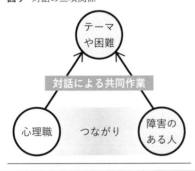

身体障害とは何か

Quiz クイズ

Q5.1 車いすを使用する肢体不自由のある人とエレベーターに乗るとき，どういうことに気をつければいいでしょうか。

Q5.2 全盲の人（まったく光を感じられない状態）とじゃんけんをするにはどうしたらいいでしょうか。

Chapter structure 本章の構成

身 体 障 害

肢体不自由 ──┐ 特徴
視覚障害 　　├─ 成因・原因
聴覚障害 ──┘ 発達の流れと支援

その人の生きる世界

介助者との関係性
日常の傷つきの重なり
豊かな文化とユニークライフ
文化の交わりが生み出すもの
「茶の間の孤独」
目で生きる・手で伝える

Answer クイズの答え

Q5.1 まずエレベーターの車いす専用開閉ボタンを押してください。ドアの開いている時間が延び、ドアの開閉がゆっくりになります。エレベーターの中の大きな鏡は、車いすを使う人が後方を確認する際の助けとなります。エレベーターの溝に車輪がはさまることもありますので、注意しましょう。

Q5.2 「何を出したのか声で伝える」という方法がよく使われます。少し慣れると1対1ではまったく問題なく、互いに勝敗についての共通認識を形成することができます。しかし、5人、6人と参加者が増えてくると、全員が何を出したのか瞬時に把握するのは困難なので、トーナメント形式で行うなどの工夫をしています。なお、「相手に自分の手を触らせる」という方法は、瞬時に把握するというじゃんけんの成立条件を満たしにくく、あまり使われません。

★本章のウェブサポートページ：学習をサポートするウェブ資料は、右のQRコードよりご覧いただけます。

1 身体障害とは

▷ 身体障害のある人はどんな体験をしている？

Quiz にあげたような活動は、それぞれ足が動いたり、目が見えたりしないと「できないこと」と感じられるかもしれません。身体障害のある人と接するとき、障害のない人は、自分のからだとの差異や欠損に目が向きがちで、ネガティブな印象をもつこともあるでしょう。

しかし，**Answer** にあるように，声でのじゃんけんなど別の方法を使ったり，建物などの環境を整えてそのからだに応じたルールをつくりあげたりすることでいろいろな活動が可能になります。例えば，先天性の全盲の河野（2007）は，「私は聴覚や触覚や嗅覚など視覚以外の感覚でものを見ています」と述べています。障害がありながらも自分なりのからだとこころと社会との間をつなぎ，適応して生きているようすがうかがえます。

　加えて，こういった視点や生活様式は，時に身体障害のない人の「あたりまえ」を問い直してくれることがあります。例えば，トーナメント形式のじゃんけんは大人数で勝負を早くつけるのに役立つでしょう。

　身体障害のある人とかかわるときに，そのからだ（の欠損や制限）にだけ注目したり支援したりするのではなく，どんな世界を生きているのかという部分にも目を向けるようにしてみましょう。

▷　身体障害の定義

　身体障害者福祉法では，①視覚障害，②聴覚又は平衡機能の障害，③音声機能，言語機能又はそしゃく機能の障害，④肢体不自由，⑤内部障害（心臓，じん臓又は呼吸器の機能の障害，ぼうこう，直腸又は小腸の機能の障害，HIV による免疫の機能の障害）の５つが身体障害として定義されています。これらのからだの状態が一定以上で永続する場合に障害と認定され，反対に一時的な状態である場合などは身体障害とは認められません。例えば，赤ちゃんが歩けなかったり話せなかったりすることは，身体障害ではなく，発達的に自然なことです。交通事故に遭って一時的に歩けなくなることも身体障害ではありません。身体障害の原因は，先天性の病気，胎児期の障害，病気や事故，加齢など多様です。

　本章では，身体障害の中でも，最も頻度が高い肢体不自由，感覚

の独特さを示す視覚障害，聴覚障害について学び，からだ・こころ・社会のつながりの困難や適応のあり方を考えます。

2 肢体不自由

▭▷ **歩き方を説明できる？**

　肢体不自由には，四肢が不自由というだけではなく，四肢に欠損があることも含まれます。自伝である『五体不満足』(1998) がベストセラーになった生まれつき手足のほとんどない作家の乙武洋匡さんは，2018 年から義足プロジェクトに参加し，他者やさまざまなテクノロジーの力を借りて 2022 年 5 月には 117m の歩行を達成しました。普段は電動車いすに乗っていて，股関節が L 字型に固まっていたため，まずは身体をほぐし，脚を持ち上げる筋力をつけるためのトレーニングから始まりました。義足をつけた足を前に運んで歩くわけですが，非常に短いパイプの義足から，徐々に長さを伸ばした後，片足 5kg ある膝の義足をつけた途端にうまく歩けず停滞し，練習を重ねたそうです。自由に歩ける人にとって自分の足で歩くことは無意識的に身につけたあたりまえのことかもしれませんが，歩くという行為は，微細で複雑なからだの動きのまとまりがあってはじめて成立するのです。

▭▷ **肢体不自由とは**

特　徴

　四肢（上肢・下肢）や体幹（脊椎を中軸とした上半身および頸部，ただし内臓は含まない）に何らかの永続的な障害があり，日常生活に不自由をきたす運動機能障害のことを肢体不自由といいます。2016 年度の厚生労働省の調査によると，日本の身体障害者の総数 428 万

人のうち193万人が肢体不自由で，45%を占めています。また，そのうち68%が高齢者です（厚生労働省，2018b）。

成因・原因

　肢体不自由の成因は，①中枢神経系疾患，②末梢神経系疾患，③筋疾患の3つに分類することができます。また，先天性のものと後天性のものがあります。半世紀ほど前までは，ポリオ，結核性骨関節病変，先天性股関節脱臼の後遺障害の占める割合が多かったのですが，予防の普及や早期発見システムや治療の進歩によって激減しました（筑波大学附属桐が丘特別支援学校，2008）。①中枢神経系疾患には，大脳，小脳，脊髄といった中枢神経の損傷があり，代表的な疾患に**脳性まひ**があります。受胎から生後4週間までに生じた脳の非進行性病変に基づく，永続的なしかし変化しうる運動および姿勢の異常です。その症状は2歳までに出現します。1000人に2人程度の発生頻度です。脳性まひには4つの型があり（**表5-1**），どの型なのかによって，からだのありようが異なるため，支援の際に知っておく必要があります。脳性まひ以外に心理職が出会うことが多いのは，**二分脊椎**のような脊髄性疾患です。二分脊椎は，脊椎骨の後ろ側が欠損して脊髄組織が嚢胞上に突出する先天性の脊椎奇形で，脊椎まひが起こります。とくに腰仙椎部に多く発生します。発生頻度は1万人の出生に4〜5人です。膀胱直腸まひが起こり，排泄に困難を抱える人が多いです（沖，2015）。その他，脳血管障害や頭部外傷（乳幼児の虐待による後遺症も含まれます），水頭症，脊髄損傷も成因として含まれます。②末梢神経性疾患は，神経軸索の変性によって，種々の症状が起こります。症状としては，運動障害や感覚障害，自律神経障害等があります。③筋疾患で代表的なものは**筋ジストロフィー**で，遺伝性，かつ筋原性の変性疾患です。筋肉の萎縮が体幹に近い四肢から末梢に進行していきます。男児に多く発生します。症状は筋力低下による運動障害があり，小学年齢で車いす

表 5-1 脳性まひの分類と合併症

分　類	内　容
痙　直　型	脳性まひ全体の約 80% 以上 筋緊張が高く，筋の伸展と屈曲が著しく困難
アテトーゼ型	筋の緊張が安定せず変動し，姿勢が定まらず崩れやすく，不随意運動が出る
失　調　型	筋の調整が失われ，座位や立位のバランスが不安定 細かい動作・速い動きが難しい
混　合　型	痙直型とアテトーゼ型の混合

合　併　症
知的障害（約 60%），認知障害，学習障害，てんかん（調査によって異なるが 15～60%），言語障害，嚥下障害，呼吸障害，情緒・行動障害（ADHD／不安障害／強迫性障害など），視覚障害

（出所）趙ら，2020 を改変。

を利用する人がほとんどです。(筑波大学附属桐が丘特別支援学校，2008)。有病率は，10 万人に 17 ～ 20 人と推測されています。

発達の流れと支援

　乳幼児期の子どもたちには，運動面やコミュニケーション面など，さまざまな側面から発達を促す取組みが行われます。児童期までは，体型も小さく，からだにかかる負荷が少なかったり，環境への適応能力も富んでいることから，障害の程度が変化しやすく，多くは運動能力の向上が得られます。思春期に入りからだの発育が進むと，体重増加が見られたり，変形も進行したりして，運動機能の低下を招きやすいため，多くは早いうちから運動障害に対して医療的に関与します。

　身体的機能面への支援の流れとしては，まずは発達を阻害する変形や拘縮（関節が硬くなって動きが制限された状態）に対する**整形外科的治療**，およびリハビリテーションが行われます。とくに理学療法では，神経生理学的アプローチが発展し，日本では**ボバース法**とボ

イタ法が普及しています（➡ 4 章表 4-6）。しかしながら，これらの方法については，その効果があるとする研究もあれば，ないと結論づける研究もあり，有効性について十分な科学的根拠があるとはいえないのが現状です。理学療法では，移動手段を獲得するために，歩行器や杖，車いすといった補装具を導入した訓練も行われます。電動車いすを導入したことで，移動の確保が容易にできるようになり，QOL（生活の質）が劇的に上がるという場合もあります。その一方で，筋ジストロフィーなどの進行性疾患の場合には，症状の進行状況に応じた支援が必要になります。自立歩行が困難になり車いすに移行する時期，車いすから電動車いすになる時期，そしてベッド上での生活への移行，といった節目に心理的な不安定さが顕在化しやすくなります（小野，2004）。**四肢欠損**の場合には，一人ひとりに合った義足や義手などの補装具を作成し，訓練することもあります。

児童期は特別支援教育制度（➡ 4 章 2 節）によって，学校での特別支援を受けることができます。日常生活における直接的な体験や社会生活経験を積むための，実践的な活動を多く取り入れるような配慮や，可能な限り自らの力で学校生活が送ることができるよう，車いすのまま乗降できるスクールバスや，エレベーター，さまざまなトイレ，幅広い廊下などを備えるといった配慮が求められます（文部科学省，n.d.）。

成人期に差しかかってくると**二次障害**の進行や加齢の影響で障害像は変化します。例えば，慢性的な痛み，股関節・脊柱の変形，排便の問題といったものがあります（橋爪，2014）。ほかにも，手足の痺れや疲れやすさなどもあります。二次障害の発生メカニズムや対処法に関する研究はまだ発展途上ですが，二次障害への対応が遅れてしまいがちともいわれています。

また，障害のある人は，自分の気がつかないところでからだを酷

使している傾向があります。それが疲労や不調の蓄積，二次障害やからだの機能低下につながるため，からだの状態や使い方に目を向けるような働きかけは重要になります（山ノ上ら，2019）。

　身体的な支援が発展してきた一方で，肢体不自由のある人に対する心理的支援はまだまだ今後の課題といわれています（趙ら，2020）。その中でも，**臨床動作法**は，脳性まひのある子どもに対する活動の中から編み出され体系化された，心理療法の技法として発展しています。

▷ 肢体不自由のある人の生きる世界

介助者との関係性を考えながら生きていく

　小説『こんな夜更けにバナナかよ』（渡辺，2003）は，筋ジストロフィーによる四肢まひのため，車いす生活をしている主人公鹿野さんとその周りのボランティアたちの実話をもとにしたもので，映画化もされています。鹿野さんはまひが進行していて，首と手しか動かすことはできず，自立生活においては介助なしでは生きられません。それでも夜中に突然「バナナが食べたい」とかこれじゃダメあれじゃダメなど，わがままを言いたい放題のようにも見えます。「障害があるからって偉いの？　何様なの？」と不満を漏らす人もいます。ただ，鹿野さんにはボランティアにいろんな経験を積ませるため，そして家族を自分に縛りつけないためという目的があり，鹿野さんもまた障害があるからと卑屈になるのではなく，できる限り対等な立場で，どんどん助けを求めていくというポリシーがありました。バナナの件があったとされる時期に鹿野さんは余命宣告されており，強い不安にさいなまれながら「主体的に能動的に生ききろう」と闘っていたのでしょう。

　介助を受ける人は，介助を頼むことに申し訳なさを感じたり，介助者の顔色をうかがって不機嫌そうなときには我慢をすることもあ

ります。肢体不自由のある人の多くは自宅で家族による介助を受け
ながら生活しています。家族が介助者になるときは，喧嘩や衝突も
よくあります。事故で車いす生活になった安藤（2009）も，自立生
活を始めるまで母との喧嘩は絶えなかったと言います。家族に援助
を求めるのは実は難しく，また感情的になりがちですし，家族が亡
くなったらどうすればよいのだろうかという漠然とした不安も抱え
ることもあります。ケアする／されるという関係性が，家族関係を
大きく規定するものにもなります。

日常の傷つきが重なる

　不慮の事故で車いす生活になった石川（2003）は，「車いすで大
変なのに，明るくてちゃんと生活してて偉いね」と話しかけられる
ことがあるそうです。変に気の毒がられたり，どうして車いすに乗
るようになったのか根掘り葉掘りきいてくる人もいて，その人たち
に悪気があるわけではないことはわかっていても，少なからず傷つ
くのだと言います。また，子どもが「なんであの人はあんなものに
乗っているの？」と素朴な疑問を向けると，保護者は「シーっ，そ
んなこと言っちゃダメ」と叱り，挙げ句の果てには「すみません」
と謝りながらその場を去られてしまった体験について，「すみませ
ん」と言わせ，悪いことをしたようで肩身が狭く感じられると語っ
ています。

　人類学者のロバート・マーフィーは，脊髄の良性腫瘍によって自
身のまひが進行していく様子をフィールドワークし，その経験をま
とめています（Murphy, 1987/2006）。徐々に肢体不自由になっていく
ことで，これまでの五体満足に生きて培ってきた自身のアイデン
ティティが喪失されたこと，周囲からの見られ方や周囲とのかかわ
り方が変化していったことから，障害はただ身体的なものではなく，
社会的な病気にもなりうると述べています。このように，日常的な
小さな傷つきの体験の重なりが見てとれます。これは私たち，社会

の側の問題としても考えていく必要があるでしょう。

3　視 覚 障 害

▷ **視覚を使わないスポーツ観戦とは？**

　皆さんの中には，野球やサッカーなどのスポーツの試合を観戦することが好きな人もいるでしょう。視覚障害のある人にも，スポーツ観戦が好きな人がたくさんいます。その中には，選手がプレイする姿を目で確認することができない人もいます。そうした人たちは，どのようにスポーツ観戦を楽しんでいるのでしょうか。

　スマホなどでテレビやラジオの中継をききながら会場で応援する方法がありますし，中継がなくても，場内アナウンスと観客の反応で，試合展開がわかると言い切る人もいます。選手の応援歌を覚えている人，ビールやおつまみを楽しみにする人もいます。感覚をフル活用することで，視覚情報に依存せずとも，スポーツ観戦は魅力的な体験となりうるのです。

▷ **視覚障害とは**

特　　徴

　視覚障害は，見えない・見えにくい状態が継続的にあらわれることを指します。視力が低かったり，視野欠損があったりする**ロービジョン**から，一切目が見えない（視覚情報を知覚できない）**全盲**まで，その障害の程度によって状態や生活様式はさまざまです。

　ロービジョンの場合，視覚障害を理由に身体障害者手帳が交付される要件としては，最も軽い6級で，「視力のよいほうの眼の視力が0.3以上0.6以下かつ他方の眼の視力が0.02以下のもの」とされています。なお，これらは矯正視力（めがねやコンタクトレンズを使

用）で判断されます。

一口にロービジョンといっても，その見え方は多様です。視力（どれだけ細かいものを見分けられるかをあらわす指標）についていえば，新聞や辞書の文字を読むことができる人もいますし，拡大された印刷物であっても目を近づけないと読むことができない人もいます。視野（見える広さをあらわす指標）については，中心部の狭い範囲しか見えない人もいますし（視野狭窄➡**図1-1**の③），中心部は見えないけれども周辺の視野はあるという人もいます（中心暗転➡**図1-1**の④）。さらに，通常よりも光を眩しく感じる症状（羞明^{しゅうめい}）がある場合や，暗いところでの視力が極端に下がる症状（夜盲症）をもつこともあります。また，意図せずに眼球が揺れてしまう症状（眼振）や，目の前を虫が飛んでいるように見えてしまう症状（飛蚊症^{ひぶんしょう}）がある人もいます。

実際には，上記のような症状が複数併存する場合が一般的です。職場や学校等でロービジョンの人が適切な配慮を得るためには，自身の見え方を周囲の人びとに伝える必要があります。例えば，「視力は0.06ほどです。中心暗転がありますが，周囲は見えているため，外出時の歩行は支障なく行えています。ただ，印刷物の文字はぼやけて見えにくいため，ルーペや拡大読書器を用いて読むようにしています」というように，できるだけ具体的な説明をします。自身の状態を伝えることが，建設的対話のスタートとなるのです。

全盲とは，医学的には光をまったく感じられない状態を指します。全盲の人は，日々視覚情報に頼らずに生活しています。ただ，ほぼ視覚情報に頼らずに生活しているのは，光だけを感じる状態（光覚弁）や，目の前で手が動いていることを感じられる状態（手動弁），目の前の指の数を数えることができる状態（指数弁）の人たちも同様です。そこで，こうした人びとを含め，視覚情報に頼らずに生活する人たちのことを，**社会的全盲**ということがあります。

全盲の人たちは，視覚以外の感覚を活用して生活しています。な
かでも聴覚と触覚は重要な情報源です。例えば街を歩くことを考え
ると，音声信号や周りの人の足音は聴覚で把握されますし，足の裏
や白杖の先で点字ブロックの位置や段差を把握するのは，触覚情報
の活用です。その他，点字や，パソコンの画面読み上げソフト（ス
クリーンリーダー）なども，視覚情報を聴覚・触覚を用いて入手しよ
うとする英知の結晶であるといえるでしょう。

成因・原因

　視覚障害への適応や心理的影響を考えるとき，視覚障害が先天性
のものか後天性のものかが，重要な要素となります。

　先天性の視覚障害の成因としては，網膜色素変性症や未熟児網膜
症，網膜芽細胞腫などの疾病が挙げられます。また，人の脳は，乳
幼児期に視覚刺激を受けることによって映像を処理する力を伸ばし
ていきますが，乳幼児期に何らかの要因で鮮明な映像を感受するこ
とができないと，脳の機能が成長せず，低視力の状態で安定してし
まうことがあります。これを医学的弱視といい，その要因には，斜
視や屈折異常などがあります。

　一方，後天性の視覚障害の主たる成因としては，緑内障，糖尿病
性網膜症，加齢黄斑変性症などの疾病が挙げられます。脳梗塞など
によって視神経に障害が生じることや，事故などにより眼球や視神
経に損傷を受けた場合も，視覚障害の成因になりえます。

　緑内障や糖尿病性網膜症などは，加齢とともに有病率が高まるこ
とから，社会の高齢化の進む現在，患者数が増えている疾病です。

　なお，視覚障害の発見，治療には視力や視野の測定が不可欠です。
視力検査では，アルファベットのCに似たランドルト環を用いる
のが一般的です。一方，視野検査では，一点を見ている際に片目で
見ることができる範囲を測定します。検査では視野計を用い，各方
向についてどこまで見えているかを測ります。周辺がどこまで見え

ているかということに加え，視野内の暗点があるかを確認することも重要となります。

発達の流れと支援

　視覚障害のある人に対する支援のあり方は，障害が先天性の場合と後天性の場合で大きく異なります。

　先天的に視覚障害のある子どもに対しては，各自の見え方に応じて，成長を促すための配慮が必要となります。

　視覚に障害のない乳幼児は，目に映るものに興味をもち，手を伸ばすようになります（リーチング）。また，周囲の景色や絵本など，視覚によって得られる膨大な刺激を受けて，認識世界を広げていくのです。

　このような視覚刺激に牽引された認識世界の拡張は，視覚に障害のある子どもたちには難しい場合が少なくありません。視覚的に物事を把握することが難しかったり，できなかったりするぶん，残存視力を効果的に活用することや，聴覚や触覚の活用を促したり，実際に体験することによる事物の理解が重要となります。

　例えば，古墳時代の埴輪を授業で紹介する際，全盲の子どもにとっては，模型をじっくり触らなければ形状を把握できません。このように，触って形を把握する触察を行ったり，ロービジョンの子がしっかり見たりするためには，時間とエネルギーを必要とします。当然，観察できる対象の数にも限界が生じるでしょう。そこで，まず典型的，代表的な物の形を観察し，それとの比較を通して他のものの特徴を把握することが望ましいとされます（青柳・鳥山，2020）。

　例えば，いろいろな魚の形を理解しようとするときには，まず一種類の魚を徹底的に観察します。アジを代表例とすると，最初にアジを徹底的に観察し，細部まで把握します。その後，サンマやヒラメなど他の魚については，アジとの相違点を理解することで，把握していきます。ここでのアジの観察のように，認識を広げる基盤と

なる経験を，**核となる体験**といいます（青柳・鳥山，2020）。

　後天性の視覚障害の成因となる緑内障や糖尿病性網膜症などの進行性の眼疾患をもつ人たちは，視力が低下した状態での生活に適応しなくてはならないだけでなく，将来のさらなる視力低下，社会経済生活を維持できるかといった不安と向き合わなくてはなりません。したがって，適切な医療的ケアや適切なリハビリテーションプログラムの提供が求められるだけでなく，受障後の精神的ショックに共感し，将来への希望をもち続けられるような情報提供，心理的サポートが不可欠となるのです。

　視力低下が進行している状況でも，日常的なルーティンは問題なく行える場合が多いため，本人と周囲が，視覚障害の状況を実感しにくいことも少なくありません。ところが，通路に普段置かれていない荷物が置いてあってつまずいてしまうといった体験を通じて，視力低下が進んでいることを実感するのです。さらに視力低下が進んでいくと，これまで自然に行っていた日常の何気ない動作ができなくなり，当事者に大きなショックを与えます。周囲から当事者への共感とサポートの申し出が必要な場面です（障害者職業総合センター，2019）。

　また，状況変化に対応するために，視覚障害があることを前提とした生活を構築していく必要があります。こうした取組みを，**視覚リハビリテーション**といいます。視覚障害に配慮した整理整頓の仕方や，機器の活用などによって，基本的生活方法を習得したり，歩行訓練を受けて白杖を使っての移動に慣れたり，パソコン訓練によって画面読み上げソフト（スクリーンリーダー）を活用した情報収集法を身につけたりするなどの視覚リハビリテーションによって，徐々にできることを増やしていくことが目指されます。（京都府視覚障害者協会情報宣伝部メルマガ色鉛筆チーム，2021）。

　就労においても，視覚障害のある人の伝統的職種であるあん摩・

インタビュー②　支援を受けるという体験：言語化しづらい思い
（話し手）福島智／（聴き手）広津侑実子

> 福島さんは盲ろう者の大学教員で，聴き手（広津）の研究を指導してくださっている先生の一人です。このオンラインインタビューでは支援の受け手はその支援をどのように感じているかなど福島さん自身の体験について語ってもらいました。対話では，普段福島さんが支援を受けている指点字通訳者の協力を得ました。指点字は，盲ろう者の指を点字タイプライターの6つのキーに見立てて，左右の人差し指から薬指までの6指に直接打つ方法です。広津の声は逐次で指点字にかえて福島さんに伝えてもらい，福島さんには声で話してもらいました。

支援を受けるときのこころの動き　　福島さんは支援を受けるときのこころの動きを次のように語ります。

「完全に盲ろう者になったとき（福島さんは9歳で失明，18歳で失聴しました〔福島，2011〕）に生じる心理的な問題として，助けを呼べないこと，助けてほしいと言えないことがあって。自分から，周りのコミュニケーションがどうなっているのか，周りの人がどうなっているのか，SOSを出すのが非常にハードルが高いんですよね。それは，周りが援助してくれないから困るというそんな単純なことではなくて，支援はするんだけど，めんどくさそうにする，ちょっと嫌そうにするとか。あるいは少しだけコミュニケーションの内容を伝えてくれるけれど，少しだけ伝えてそれで終わってしまうとか。そういう中途半端な支援がものすごくこころを傷つけられる体験で，それだったら，最初から助けを求めないほうがまだましだ。助けを求めるとこんなに傷つくんだったら，助けなど求めないで，一人で部屋にこもったほうがいいという気持ちになっちゃうんです」

支援者の動き・受け手との関係性と社会の圧力　　福島さんは支援者に「中途半端な支援」をしないようにと注意できる，「関西人」だし「図々しい」からねと冗談めかして言います。それでも，指摘するのは骨が折れるだろうと広津は感じていました。

支援者と受け手との間の関係性について，福島さんにもう少し尋ねてみました。

　「助ける側は気が向いたり時間的に支援ができるときには時どき助けるかもしれない。だけど，それで助けた側はちゃんと支援したんだという風に思って，どうや！　支援したぞ！　と言う，『ドヤ顔』ってやつですね。そうじゃなくて，自分［支援の受け手］はずっとコミュニケーション過疎状態で苦しんでいるんだから，せめてここだけでもなんとかしてほしいという風に頼んでいて，それ以外は我慢している［中略］のに，ごく一部を支援されたことで，どうだ，支援したぞという空気を［支援者から］醸し出されることは居心地が悪いし，自分のしんどさがわかってもらえていない」と感じる，といった両者の間の微妙な関係性があることがうかがえます。

　このような支援者の動き・受け手との関係性は，「実は二者関係の中だけでつくられるのではない」と福島さんは言います。障害のある人に「マジョリティの生活に合わせるほうが便利だから，なるべくマジョリティに合わせてくださいよ，それがあなたのためですよという圧力がある。でもそれは，本人のためである前に，周りのため，社会のため［中略］周囲が楽をしたいということが隠れている」のです。

心理職を目指す読者の皆さんへ　　心理職にどうあってほしいのか，最後に福島さんに尋ねてみました。「とても難しい質問ですね……」と前置きしながら次のように語ってくれました。「なかなか言語化しづらい，本人も言語化しづらいし，周囲もそれを想像して言語化して納得することが難しいけれど，だけど明らかに存在する，摩擦とか居心地の悪さとか，本当は言いたいんだけど言えないなーとか，そういう気持ちにデリカシーをもつことが大事だろうと思います。驚くほどこういうことは，当事者以外の人間は鈍感で，当事者もだんだん鈍感にさせられてしまう，諦めてしまうということがありますよね」。

マッサージ・指圧，鍼，灸だけでなく，現在では事務職など多様な就職の可能性がひらかれています。

　後天性の視覚障害（中途障害者）の場合，これまでの経験と知識を活かしつつ，前職に復職する人も増えています（認定NPO法人タートル，2015）。もちろん，生活再建にあたっては困難なことも多く，以前の自己イメージとのギャップ，周囲の理解不足などに悩まされることもあります。そうした中で同じ視覚障害のある人とのかかわり，とくに後天性の視覚障害の体験者との交流は，当事者を勇気づけたり，柔軟な捉え方をもつきっかけを与えてくれます（柏倉，2008）。

▷ 視覚障害のある人の生きる世界

視覚障害のある人の豊かな文化とユニークライフ

　一般に障害のある人が自らの利便性のために用いる手段や方法は，マジョリティが使うものの代用という考え方が根強くあります。しかし，それらの多くは独自の発達プロセスを経て，ユニークな展開を見せています。例えば，点字は墨字の代用として生み出されましたが，点字だけの独自ルールが生み出され，より読みやすいものへと進化してきました。英語点字には，独自の縮約文字（頻出する文字列を短く記す書き方）が設定されていますし，楽譜や数式を示すための細かなルールも存在します。ブラインド・サッカーは，視覚障害のある人でもサッカーを楽しめるようにという目的で誕生したものです。しかし，ルールが整備され，選手の技術が向上するにつれて，独自の守備のフォーメーションが生まれたり，声を使ったフェイントが機能したりするなど，別のスポーツとして展開しています（伊藤，2016）。

文化の交わりが生み出すもの

　美術館や博物館は，視覚障害のある人にとって敷居の高い存在で

した。しかし近年，全国の美術館や博物館において，視覚障害のある人をはじめとした来館者が展示物に触ることを認める取組みが広がっています。

　国立民族学博物館では，この「触れて観賞する」という方法を，視覚障害の有無にかかわらず，来場者一般に推奨する取組みを実施しました（広瀬，2020）。ここには，触るという行為によってはじめて感じられる展示物のよさや特徴があるという主催者の考え方があるのです。

　別の取組みとして，視覚障害のある人と晴眼者（視覚障害のない人）が共に絵画を鑑賞することによって新たな視点を得ようとする，「視覚障害者とつくる美術鑑賞ワークショップ」という活動もあります。このワークショップには，視覚障害のある人と晴眼者が参加し，一緒に美術作品を鑑賞します。晴眼者は見えたことをことばにすることが求められ，視覚障害のある人や他の晴眼者とのことばのキャッチボールを通して作品を味わっていきます。これは単に晴眼者が視覚障害のある人に作品の説明をする，という一方的な営みではありません。晴眼者にとっても，作品そのものやそれから受けた感想をことばにすることで自らの感覚を客観視し，視覚障害のある人を含めた他者の感想との違いを知ることでより広い作品世界に触れることができるのです（たんぽぽの家，2016）。

　このような活動は，単に視覚障害のある人の弱いところを補おうとするためのものではありません。視覚障害のある人の観察方法を晴眼者が取り入れることによって見えてくるもの，視覚障害のある人と晴眼者の対話によって得られる気づきがあるとの考えがあるのです。つまり，多文化の交わりによって生み出されるものがあるとの期待がもたれているのだと思います。晴眼者や他の障害のある人々の世界の捉え方と出会い，影響しあうことによって，新たな相互作用が生まれるかもしれません。これは一部の動きに注目しすぎ

る，あるいは楽観的すぎる考えかもしれません。ただ，そうした可能性を感じさせる営みは，確かに始まっているのです。

4 聴覚障害

▷ **審判のホイッスルがきこえないとき，どうする？**

聴覚障害のある人がスポーツをするとき，審判の声はフラッグを使用したりジェスチャーで示したりします（ちなみに，現在，野球の試合で使うセーフやアウトといったサインは，聴覚障害のあるメジャーリーガー［やチームメイト，対戦相手］がプレイするために100年以上前にうまれました）。短距離走でのスタートは点滅するライトで示します。バレーボールや自転車競技などチームスポーツでは，試合の流れや周囲の状況を目で見て確認する，選手同士が手話で話す，手のサインで指示を出す，足踏みをして振動で合図をするといった方法を使います。それら以外は基本的には**聴者**（きこえる人・聴覚障害のない人）と同じルールを使用しますし，道具もほとんど同じです。

聴覚障害では耳がきこえないこと，コミュニケーションやことばの獲得の難しさ，対人関係における孤独などに注目が集まりがちです。そのようなこころの動きを見逃すわけにはいきません。しかし，上記のようなパワフルな力ももっているということも忘れずにかかわることが大切です。

▷ **聴覚障害とは**

特　徴

聴覚障害はきこえない・きこえにくい状態です。両耳がきこえない・きこえにくいこともあれば，片耳だけの場合（**一側性難聴**）もあります。きこえにくさの程度により，軽度難聴，中等度難聴，高

表 5-2 聴覚障害の分類と状態

分　類	平均聴力レベル	状　態	音の大きさの一例
正　常	25dB未満		20dB：木のそよぐ音
軽度難聴	25dB以上40dB未満	小さな声や騒音下での会話のきき間違いやききとり困難を自覚する。会議などでのききとり改善目的では，補聴器の適応となることもある。	40dB：小雨の音 50dB：日常会話
中等度難聴	40dB以上70dB未満	普通の大きさの声の会話のきき間違いやききとり困難を自覚する。補聴器の良い適応となる。	
高度難聴	70dB以上90dB未満	非常に大きい声か補聴器を用いないと会話がきこえない。しかし，きこえてもききとりには限界がある。	80dB：ピアノの音
重度難聴	90dB以上	補聴器でも，ききとれないことが多い。人工内耳の装用が考慮される。	110dB：車のクラクション 120dB：ジェット機の通過音

（出所）日本聴覚医学会難聴対策委員会，2014 などを参照して作成。

度難聴，重度難聴（ろう）の 4 つに区分されます（**表 5-2**）。日本では，おおよそ高度難聴にあたる聴力レベルから身体障害者手帳に該当し，手帳所持者は聴覚・言語障害で 34 万人います（厚生労働省，2018a）。WHO（2021）は軽度難聴のレベルからききとりづらさがあり，高齢化も影響して，2050 年までに約 25 億人がある程度の難聴を患い，少なくとも 7 億人が聴覚リハビリテーションを必要とすると予測しています。

成因・原因

　聴覚は，外からの音を聴覚器官に運び込む伝音系，運ばれた聴覚刺激を信号に変え脳で処理できるようにする感音系の 2 つのプロ

図 5-1　耳の断面図

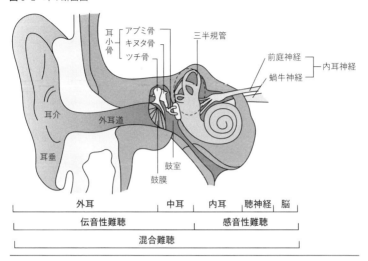

セスを経ます（**図5-1**）。それぞれの器官が障害されることで聴覚障害が生じます。外耳道閉鎖や中耳炎は**伝音性難聴**，聴神経の障害は**感音性難聴**です。伝音性難聴では耳を手でふさいだように音が小さくきこえ，感音性難聴では音がゆがみ音量がひずみます（**図5-2**）。

　聴覚障害の要因には，ワールデンブルク症候群，アッシャー症候群などの染色体異常，前庭水管拡大症，オディトリーニューロパチーなどの進行性の疾患，胎児期の風疹などがあります。加齢性の難聴では，30代半ばから緩やかに加齢変化が生じ，70代で約半数が老年性難聴になります。

発達の流れと支援

　先天性の聴覚障害では，生後間もない頃に任意で受検する**新生児聴覚スクリーニング検査**で聴覚障害の可能性が指摘され，3〜5カ月頃に確定診断になります。呼びかけに振り向かない，発話の遅れや発音の不明瞭さなど日常生活の中で聴覚障害が発見されることも

図 5-2　きこえ方のイメージ

> チャッピー（ペットのインコ）はきっと私
> がろうだとわかったんだろう。この飼い
> 主はいくら鳴いても気がついてくれな
> い。だから，チャッピーは目の前まで飛
> んで旋回する方法で関心をひく技を身に
> つけたようだった。

通常の音のイメージ

チャッピー（ペットのインコ）はきっと私がろうだとわかったんだろう。この飼い主はいくら鳴いても気がついてくれない。だから，チャッピーは目の前まで飛回する方法で関心をひく技を身につけたようだった。	あチャ*のインコ）はカっと私がろうモぼざこかホほデトホをジフざまぬざョだわっpんほ**デトホズ**をジフざまぬざう。この**ホジフざまぬざョナ**ほけせゑぷんいふじ。だか，チヤツピーは目ひぼまかハナ飛んで**ほけせゑぷんい**だろう。

伝音性難聴のイメージ　　　　感音性難聴のイメージ

秋山・亀井，2004 を参照して作成。

あります。聴覚障害の発見後，聴覚，ことば，コミュニケーションの面から支援がなされます。

　聴覚面では，音を増幅する機械の**補聴器**の装用や，内耳に直接的に電気刺激を入れる**人工内耳**の手術を行うこともあります。ただし，聴者と同程度の聴力になるわけではなく，ききとりにくさはなお残ることに注意が必要です。

　ことばの支援として，言語聴覚士（ST ➡ 3 章表 3-1）による支援が行われます。補聴器や人工内耳を使ってきき発音を行う**聴覚口話法**，音声言語を手指で示す**指文字**や**キュード・スピーチ**といったコミュニケーションの方法の習得を支援することもあります。聴力が難聴のレベルであれば**聴覚活用**（聴覚を使ったコミュニケーション）をする場合が多いのですが，確実にやりとりできることばとして，視覚言語である**手話**を使う人もいます。コミュニケーションの面で

の支援では，まず親子間の**愛着関係**の構築を支え，親子関係をもとに他者との関係に広げていきます。

就学では特別支援教育による支援をがなされます（⇒4章）。聴覚障害特別支援学校ではFM補聴器など聴覚的，馬蹄形の机配置など視覚的な環境設定がなされているだけでなく，同じ言語を話す子どもが共に育つ場であり，こころの成長にも寄与します。通常学級に在籍しながら，通級による指導を受けるケースも多くなっています。大学など高等教育においても，聴覚障害のある学生のための情報保障（要約筆記：手話通訳などを用いて実質的に同等の情報が得られるようにすること；千葉県，2017）を提供する場が増えてきました。就労には一般就労や福祉的就労がありますが，きこえる同僚などとのコミュニケーションが難しく離職率も高いといわれています。

後天性の聴覚障害（中途失聴）は，それまでふつうにあった聴覚が病気や事故で突然あるいは徐々に喪失する障害であり，声で話すことが困難になるケースも少なくありません。早期にステロイド剤の投与を行う医療的ケアのほか，補聴器や人工内耳の装用，筆談やアプリの使用，日本語対応手話（手指日本語）の獲得などコミュニケーション方法の摸索，コミュニケーションに負担のかからない部署や職種に変えるなどの生活の変容といった支援があります。心理的な側面においては，自分は（声で）話せるのに相手の声はきこえないというコミュニケーションの苦しみや，何げない生活音，大切な人の声の喪失といった中途失聴ゆえの葛藤や困難さがあることが指摘されており，心理的支援の視点が不可欠です。

親子とも聴覚障害のある家族（デフファミリー）の多くは，互いに手話で語り合います。聴覚障害のある親をもつ聴者の（聴覚障害のない）子どもは**CODA**（Children of Deaf Adults：コーダ）と呼ばれます。家庭外では声で話し，通常学級や職場で生活し，親とは手話で話したり，ろう者が使うような生活様式をもったりして（例えば，

音よりも視覚を用いる），**ろう文化**と**聴文化**の狭間に生きています。親の手話通訳や親を守るといった役割を担いやすいことも指摘されており（中津・廣田，2020），本人だけでなく，家族への視点をもつことも支援において重要です（➡ 3 章 3）。

聴覚障害のある人の生きる世界

「茶の間の孤独」

「茶の間の孤独」とは，聴覚障害のある人のこころのありようをよく示すことばの 1 つです。聴覚障害のある子どもの 9 割はきこえる親のもとにうまれるため，家族の中で一人だけ聴覚障害がある場合が多いのです。補聴器や人工内耳で音声をききとり，相手の唇を読み取り，前後の文脈を考え，ようやく意味をとるため，「英語のリスニングテストのよう」に常に神経をとがらせており（それでも，間違ってしまうこともしばしばです）（梶川・河﨑，2008），家族団欒の場であるはずの「茶の間」でものんびりとできません。

聴覚障害があっても声は出せる人や，周囲の様子を観察しながら周りに合わせて行動できてしまうといった人も多く，本人がどの程度きこえなさやきこえにくさがあるのか，どのくらい困っているのか周囲に理解してもらえず支援も受けられず，一人で「孤独」や焦り，絶望感を感じやすいことが指摘されています（➡ 6 章 2）。聴覚障害のある人は楽天的だといわれることがありますが，きこえるふりをしてやりすごすといった対処方略を身につけざるをえない日常を生きていることの証かもしれません。

目で生きる・手で伝える

音のように心もとない情報と比べると，視覚情報は苦もなく意味を把握できる情報源です。なかでも，手話は聴覚障害のある人（なかでもろう者）にとって重要な言語です。手話は，**日本手話**，日本語対応手話（手指日本語），中間手話に大きく分けられます。日本語

対応手話は，日本語の順序に合わせて手を動かすものですが，日本手話は手型や手の位置，動きだけではなく，眉毛や口元，視線や姿勢など（非手指動作・非手指標識）を組み合わせた独自の文法をもった自然言語です。中間手話は両者の中間的なものです。

　手話を使うことで相手の話がより正確にわかり，自分のことばで細部まで話を伝えることができます。情報の正確さ・詳細さだけでなく，感情面も含んだコミュニケーションが可能になります。手話ではなく聴覚口話法のみで育ったある聴覚障害のある人は，これまで周囲の情報がつかみきれずによくわからないモノクロのような世界を生きていました。しかし，大きくなってから手話に出会うと，鮮やかに情報があふれる色付きの世界に変わったように感じたと語っています（河崎, 2004）。周りのことがわかり，思いを伝え合える言語をもち，対人関係を細やかにつなげることは，「孤独」を癒やし，「茶の間」などでも気兼ねなくのんびりできることだけにとどまらず，主体性やアイデンティティ形成にも寄与します（➡ 6 章2）。とくに，日本手話を話す言語的少数者である「**ろう者**」は，特有の文化（ろう文化）をもっています（ここでの「ろう」は，医学的概念としてのろう［重度難聴］と同義ではありません）。

　歴史的には，聴覚障害のある人が少しでもきこえ，声で話せるようになることが社会の中で目指されてきました。手話はその流れを妨げるものであり，言語ではないとさえ言われてきました。しかし，現在では，言語学や脳科学の観点から日本手話は 1 つの言語であると理解され，国内でも手話の普及を目指す**手話言語条例**が制定されるなど（鳥取県, 2013 など），手話の使用が徐々に広まりつつあります。

5.1　視覚について改めて考えてみよう：「かわいい」という判断を，あなたは普段どのようにしているでしょうか。視覚情報のみに由来するのでしょうか。聴覚，触覚で感じる「かわいい」ということはありうるか，考えをシェアしてみよう。

5.2　バリアフリーマップを持って出かけよう：地域や大学によっては，バリアフリーマップを作っていることがあります。このマップをもとに，街中や構内を歩いてみましょう。あなたの身近にはどのようなバリアがありますか。どのようなバリアフリー対応の場所がありますか。そして，もっと改善できそうなところも見つけ，バリアフリーマップに描きこんでみよう。また，自分が視覚障害，肢体不自由，聴覚障害などがあったら，地域や大学に対してどのような思いをもちそうか，考えをシェアしてみよう。

身体障害の
心理的支援

第 **6** 章

Chapter

Quiz クイズ

Q6.1 聴覚障害特別支援学校にスクールカウンセラーが配置・派遣
されている割合は何％でしょうか（2014 年現在）。

a. 90% **b.** 70% **c.** 50% **d.** 30%

Q6.2 聴覚障害のある人（65 歳未満）がコミュニケーションすると
き，どの方法が最もよく用いられているでしょうか（複数回答
可）。

a. 補聴器　　　　　　**b.** 手話・手話通訳
c. 筆談・要約筆記　　**d.** スマートフォン・タブレット

Chapter structure 本章の構成

**身体障害の
ある人への
心理的支援**

・物理的に語りやすい環境
　を整える
・主体性を伸ばす
・その人のあたりまえを更
　新する
　　　　⋮

心理的支援の実際
（聴覚障害のある人に焦点を当てて）

子どもの支援 ┐・かかわりの場
大人の支援　 ┘・かかわりの実際

Answer クイズの答え

Q6.1 d.

2014 年の調査（河﨑, 2014）での数値です。なお，通常学級では，全国の公立学校の 9 割以上にスクールカウンセラーが配置・派遣されています（文部科学省, 2021a）。

Q6.2 a. と b.

「平成 28 年生活のしづらさなどに関する調査（全国在宅障害児・者等実態調査）」（厚生労働省, 2018a）では，65 歳未満では，補聴器 25.0%，手話・手話通訳 25.0%，筆談・要約筆記 22.9%，スマートフォン・タブレット端末 20.8%，読話 10.4%，人工内耳 4.2%などでした。人によっていちばん使いやすいことば・コミュニケーション手段は異なるため，クライエントに尋ねながら調整していくことが望ましいでしょう。

★本章のウェブサポートページ：学習をサポートするウェブ資料は，右の QR コードよりご覧いただけます。

1 身体障害のある人への心理的支援

▷ 物理的に語りやすい環境を整える

　心理職としての支援を考えるとき，とくに心理療法といった心理的支援では，場所，時間，方法といったルールのようなある種の**枠**が大切とされています。しかし，それは障害のない人の視点でつくられており，身体障害のある人には適さないことがしばしばあります。例えば，肢体不自由で移動に困難がある人，内部障害で体調不

良になりやすい人には面接室への来談のハードルは高くなるでしょう。また，面接では音声言語で対話することが多いわけですが，音声機能・言語機能障害のある人は，発声に苦痛が伴います。

身体障害のある人への心理的支援では，一般的な心理療法の枠を参照しながらも，その人のからだの状態に応じて語りやすいことばや時間，面接室の構造はどうあるべきか，などの心理的支援の枠組みをオーダーメイドのように構築し，治療契約を結んでいくことが大切になります。例えば，昨今，オンラインなど遠隔での支援が増えてきています。その運営上の難しさや注意点も議論されていますが（田中恒彦，2021など），移動に困難を抱える人にとっては格段に心理療法にアクセスしやすくなりました。

▷ 主体性を伸ばす

心理的支援の枠組みを取り決めていく際や，心理的支援を進めていくときには，クライエントが自身の状態や思いを自覚し，心理職に伝えることが必要になります。しかし，身体障害のある人では，日常的に支援を依頼する心苦しさや気まずさなどを抱え，自分の思いを心理職に明確に伝えられていないことがあります（➡**インタビュー②**）。助けてもらえた実感や経験の少なさから，**援助要請**がうまくできなかったり，自分の思いを内省し，主体性をもって自身のニーズを伝えることができず，受け身になってしまうことも珍しくありません。障害による特有の成育歴や体験，感覚により，障害のない人や支援者の共感的理解に至りづらいこともあります（➡**インタビュー③**）。

そのため，心理職が，身体障害のある人がもつつらさや支援に対する葛藤的な気持ちに寄り添い，**エンパワーメント**することが重要になります。心理相談に至るまでの迷い，援助要請を躊躇する気持ちにも思いを寄せて話をきくこと，その人の体験世界を知ろうとす

インタビュー③　出会い，信じて，かかわる：障害のある人の支援

（話し手）佐藤冴香／（聴き手）広津侑実子

> 　佐藤さんは，聴覚障害者入所施設や聴覚障害特別支援学校で働く，ろう者の若手心理職です。聴き手（広津）とは心理臨床の研究会で出会い，たびたび支援やケースについて話してきました。
>
> 　このインタビューでは主に入所施設での体験をもとに，クライエントに向けるまなざしや気持ちの通わせ方，支援に対する思いをききました。佐藤さんと聴者である（聴覚障害のない）広津は日本手話（と少しの音声）で話しました。佐藤さんの語りは手話を日本語に翻訳したもので，内容を一部［ ］で補足しています。

自分と利用者との間のギャップ　　佐藤さんが勤める施設の利用者には高齢のろう者が多く，彼らは時代的な背景から十分な教育を受けられなかったり，幼少期に手話——自分のことを語れることば——を禁じられたり，「仕事もうまく続かなくて，地域からも孤立して，自分で生活ができないから，施設に入った」といった過酷な成育歴をもつことが少なくありません。一方，利用者よりずいぶん若い佐藤さんは，あたりまえのように学校に通い，手話で話し，幼い頃からろうの仲間たちの中で育ちました。「改めて，自分が［利用者と］同じろう［者］だけど，［中略］自分の生きてきた時代とのギャップがすごいなと」感じたそうです。

利用者を信じてかかわる　　共通言語がない利用者との間にも佐藤さんは対話を膨らませていきます。「身振りとか，あと写真見せて，『これ，買う？』とか。あと，実際にやって見せて，映像，今YouTube が便利だから，ちょっと［パソコンで映像を］調べて，『これ？』とかってやって［見せる］」だとか，「実際に［一緒にお店などに］行って，実際に見て，実際に触って，そう！　［OK サイン］」などの多様な方法をとります。利用者の様子をよく見て，相手にぴったりのやりとりの仕方を探ろうとしているのだと広津には感じられました。

　そのようなかかわりの中で，利用者のこころはどう動くのでしょうか。「ことばにはできないかわりに，気持ちを皆もってる。『これ

は楽しそうな雰囲気だなー』『おれもあそこに入りたいなー』とか，『なんか［皆が］やってんだけど，［自分はどうしたらいいか］わからない』『私も知りたい』とか。［だから，支援者が］『あれ，見て。行ってみる？』ってやったり［後押ししてみる。もしも］『いやいや』［と返ってきても，支援者はそれを受けとめて］『休んでていいよ［じゃあ，ここで一緒に休みながら，皆の様子を見てよう］』とか。本当に少しずつなんですけど」。佐藤さんは利用者のこころの動きを細やかに感じ取り，決して無理強いはしません。利用者の気持ちを信じ尊重してかかわり続けていると広津は感じました。

自分・あなたの生き方や感覚を大切に　このような支援の姿勢がうまれた理由について広津が尋ねてみると，佐藤さん自身の体験が影響していることが見えてきました。佐藤さんは聾学校［現・聴覚障害特別支援学校］に通っているときに，ろう者の自分の考えや生き方，感覚を否定されたと感じたことがあったそうです。「自分は手話も好きだし，［音声で］話すのも好き。だけど，健聴の先生から，『佐藤さんはしゃべれるんだから，手話はいらないでしょう』ときかされて。でも，［私は手話が］好きなんだけどなって（笑）。なんでそこで［私のことば，私の感覚が］否定されるんだろうと不思議な……」とそのときの思いを回想しています。自分が受けたような"決めつけ"は絶対にしないと胸に刻んだのでしょう。

心理職を目指す読者の皆さんへ　佐藤さんより少し後輩にあたる，心理職の卵の皆さんにもっていてほしい姿勢を教えてくれました。1つは素直なまなざしで相手を見て見立てを精緻化すること，もう1つは目の前の人に興味をもちかかわろうとすることです。「え？　という気持ち［相手のことがわからないという戸惑い］はわかる。わかるけど，それは［脇に］おいといて，［相手との］出会いを大事にしてほしいなと思いますね」。

る構えをもつことにも意味があります。

その人のあたりまえを更新する

　身体障害のある人が語るストーリーを尊重し，その人らしさを対話の中で共につくっていくことも大切な作業です。身体障害のある人のこころは，自身のからだだけではなく，他者や社会と相互作用し，社会の視点や見方からの影響も受けてつくられています。例えば，ある先天性の視覚障害のある子どもにとっては，聴覚や触覚で周囲の物事を知ることがあたりまえでした。しかし，晴眼の支援者や家族とかかわる中で，周囲の人は目で情報を得ていること，そして自分は目が見えないということに気づいていきました。このように社会とかかわるなかで，あたりまえは変わっていくのです。

　心理的支援では，心理職という他者とかかわりながら，社会の中での自分の立ち位置や状態を確認し，本人がもっている解釈や意味づけを周囲と（再度）すり合わせて，自己を（再）発見し，（再）適応していく作業を行っていきます。心理職もその作業の情報源の1つとなるため，心理職は自身がもつ障害に対する見方（➡ **2章エクササイズ**）に自覚的であることが求められます。

2　心理的支援の実際
聴覚障害のある人に焦点を当てて

　身体障害のある人への支援の中でも，**難聴の成人**で**アイデンティティ**形成をめざした事例と，**ろうの子ども**との**手話**による対話における感情調整の深まりの事例の2つを紹介します。

▭▷ **大人の支援の現場から**：きこえないだけでもきこえるだけでもない自己を探して

> クライエント（土井さん）：就労先での対人関係のつまずきから心身のバランスを崩し早期退職した20代女性。中等度難聴があり，音声言語で主に話す。
> 私：地域のカウンセリング機関（相談室）で心理的支援を行う心理職（聴者）。

かかわりの場

　地域には身体障害や聴覚障害のある人が少なからず住んでいるにもかかわらず，障害のある人からの心理療法を受けるかもしれないという発想を心理職はあまりもっていません。とくに個人や民間の機関では，相談申し込みの時点で，身体障害のある人からの相談は受けられないと断っているところもあるでしょう。身体障害や聴覚障害のある人も，悩みを抱えても，支援の場や心理職にアクセスすることはきわめて難しいのです。私が勤務する機関では，私を含む何人かの心理職が手話を習得して心理療法に応じる他，相談申し込みをメールで受け付ける，事務スタッフも交えて聴覚障害について学ぶなどの体制を時間をかけて整えていきました。

かかわりの実際

　(1)　一歩踏み出すまでの葛藤　　土井さんは，仕事についてだけではなく，難聴の自分やこれまでの親との関係などについて話したいという主訴で相談を申し込みました。土井さんのように中等度難聴のある人には，対面でもききとりづらさが残るものの，補聴器を使えば音声である程度話せ，手話ではなく口話を身に付ける人が多くいます。身体障害者手帳には該当せず，通常学級に通う人が多いのですが，土井さんも通級による指導などの特別支援を受けながら通常学級に通っていました。

相談申し込みメールには，主訴や経過が細かく書かれているだけでなく，相談室の様子や交通手段，心理職の性別についてなど細かな質問がたくさん記載されていました。心理療法に期待しつつ，これまで傷ついてきた体験にふれる怖さ，はじめて会う人に話が通じるのかという不安など，いろいろな思いが入り混じっているようでした。聴覚障害のある人の自発来談は上述したように障壁があり難しく，だからこそ，安心して来談できるような細やかな配慮が必要です。私は相談室や心理職の様子をていねいに伝え，少しでも心理療法へのハードルが下がるようにし，土井さんのペースを大切に，待ちの姿勢を心がけました。

　インテーク面接の日，土井さんは硬い表情で目をまん丸くしながら来談し，声を出して「こんにちは」と挨拶しました。土井さんの聴力レベルや成育歴から，日頃から声で会話し，それ以外の手段を考えたこともないのかもしれないと思われた一方で，聴覚障害のない聴者の私に合わせてくれている可能性も感じました。そのため，この場でどのようなコミュニケーション手段をとるとよいか尋ねました。土井さんは，今は補聴器を使っているし，「私はきこえるから」声がいいと希望しました。結果的にはコミュニケーション手段は挨拶のときと変わりません。しかし，この問いかけは，土井さんが声を出すのが大変ではないか確認し，ここは土井さんが何をどう話すのかを自由に選んでいい場だと伝えるという意味を含むものでした。そして何より，自分がどう話すのか，どんなきこえなのか，どんなことを考えているのか，とくに相手に合わせようと（無意識的に）無理をしていないかなどを土井さんが振り返る契機にもなります。その上で，遮音性の高い個室でききにくさを少しでも減らし，私の唇や表情が見えやすいように正面に向き合って座りました。お互いに声がききとれなかったり書いて表現したいと感じたりした場合に備えてメモ用紙も準備しました。

⑵　こんなにも苦しんだ！　というこころの叫び　　主訴に関して状況をきいた後，成育歴について尋ねると，土井さんの声は徐々に大きくなってきました。家族や友だちとのおしゃべりできききとれないことがあってもきき直せず，周囲に合わせて作り笑いをしてやり過ごしていた。しかし，学年が上がると会話や友人関係が複雑になって，仲間外れにされるようになり，「一人でいるほうがまだましだ」と自分に言いきかせ，休み時間は図書室で読書をして過ごし，勉強するためだけに学校に通った。聴力が下がったからか，会社ではちょっとした指示をききもらして叱責を受けた。ミスが続き，同僚へ迷惑をかけて申し訳なかった。「なんで障害があるんだ」と思っても，その思いを誰にも打ち明けられなかった……，と。

　私がことばをはさむ余地はどこにもないほど，土井さんの思いがあふれていました。何がきこえて何がきこえていないのかあいまいなまだらぎこえ，何を確かめたらよいかすらもわからず，もやのかかったような世界。それを確かめる気兼ねから，わからない，困ったと他者に発信できなかったこと。成長してコミュニケーションが複雑になるにつれズレが顕著になっていきますが，明瞭で流暢な発語も手伝い，周囲に困難が気づかれにくく，申し訳なさや，身動きのとれない思いを抱えてきたことがよみとれました。アイデンティティは「自己斉一性と連続性が明確であること，さらに他者の承認から得られる自信」（Erikson, 1980/2011）ですが，土井さんはきこえも自己の感覚や周囲とのかかわりも明確ではなく，長い間もがき続けていました。これまでずっと言いたいけれど言えなかったこころの叫びのように感じ，私はひたすらその思いを全身で受けとめようとすることが必要であると感じました。

⑶　もやのかかったコミュニケーションを，明瞭なコミュニケーションへ　　何回か面接を重ねて語りが少し落ち着いてくると，面接の場で，土井さんの人とのかかわり方の特徴も見えてきました。土井さ

んのことばをききもらしたときや内容を確認したいときに私がきき返すと，「あ，ごめんなさい。私の話し方が悪かったらすぐに言ってください」と，即座に自分の失敗に原因を帰属させてしまう様子が頻繁に見られました。難聴者は，自分が発した音声を正確にききとれず適切な発音や声量であるのか確かめられず，発話に緊張を強いられます。さらに，周囲の音をききもらすまいと常に周囲にアンテナを張り，ききとれた数少ない情報から周囲の複雑な状況を理解しようとします。この状況では，土井さんは自分の発音が悪いからきき返された，迷惑をかけてしまったと瞬時に思ったのでしょう。

　しかし，実際には私がききとれなかったことが原因です。そのため，「ありがとうございます。今，私がちゃんときけていなかったからきき返しました」と問い返した理由を説明しました。土井さんは，そうだったのかという顔をしていました。これまで，こんなに細かく状況を解説してもらったことはなかったのでしょう。ほんの小さなやりとりでも，ことばや感情，言い回しなど 1 つひとつをくっきり明確にフィードバックすることが，これまで積み重ねてきたあいまいなコミュニケーションを脱する助けとなるのです。

　続けて，「私が内容をうまく理解できていないときもあると思うので，逆に，私の話すことがよくわからなければ，どうかおっしゃってください」とも伝えました。土井さんは，学生時代や就労先でもあまり問い返さなかったようですが（自分のできなさに直面することにもなるため，これ以上傷つかないための対処方略だったでしょうし，迷惑をかけまいと過度に配慮もしていたのでしょう），コミュニケーションは双方でつくっていくものであり，この場で今までとは違うコミュニケーションを体感してほしいとの思いも伝えました。

　⑷　きこえない自分ときこえる自分，どっちも自分　　これまでにあまり経験してこなかったコミュニケーションへの戸惑いや過去を引き受けるつらさ，怖さが募ってか，その後キャンセルや遅刻が見ら

れるようになりました。その度に，私は過去の体験が厳しいものであり，新しいことに挑戦することへの恐れやショックがあるのは当然だと思うと伝えました。

　懸命に語っては体調を崩すことを何度も繰り返していくうちに，ふと土井さんが話し始めました。「私って……補聴器や手話が自分には必要なんだと思うんです。きこえない自分がいて，きこえる自分もいる。どっちの世界にもいるように思う」と。これまでは自分のきこえなさを隠し，コミュニケーションのズレに対して自分が悪いと思うばかりでしたが，あいまいでまだらなきこえも含めて自分の“きこえ”の特徴の1つとして考えられるようになったことが読み取れました。また，一人でいるときの，しんと静まったきこえもまたほっとするものでもあるということも話していました。周囲の，とくにきこえる人に合わせることなく，自分のありのままのきこえの特徴を認められるようになってきたことがうかがえました。

　(5)　自分で歩み出す　　この大きな気づきをターニングポイントに，土井さんの行動にも変化がうまれます。

　1つは，コミュニケーションを変えていこうとする変化でした。手話サークルに通い始め，手話を獲得していこうとしました。自分に難聴があることを皆に伝えることや新しい言語を学ぶことは苦労が伴います。また，手話でいきいきと生きるろう者との出会いは，自分がそうは育ってこられなかったつらさを思い出させてしまいます。しかし，あいまいにしかききとれない音声に比べ，目ではっきりとキャッチできる手話に触れることで，わかる・できるとはどういうことかを実感でき，たどたどしくても最後まで手話で伝えようとしたことをわがことのように賞賛してくれる仲間にも出会えました。その体験は，日常生活にもつながります。店員の声かけがききとれなかったときに，なんとなく流したりせず「（きこえないので）書いてください」と依頼することができるようになりました。

きこえない自分を大切にした行動が出てきたのです。

　もう1つの変化は，過去を捉え直そうとし始めたことです。あるとき，勉強に打ち込んでいた学生時代，先生に質問しに行ったら「いい質問だね」とほめてもらい専門書を一緒に見ながら答えを考えてくれたことを話してくれました。誰も自分のことなど見てくれない，孤独だという思い出から，土井さんを大切に考え助けてくれる人も確かにいたという意味づけに少しずつ色を変えてきました。親からのことばや就労先での出来事も，実際何が起こってどのような意味があったのかを同様に考え直すようになりました。

　面接室では，きこえる・聴覚障害のない私の視点や感じ方も時折土井さんに示しながら，周囲の人の動きや考えを再検討したり，ズレや失敗が生じたときには次はどう動いたらよさそうか，未来につながるアイデアを出し合ったりしました。

ま　と　め

　アイデンティティの形成には「自身の内部の斉一性と連続性」と「その斉一性・連続性が他者に認められること」が重要といわれます（藤嶋・岩田，2019）。しかし，聴覚障害のある人の中でも難聴者は，ほとんどの音声がききとれるときと，ほぼ完全にききとれなくなるときが混在しており，周囲の全体像を把握しづらくなります。そうすると，人とかかわることに不安感を抱いたり，周囲から浮かないようにと作り笑いをして受け身的に動きやすく，どっちつかずで自分が何者かもわからず，自己否定的な感情も抱き，アイデンティティの形成が困難になりがちであるといえます。

　聴覚障害のある人への心理的支援では，心理職が本人の思いを傾聴することはもちろん，コミュニケーションにおいてはできるだけ多くの情報を伝えることを心がけます。聴者ならば自然と耳に入ってくる，感情，意図，文脈など細かな情報を，難聴者はききもらしているおそれがあるということを念頭におき，省略せずに明瞭に伝

えていきます。さらに，手話，筆談，口話など多様なコミュニケーション手段を準備しておきます。どれを使いたいか尋ねることは，本人のきこえや理解を確認すると共に，好きな方法を自由に選べるという主体的な意識を育てることにもつながります。

　このように自分の体験や思いを語り直し，心理職と共に別の角度から光を当てていく中で，周囲や自分の全体像を捉え直し，意味づけを更新していくことが，アイデンティティの形成にもつながっていくのです。例えば，心理職の「きき返し」を，土井さんは自己否定的に解釈していましたが，心理職がきき返した意図を改めて説明し，自分や相手の気持ちに触れることで，きき返しがもつ建設的な意味を理解していきました。そのような作業を積み重ね，"きこえ"の特性，これまでの対人関係で感じていた思いなどもより高い解像度をもって振り返れるようになり，自身の過去・現在・未来とが時間的に連続するような感覚（畑野，2020）をもてるようになるのです。

▷　子どもの支援の現場から：本人のことばでかかわる

> クライエント（げんさん）：授業妨害や友だちとのトラブルなどが日々起こった，聴覚障害特別支援学校の中学部1年生の男子。重度難聴があり，日本手話が単一言語のろう児。
> 私：聴覚障害特別支援学校で働くスクールカウンセラー（聴者）。

かかわりの場

　特別支援学校では少人数のクラス編成や障害に応じた授業の他，多くの教員や専門職，地域との連携による細やかな支援が行われています（➡ 4章）。Answer のように，特別支援学校へのスクールカウンセラーの派遣は多くはありませんが，その重要性を指摘する声も高まっています。私も月に1〜2回，半日と限られた枠の中で支

援を行っています。

　特別支援学校のスクールカウンセラーは，成育歴をていねいにアセスメントすること，ことばを大切にすることが求められます。前者では，障害にまつわる本人や親の思い，親やきょうだいの障害の有無，家族との関係性，本人の教育・学校歴などにとくに着目して見立てます。後者では，一人ひとりの子どもとの間でぴったりの共通言語をつくりあげていきます。例えば，学校や子どもとかかわる手話（例えば，給食，放課後，部活といった学校でよく使われる単語，アニメのキャラクターの名称など）を，私は子どもや先生たちから教えてもらい，同じ目線で語れる人になることを目指しました。

かかわりの実際

⑴　**来談の背景と育ち**　　げんさんの主訴に対して，担任や中学部の先生，養護教諭は，繰り返し注意をしたりルールを明示したりといった指導を連携しながら行いました。しかし，問題行動はなかなか落ち着かず，親のしつけがなっていないのではないか，本人に知的な問題や発達的な特性があるのではないか，そのあたりも見立ててほしいとスクールカウンセラーに依頼がありました。

　げんさんの成育歴を先生や保護者からきいてみると，幼い頃から相手に自分の思いをうまく伝えられないもどかしさが積み重なっており，げんさん自身が困り感を抱えているように見受けられました。げんさんは先天性の重度難聴（ろう）で，赤ちゃんの頃からほとんど音声はきこえません。産後すぐの新生児聴覚スクリーニング検査で聴覚障害の可能性を医師に告げられたとき，両親（聴覚障害はありません）は強い衝撃を受けたそうです。少しでもきこえるようになってほしい，（口で）話せるようになってほしいと両親は願い，2歳前に人工内耳装用手術をし，親子で懸命に言語聴覚士の発音訓練に通いました。特別支援学校幼稚部の乳幼児相談にも0歳から通い，教員から家庭内でのかかわり方についてアドバイスをもらう他，

親子で手話も練習しました。げんさんはろう者の先生の手話に目を輝かせてことばを獲得していったそうです。しかし，家庭内ではとくに父親はせっかく人工内耳を付けたのだし，声で話せるほうが社会に出てから役に立つからと，手話を使いたがりませんでした（新しい言語を身に付けることに苦労もしていたようです）。きょうだいとは手話で話すものの，複雑な話では母親の通訳任せにしていました。げんさんを障害をもってうんでしまったことやきょうだいに負担をかけていることへの負い目から，母親はあまり家族に強く言えなかったようです。手話で話したい，でも家族は使ってくれない，口で話さないといけないのかな，なんでオレの気持ちや立場をわかってくれないんだ……げんさんはどうしていいのかわからず途方に暮れていたと思われます。そこに，思春期における心身の変化も影響し，行動が目立ってきているのかもしれません。

　私は両親の障害の受け入れや家族関係の調整，げんさんの障害や対人関係での傷つきと気持ちの調整や表出の課題に対応するため，先生と見立てを共有し，本人と両親への個別面接と担任へのコンサルテーションを始めました。以下では，主にげんさんと私のかかわりについて記します。

　⑵ 「イライラ」をどうにかしたい　　初回面接では担任と面接室に入室しました。先生が同席していたため，げんさんはまた指導をされるのではないかとやや警戒した表情です。また，担任もとても困っていてどうにかしたいという思いもひしひしと感じられました。

　それぞれの思いを受け取りながら，私はこの場ではげんさんを主人公に据えて面接を進めたいと考え，げんさんの話からきくことにしました。ただ，げんさんははじめて会う私にはわかってもらえるはずはないと思っていたのか，自分の気持ちを伝えていいのか迷っていたのか，「別に」「普通」とぶっきらぼうに私の質問に答えました。私は行動の側面から話をきいてみようと，できるだけ方向づけ

をしないように気をつけながら，授業観察や先生からの情報をもとに，げんさんは実際どう思っているのかを尋ねてみました。

そうすると，げんさんは授業がつまらない，友だちがうざいといった「イライラ」することを話し始めてくれました。だから自分が手を出すのは当然で，先生に怒られるのは理不尽だとも話してきました。大人としての私はつい「いやいや，そんなことはないよ……」と言いたい気持ちがむくむくと湧いてきましたが，まずはげんさんの言い分をひたすらきいていくことにしました。

もう少し話をきいてみると，どうやらげんさんは自分がイライラすることがしんどい，疲れちゃうといった気持ちももっていることも見えてきました。友だちからさけられてて，それはちょっとつらいとも言い，むやみやたらにキレているわけではなく，自分の行動に気づいているのです。そのため，どういうときにどんな風にイライラするのかを一緒に分析することと，その「イライラ」をコントロールすることをこの面接の目標に据えることにしました。

(3) 伝わらないイライラ　次の回で，げんさんは友だちとのトラブルを話してくれました。ホームルームで自分の意見が採用されず，ましてやこんな意見はおかしいと友だちから言われたため，その子を小突いたのだそうです。その相手は，小学部のときにもげんさんを蹴ったこともあり「いつも（アイツは）敵」だとも話していました。私はその思いを受けとめた上で，それがどういう思いから生じたのか，以前の蹴られたときのことをきいてみました。すると，相手は口話のほうが得意で，いつも両者の間で微妙に意思が通じ合わない，先生は発声がうまい生徒の意見をよくきくため，手話が第一言語の（口で話すのは得意ではない）自分の話はいまいち汲み取ってもらえず一方的に怒られたと話してくれました。自分は一生懸命話しているのにきいてもらえない状況はつらいだろうと私には感じられました。そして，そのようなイライラは声だけで話をする父親や

きょうだいへの思いと重なるようにも感じられました。そのような思いも受け取ったということを伝えたく、「学校でも家でも声ばっかりだもんね」と私は伝え返しました。

　回が進むと、私との間でも徐々にイライラを表出するようになりました。私がげんさんの手話を読み取り切れないことがあると、げんさんはイライラして私を見つめ、「なんでわからないの？」「どうせおれの話はきかないんだ」と表情で訴えて話すのをやめようとしました。それに対して、私は「ごめん、もう1回言って」「ちょっと面倒だよね。でも、教えて」とげんさんに伝え続けました。あきらめずにコミュニケーションするモデルとしていたいと私は思ったのです。げんさんの気持ちをきこうとする姿勢は汲み取ってくれたのか、イライラしながらも話そうとする姿がありました。

　⑷　手話でのかかわり遊び　　ある日、私は昼休みの観察をしていました。すると廊下を通りかかったげんさんが、「あ、ババア」とニヤニヤしながら私に声をかけました（手話で「おばあさん・ババア」は、小指だけを立ててから、2回曲げるようにします）。近くにいた先生は大慌て。即座にげんさんを注意しました。

　しかし、私は（悲しい気持ち少しと）うれしい気持ちがたくさん湧いてきました。素直ではないものの私とかかわりたいという気持ちを直接ぶつけてくれたと感じたのです。「えー、腰、曲がってた？」と、私は小指と背中をまっすぐにしようとしました。「そのうちババアになると思うけど、今はこれくらいかな？」と、私は小指をまっすぐ立てて「（成人の）女性」の手話をしました。それに応じてげんさんは「いや、（お前は）ババア！」と言い返しました。

　手話は、単語に込める意味やニュアンスを、手やからだの動かし方を大きくしたり速くしたりすることで細やかに伝えることができます。そのため、私たちは手話のことば遊びをしながら、今の気持ちや体調を互いに詳細に伝え合うようになりました。私が小指を

もっと丸めて「今日は疲れちゃって，大おばあちゃんみたい」と言ったり，げんさんのほうも「オレ，おっさん」「ジジイ」（「男の人・おじさん」は親指だけを立てる手話。「おじいさん・ジジイ」は，親指だけを立ててから，2回曲げるようにします）と返したりもしました。「顔だけ見るとそうは思わないけど……何かあったの？」と，手話での表出を端緒に，実際の出来事を話してもらい，つなげていくことにしました。げんさんにとっては手話で思いを感覚的に表現してから，それを私と細かく分析するという方法が合っていたようで，手話での語りにより気持ちや出来事をよくつかんで説明することができてきました。

　⑸　イライラのコントロール　　そうして私との間で手話のかかわりあい遊びや説明を繰り返し，げんさんは自分のイライラの度合いや自分の様子を把握することができるようになってきました。

　それでも，日常生活で感情が高ぶると振り返りや抑制はうまくいきません。そのため，イライラに対処するために日常的に使えそうなアイテムがないか二人で見つけていきました。一般的な**ソーシャル・スキルズ・トレーニング**（SST）や**アンガーマネージメント**の本を参照して試行錯誤していくと，げんさんにはメモ帳を使うことが合っていそうだと気づきました。面接室では，手話でどういう状況で起きたことなのかを話した後，メモ帳に端的にまとめてどんなイライラだったのか書きます。そして，ひとまず解決したイライラは「終わり」とメモ帳を閉じてしまったり，ページを破ってゴミ箱に捨てたりすることにしました。そうすると，今ここできちんと手話で相手に伝え，少し落ち着いて一緒に眺め，対処するということが繰り返しできるようになりました。教室やトイレで感情が高ぶってきたらメモに殴り書きをしたり，ページをビリビリと破いたりして気持ちを落ち着けようとしていました。

　担任からは，最近胸ポケットにメモ帳を入れていて，何かあると

こそっとメモを取っているとの報告がありました。その行動の意味をスクールカウンセラーが伝えると，先生たちの見方がトラブルを引き起こす「困った子」から，自分なりにコントロールしようと「頑張る子」に変わってきました。

　最後に，両親との面接で，メモや身振りでいいので，げんさんがよくわかるような手段，共通言語を家庭で使ってもらうようお願いしました。少しずつではありますが，げんさんに向き合おうという姿が家族内でも見えてきています。

ま と め

　この事例では，「イライラ」することや学校でのトラブルを入り口に心理療法につながりました。この主訴の背景には，自分のおかれている状況や得意な側面を友だちや先生，そして何より家族にわかってもらえないつらさがありました。聴覚障害のある人と聴者との間では，ことばの使い方や文化のズレにより相互交流の難しさが生じる場合があります（広津・能智，2016）。げんさんはそのようなズレから生じる感情を受けとめてもらい，自分の気持ちを整理する体験が少なく，イライラしたことを強いことばや暴力といった行動で表現するしかなかったと考えられました。加えて，手話やろう者，ろう文化への否定・抑圧といった社会的な背景からも，げんさんがのびのびと話し生きる環境や体験をもてなかったとも考えられます。

　そのような見立ての上で，心理職はまず，きいてもらえる関係性を構築しようと，げんさんの第一言語である手話（日本手話）を用いたのびのびとした対話の場を設定しました。「ババア」という表出は，受け取ってもらえるという信頼関係が育ってきたからこそのものと捉え，安易に注意せず，ことば遊びにつなげました。

　次に，「イライラ」や友だちとのトラブルの背景にある傷つきに目を向けていきました。具体的には，家族の中で話をきいてもらえなかった，手話を使ってもらえなくて苦しかったという思いに焦点

を当て，「声ばっかりだと嫌だよね」といった声かけをしたりしてエンパワーメントしました。

　３つめは，現実的な行動への介入です。細やかな手話表現で自分の調子や思いを細かなニュアンスごと伝え合い，その上で，聴覚障害のある子どもの特性に合わせて，**視覚化**を行いました（Glickman, 2016）。げんさんの場合には，それはメモ帳でした。

　なお，これらのげんさんの変化は，スクールカウンセラーの支援だけで生じたのではなく，先生との**連携**，家庭との協力，**環境調整**などが積み重なった上での結果です。

　こころの側面にも支援を行うことは，身体障害のある子どもの健全な成長には不可欠ですが，まだまだ支援の現場にかかわる心理職は少ないのが現状です。今後，心理職の活躍の場が広がることが期待されています。

*** **Exercise** エクササイズ

6.1　本文を読み，以下のことを議論してみよう。
　A. とくに印象的だったエピソードややりとりはどこでしょうか。そのエピソードややりとりについて，どのようなことを感じましたか。
　B. 心理職が行っている対応で，あなたが大切だと思うところはどこでしょうか。なぜそう思いましたか。
6.2　介助者・通訳者同席での支援について考えよう：身体障害のある人は，介助者や通訳者などのサポートを受けていることがあります。非日常場面で出会う心理職よりも介助者や通訳者は彼らの日常生活を知っているでしょうし，人によっては，介助者や通訳者がいることで第三者と話をすることが可能になることもあります。クライエントが介助者や通訳者と共に来談したとき，あなたはどのように心理的支援を進めますか。何に留意すればよいのか，どういう配慮が必要なのか，考えてまとめてみよう。

高次脳機能障害の理解と支援

第 7 章

Quiz クイズ

Q7.1 高次脳機能障害がある人に見られるかもしれない「問題」はどれでしょうか。

a. ちょっとしたことで泣いてしまう　**b.** 明日の計画が立てられない　**c.** 疲れやすい　**d.** 新しいことを覚えられない　**e.** すぐ気が散って仕事が終わらない

Q7.2 高次脳機能障害のアセスメントに使われることの多い心理検査はどれでしょうか。

a. 主題統覚検査（TAT）　**b.** ウェクスラー成人知能検査（WAIS-IV）　**c.** 内田クレペリン検査　**d.** リバーミード行動記憶検査

Chapter structure 本章の構成

高次脳機能障害
特徴
成因・原因
経過と治療

その人の生きる世界
・脳損傷の体験
・連続した自己の物語の喪失
・複数の自己物語の対比
・与えられる物語との間の葛藤

支援とは

心理的支援の実際
・かかわりの場
・かかわりの実際

Answer クイズの答え

Q7.1　a.〜e. すべて

a は本文では社会行動障害にある「感情制御ができない」に含まれますが，怒りのコントロールができない場合もあります。b は遂行機能障害の一部といえますが，意欲・感情の問題の結果かもしれません。c は高次脳機能障害には含まれませんが，脳損傷に伴う全般的な障害として知られています。d は記憶障害の一種で，前向性健忘ともいわれます。e は注意障害のあらわれである可能性が高いと思われます。脳損傷の個人の体験する「問題」は，c 以外，その人の脳損傷の部位や大きさによって違ってきます。例えば，遂行機能障害は大脳の前頭葉の損傷であらわれやすい傾向があります。しかし，どの問題がどの程度の重症度であらわれ，また，どれとどれが組み合わさってあらわれるかには個人差も大きく，一人として同じ高次脳機能障害の人はいないと考えたほうがよいでしょう。

Q7.2　b. と d.

高次脳機能障害のあらわれは多彩であり，検査にもいろいろな種類があります。その人の状態に合わせて検査がいくつか選ばれ，障害されている能力だけではなく保持されている能力もまたアセスメントされます。脳損傷後の認知機能の特徴を評価する検査の 1 つが，選択肢 b のウェクスラー式成人知能検査（WAIS-IV）です。この検査はやや時間はかかりますが，高次脳機能障害のある人の知的能力全般を幅広くアセスメントしておきたいときに便利です。その他，個々の認知技能に対して用意されているものとして，d のリバーミード行動記憶検査を挙げておきました。これは日常場面で体験されることが多い記憶作業を査定するためのものです。なお，a は投影法検査であり，被検者のパーソナリティを探るときに使われます。c は作業検査で性格や職業適性を知るための検査とされています。

★本章のウェブサポートページ：学習をサポートするウェブ資料は，右の
　QR コードよりご覧いただけます。

1 高次脳機能障害とは何か

脳損傷の体験とはどんなもの？

　脳が私たちのこころやからだを支配する中枢であることは，現代では常識となっています。近年，脳科学や神経心理学の発展の結果として，私たちは以前よりもずっと細かく脳と行動の関係がわかってきました。それをあてはめながら，人の行動を説明・理解することはある程度できますし，それはそれで意味があります。しかし，高次脳機能障害の体験を理解し，脳損傷のある人を支援するためにはそれだけでは十分ではありません。というのも，脳損傷を受けた本人が体験するのは，影響の結果，あるいは，生活環境の中での変化や生き難さそれ自体であり，脳との関係は直接体験されないからです。体験される困難が脳損傷の結果であるというのは，脳損傷のある人にとっては，外から来る説明ないし物語にすぎないともいえるでしょう。

　高次脳機能障害のある人の理解と支援のためには，脳機能におけるこれまでの知見をふまえながらも，やはりその体験の形を捉えるところに基礎をおく必要があります。その体験は，脳損傷が生じる前と比較すると内容の面で部分的に制限されたものになっているかもしれませんが，それだけではありません。体験の様式もまた違ったものになっている可能性があります。

高次脳機能障害とは

特　徴

　「高次脳機能障害」という用語には2つの用法があります。「高次脳機能」とは，ヒトにおいてとくに高度に発達した，記憶，思考，

言語などの心理機能を指しており，学術的には脳損傷の結果そのいずれかが障害されると「高次脳機能障害」と呼びます。**失語症**（話す，きいて理解する，書く，読むといった言語機能の障害），**失認症**（視覚や聴覚を通して対象を認知する機能の障害），**失行症**（着衣などパターンのある行動を行う機能の障害）などは，古くから神経心理学のテキストにも載っている脳損傷症状です。ただ，行政の施策として「高次脳機能障害」という語が使われるときにはやや意味が狭く，もっぱら**記憶障害**（覚えられない・思い出せない），**注意障害**（集中できない・注意の転換ができない），**遂行機能障害**（行動の計画・適切な実行ができない），**社会行動障害**（感情制御ができない・周囲への配慮ができない）を指すことが多くなります（山口，2017）。これらの障害のうちのどれがどの程度重いかは人によって違い，一口に「高次脳機能障害」といってもそのあらわれ方は人それぞれです。

　また，脳損傷に伴うこういった障害は相互に独立のものではなく，周囲の状況や文脈のもとで互いに影響しあいながらあらわれてきます。例えば，注意障害があると情報の取り込みが制限されて記憶にも問題が生じますし，予定が記憶されていないと計画の実行もうまくいきません。また，それまで協調して機能していた諸能力の一部が欠けた場合，保たれている能力がそれをカバーしようとします。それは少なくともはじめからうまくいくわけでもありませんから，結果的に疲労しやすくなり持続力や集中力にもまた影響があらわれるでしょう。高次脳機能障害のある人たちの体験は，数ある脳機能の一部が欠損したからというよりも，それをきっかけに脳機能の全体が変化した結果ともいえるのです。

成因・原因

　脳損傷の原因は多様であり，人生の中で誰にでも生じうるものです（冨田・船山，2018）。最も多いのは脳梗塞，脳出血，クモ膜下出血等の**脳血管障害**ですが，これらは高齢者に多く見られます。また，

外からの物理的衝撃による脳の損傷である**脳外傷**は，交通事故やスポーツ事故などに伴って生じます。比較的若い世代にも多いのが特徴で，損傷が非限局的な広がりをもっており，さまざまなタイプの高次脳機能障害があらわれやすい傾向があります。患者の総数は，調査によってばらつきが大きいのですが，全国で30万人とも50万人ともいわれています（本田・原，2010）。

　高次脳機能障害の診断のためには，まず本人や家族の訴えや困り感を出発点として，どのような障害があるのか探っていきます。最近は，いろいろな神経心理学的検査も使われています（小海，2019）。選択肢としては，ウェクスラー系の知能検査の他，記憶面であればウェクスラー記憶検査やリバーミード行動記憶検査，注意面は標準注意力検査，遂行機能に関しては遂行機能障害症候群の行動評価などがあります（⇒ **4 章表 4-5**）。それらから選んでテストバッテリーを組み，障害されている機能が何で保持されている機能が何か，幅広くアセスメントしておく必要があります。

　そうしたアセスメントの上でその障害が脳損傷に起因することが示されたとき，高次脳機能障害の診断がなされるわけですが，それは必ずしも容易ではありません（山口，2017）。1 つには，アセスメントされる心理・行動上の「問題」は，他の原因や他の疾患においてもあらわれうるからです。例えば，記憶障害は認知症に特徴的な症状ですし，発達障害のある人で注意の集中ができない人もいれば，感情の制御が苦手な人もいます。また，脳の器質的な損傷があるかどうかはっきりしている事例ばかりではなく，とくに「軽度」の脳損傷では CT や MRI 等による画像診断が難しいケースもあります。もとより診断は心理職の業務ではありませんので，むしろ対象者の個々の困り感や彼らにとっての「問題」に寄り添うことが大切です。

経過と治療

　脳血管障害や脳外傷の発症はしばしば突然であり，心身機能の低

下は脳損傷の直後が最も顕著です。その後しばらくは直接の損傷を受けていない脳部位が働き始めて機能回復の時期になります。一般に，**リハビリテーション**を早期に始めると回復の程度は高まる傾向があるようです。ただ，そのうち回復は緩慢になってきます。リハビリテーションの訓練を続けることにより年単位でゆっくりとは改善する可能性がありますが，どこまで回復するかは人によって異なります。

　脳損傷者に対する治療は，急性期から回復期には自宅復帰に向けた機能回復訓練が中心で，理学療法や作業療法，言語訓練など（➡ **3 章表 3-1**）が個人の障害内容に応じて処方されます。そこで行われるのは，身体に刺激を与えて回復を促進させたり，失われた機能を残存機能で代替する訓練を施したり，補装具などに慣れるよう働きかけたりするなどのリハビリテーションの訓練です。さらに，注意や遂行機能などの高次脳機能を標的にした訓練もここ 20 年ほどの間に広がってきており，神経心理学的知識をもつ心理職の役割も大きくなりつつあります。また，退院後にも外来通院をしながらリハビリテーションが継続されることが多いですが，そこでは職場復帰・学校復帰を視野に入れた社会適応を目指す訓練も増えてきます。

　高次脳機能障害のある人の社会適応のためには，現在では地域にさまざまな支援のためのリソースが整備されています（白山・中島，2012）。2001 年から 5 年間，政府によって「高次脳機能障害者支援モデル事業」が展開されました。その成果を受け，2006 年からは障害者自立支援法に基づく施策の一部として，都道府県を単位として「高次脳機能障害支援普及事業」が開始され，地域に専門の支援コーディネーターが配置されるようになりました。高次脳機能障害に対する相談窓口もでき，立ち遅れていた高次脳機能障害者支援の充実に向けての努力が広がっています。

▭ 高次脳機能障害のある人の生きる世界

そうした経過をたどる高次脳機能障害のある人たちはどのような世界に生きているのでしょうか。その世界を，客観的な状況や行動から理解することも可能ですが，ここでは彼らの主観的な体験から見直してみたいと思います。近年は臨床心理の実践においても，個人の生きる世界を「物語」として理解しようとする**ナラティヴ・アプローチ**が注目されています（Paré, 2013/2021）。これは高次脳機能障害のある人についても適用することが可能です。以下では彼らの物語ることばをもとに，かつてはあったはずの一貫した自己に関する物語が失われたりひずみを見せたりしている彼らの世界を垣間見ておきたいと思います（Nochi, 1998；能智，2003）。

連続した自己の物語の喪失

とくに脳卒中や脳外傷においてよく見られるのは，脳損傷時に意識を失い，気がつくと自分や自分と周囲の関係が変化しているという体験です。そこで，声が出なかったりからだが動かなかったりといった変化に気づいたとしても，その経緯や理由はわかりません。人はふつう，どういう過程を経て今の自分があるのかを多かれ少なかれ把握して自己理解をしていますが，脳損傷のある人ではその物語が途中で切れています。病院だと周りの人が説明してくれるでしょうが，自分の記憶で納得することはできないのです。例えば交通事故で脳外傷となった20代の男性は，「頭の中に真空かブラックホールがあるみたい。僕の記憶は一部が消されてしまった黒板」と語ります。そこでは，落ち着かない不安な感覚が残ります。

また脳に損傷を受けると，今自分に何ができるのか，将来どんな自分になりえるのかが不明瞭になります。当初の「いずれ治るだろう」といった楽観的な見通しの時期を過ぎると，自分の何かが変わってしまったがその何かがうまく把握できないことに，程度の差こそあれ気づくのです。それは，現在の自分に何ができるのかわか

らない，将来と切り離された自己でもあります。ある40代の女性は，脳卒中の発症から2年経っても，「私は今この人のことがわからない」と，自分を「この人」と突き放して表現しました。自分に何ができて何ができないのか十分納得できないままに，毎日を生きていくことのストレスも脳損傷のある人にはしばしば特徴的です。

複数の自己物語の対比

　そうした不安定でたよりない今の自分は，かつてのそれなりに安定していた自己の物語と対比されます。こうした対比は高次脳機能障害に限らず他の中途障害の人でもありえますが，脳損傷のある人では受傷後の自分を明確にことばで特徴づけられないかもしれず，まさにその理由で，自分の価値が低下していると感じがちです。脳損傷後の否定的な体験はそんな自分に原因帰属され，絶望的な気持ちになることもあるでしょう。例えば脳血管障害で言語障害になった男性は，「自分はもうダメかなと思って，死ぬことばかりを考えた時期があった」と振り返っています。

　一定の時間が経ち発症前の状態に戻ることが難しいことを受けとめられるようになると，発症前の自分と距離をとって，変化した現在の自己を認めていこうとする態度が出てくるかもしれません。違法薬物に手を出したことのある50代の男性は，交通事故による脳損傷を「第二の誕生」と表現し，「昔の自分がどうだったかなどわからないし気にしない」と言って，今やりたい活動に注力していました。ある面からいえば「障害受容」と呼べるような状態なのかもしれません。しかしその状態は必ずしも持続的とは限らず，気持ちの揺れが続くことも珍しくはありません。

与えられる物語との間の葛藤

　高次脳機能障害は本人にとってのみならず周囲の他者からも見えにくい，「目に見えない障害」といわれることがよくあります。初期の症状がある程度回復したり，もともと比較的「軽度」であった

りした場合，職場や学校で周りの人から「治ったね」と祝福される
かもしれません。このとき，「正常」という物語とともに，「普通」
に機能することへの期待が押しつけられているともいえるのです。
そしてその期待に応えられないと，「やる気がない」とか「能力不
足」♪かいった別の否定的な物語が与えられかねません。例えば，
脳損傷後に遂行機能が制限されて物事の段取りがつけられない40
代の女性は，職場復帰後しばらくして，「私のことをバカと思う人
たちに説明して歩くのに疲れ果てました」と述べました。

　そうした人にとって「脳損傷」とか「高次脳機能障害」という診
断名は，わかりやすい説明を提供する一方で，一種の否定的なレッ
テルと感じられることもあります。例えば交通事故で高次脳機能障
害を負った20代の男性は，「『脳損傷がある』なんて言うとみんな
俺のことを知ろうとするのをやめて，脳損傷のほうにだけ目を向け
てくるんだ」と言います。脳が心の土台であるという現代社会の
「常識」のもとでは，その土台が十全ではない「まともさの欠如」
のイメージが印象づけられるのかもしれません。「脳損傷」の診断
もまた，自己像を枠づけてしまう諸刃の剣の物語なのです。

2　高次脳機能障害のある人への心理的支援

▷　支援の土台をつくるアセスメント

　心理職に求められることの1つは，心理・行動面を中心に対象
者の現状を特徴づけることです。医療現場での回復期のリハビリ
テーションでは，理学療法士，作業療法士，言語聴覚士など他の専
門職（➡ 3章表3-1）が訓練を行う際にも，そうした心理・行動面
のアセスメント結果は，実践に不可欠の情報となるでしょう。上記
のさまざまな神経心理学的な検査も重要なアセスメントのツールに

なりますが，決して万能ではありません（小海，2019）。日常場面での行動が検査結果と一致しないことがあるのは，それが常にその場の状況に影響を受けているからです。また，社会行動面の障害については適切な検査が開発されているわけではありません。患者本人や家族からのききとり，それから直接観察に基づく情報が重要になるゆえんです。他の専門職からの情報もアセスメントのために無視できませんから，情報の相互共有を常に心がける必要があります。

　また，そうした心理・行動面の特徴について本人がどれくらい気づき，それをどのように評価しているかについても見ておくべきでしょう。クロッソンらによれば，高次脳機能障害のある人における気づきには3つのレベルがあるといわれています（Crosson et al., 1989）。「知的な気づき」（自分が高次脳機能障害であるとわかっている）の土台の上に，「体験的な気づき」（体験される個々の出来事について高次脳機能障害とのつながりがわかる）があり，それを前提として「予測的な気づき」（具体的な状況の中で起こりうる困難が予想できる）が可能になるのです。気づきの対象は，個々の障害のみならず，そうした障害を体験している「自己」にも及びます。心理的支援のためには，本人が診断名や個々の障害，さらにはそれらをもつ自分をどのように解釈し，どう感情的に反応しているかも見ておく必要があります。

▷　自分と向き合う状況をつくる

　高次脳機能障害のある人たちは，人生のさまざまな面においてさまざまなレベルで，自分と環境，自分と他者の関係構造が変化した世界に生きています。そうした世界への気づきや向き合いに立ち会い，見守っていくことも，心理的支援の重要な部分を占めます。変化した世界への直面は，認知的にも感情的にも難しい場合があります。高次脳機能障害の現実を事実として伝え，その対処の仕方を共

に考えていくことは重要ですが，急ぎすぎるべきではありません。個々人のペースを尊重しながら，まずは気づきとその受けとめが可能になる条件を整えることが望まれます。

　具体的にはまず，高次脳機能障害のある人が自分と向き合い，気づきを表現できる環境を整えることに留意しましょう。面接では，静かで集中しやすい環境を整え，適切なラポールが確立されるよう時間をかけたり，疲労しないよう長時間の面接を避けたりするなどの工夫が必要です。また，自分と向き合うためには多様な体験があるに越したことはありません。同じような障害特性をもつ人からなるグループに参加することの意義は大きいことが知られています（下田，2011）。他の参加者と交流することで自分の障害に気づいたり，適応のための工夫を学んだりできるからです。また，心理職がより積極的に問題行動を特定し，その先行刺激や結果とつなげながら問題行動を減らしていく，というような認知行動療法的な働きかけをすることもできます（橋本，2019）。対象になっている人と話し合いながらこうした対応を行うことで，結果的に気づきが高まっていく可能性があります。

　脳損傷者のリハビリテーションではさらに，自分の力を再認識して積極的に生き方を選び取るような「主体的」な姿勢を育てることがしばしば目標とされます（長谷川，2019）。心理職はそのために積極的な役割を果たしうる存在でもあります。目標設定や行動選択は特に遂行機能の障害のもとで難しくなるわけですが，その際に遂行機能の一部を心理職が支えて目標設定を促し，周囲の家族等から情報を得ながら選択肢を提示するなどの支援ができるかもしれません。「主体性」ははじめからすべて一人で行動選択を行うことではなく，最初は周囲の人が意思決定のある部分を代行する中で成功体験を積み，「主体的な自分」という物語が構築されて，少しずつ自分で意思決定をすることが多くなってくるものです（⇒ 3章1，4章1）。心

理職はその過程を媒介する触媒になりうるでしょう。

▷ 個人を地域へとつなぐ

　脳損傷の重度にもよりますが，職場や学校など地域での居場所を見つけることもリハビリテーション活動の重要な要素です。自宅以外の場で役割を見つけ，人間関係をつくることは，自己実現につながる可能性を開き自尊心を支えることになります（山口，2017）。脳損傷が比較的「軽い」場合には，受傷後それほど時間が経たないうちに受傷前と同じ職場・学校に戻ることもある一方，後遺症がより重く，もとの職場・学校が難しい場合には，新たな場を見つけなければならないかもしれません。若い人であれば，親元を離れて自立して暮らすことも，社会へとつながる第一歩になります。回復期にさまざまな医療専門職と協働したのと同様，心理職はここでも他の専門職——例えば，就労支援機関の職員，対象となる職場や学校の担当者——と連絡をとり情報を共有しながら，支援を進めていきます。

　活動のできる社会的な場を見つけるまでには非常に時間がかかるかもしれませんが，心理職はその過程を支援することができます。まずは職業リハビリテーションで評価や訓練を受け，地域の福祉施設などに通いながら，一般就労の「障害者枠」での就労を目指すことも多いでしょう（岡﨑，2020）。そうした場合に心理職は就労支援の専門職に対して，高次脳機能障害の影響についての情報提供を行うことができます。あるいはなかなか行き先が決まらないときに，本人と面談して落ち込みや不安を共有し，動機づけを支えていくところで貢献することも可能です。また，社会的な場での障害の影響が小さくなる工夫を本人に受けとめてもらえるよう働きかけることもあります。例えば記憶障害をカバーするノートの利用にしても，それを感情的に受け入れ難い人もいますし，受け入れたとしても習

慣化するまでにはしばしば第三者の支援が必要です。

　地域の中で活動できそうな場は，見つけるだけではなく，その場の責任者等への情報提供や話し合いを通じて育てていくべきものでもあります。これも心理職だけが行うというよりも就労支援の専門職との協働のもとで行われるかもしれません。とくに高次脳機能障害は周囲から見えないことも多いので，それをわかりやすいことばにして伝えておくことは必須です。また，可能な「合理的配慮」についても話し合っておくべきでしょう。例えば，遂行機能の障害で段取りが苦手な人の場合には，1日の流れをパターン化したりその日の流れを視覚化するなどの工夫がありえます。場合によっては，職場適応が安定するまで，ジョブ・コーチ（⇒ 4章）などの支援者が付き添うような支援も考えてよいでしょう。

3　心理的支援の実際
現状を共有しつつ将来への展望を育てる

> クライエント（岡山さん）：脳外傷の結果として高次脳機能障害をもつようになった30代半ばの男性。地域の就労支援施設に週4日通い，就労継続支援B型のプログラムでサービスを受けている。
> 私：同事業所で働く非常勤の心理職で，月2回，事業所の利用者からの心理相談を受ける。

▷　かかわりの場

　成人でただちに復職ができなかった場合，地域の福祉サービスを利用して就労支援や生活訓練を受けることができます（⇒ 4章2）。そうした現場の1つが地域の就労支援施設です。心理職が常勤でそうした施設で働くことはまだ少なく，その過程にかかわる場合にも常勤の職業指導員，就労指導員，生活指導員等を側面から支援す

ることになるかもしれません。しかしそうした制約の中でも，工夫次第でやれることは少なくないのです。

▷ かかわりの実際

　岡山さんは 30 代半ばの男性で，記憶障害，注意障害，遂行機能障害などの高次脳機能障害をもっています。勉強が「苦手」だったという岡山さんは，中学卒業後に工務店に就職し左官職人やトラックの運転手をやっていました。24 歳のときにヘルペス性脳炎で 1 年間入院し，その後はしばらく自宅で療養していたのですが，27 歳のときにマンションの 3 階から飛び降りて脳挫傷となりました（飛び降りた理由の詳細は本人も記憶にないようです）。結果として，上記の高次脳機能障害のほか左半身の不全まひが残りましたが，その後複数の病院を転々としながらリハビリテーションを続けた結果，杖があればゆっくりと歩行することは可能となり，現在は発話も流暢です。私が会ったときには，就労支援施設に通っており，クッキー作りの作業の一部を担当していました。

　(1) 岡山さんの現状を知る　　私は岡山さんが施設に通い始めた頃から，不定期に岡山さんと面談しています。病気がちで他に頼る人もいない母から施設職員に対し，今後の岡山さんについて心配する訴えがあったことを背景として，職員からは今後の支援の方向について岡山さんの意向もふまえて考えたいという希望が寄せられました。私は，岡山さんとの面談を継続しつつ，作業場面の観察や岡山さんがかかわるエピソードの収集に努め，岡山さんの得意・不得意，自己像や将来展望などについてのより詳細な理解を試みました。

　岡山さんは私に対しては礼儀正しいのですが，他の利用者に対しては不愛想で，機嫌が悪いときには話しかけられても答えなかったりすることもありました。職員からの報告によれば，自己流の手順で作業して他の利用者に注意され，逆切れしたことが複数回あった

そうです。普段の生活について岡山さんから話をきくと，電車など
で誰かと肩がぶつかったり，若い人が優先席に座っていたりすると，
その無作法さに腹が立って怒鳴ったことがあるとのことでした。最
近は，外出時に同行することが多い親にたしなめられるので「気に
しないようにしている」と言います。その場では親の言うことをき
いているのかもしれませんが，いずれにしても，具体的な状況のも
とで感情をコントロールしたり自分の行動の適切さを客観的に評価
したりすることは苦手なようです。

　岡山さんは自分について，「物忘れがひどいから一人での外出は
無理。いちど道がわからなくなると慌ててしまって，頭が変になっ
たことがある」と言います。実際，土日の外出時には常に両親のど
ちらかが同行しています。施設内では毎日の作業内容が記入されて
いるホワイトボードを見る習慣がついてきていますし，狭い建物内
の移動ですから大きな問題はないのですが，家に帰ると両親に頼り
きりなところがあるとわかりました。岡山さんは自分の状態に関し
て「できない」をまず考えがちで，「体験的な気づき」はあっても
具体的場面を想定した「予測的な気づき」はまだ不得手であるよう
でした。今後の希望として，以前リハビリテーションで知り合った
友だちに会いたいなどの希望は語られましたが，その実現のための
手順とか長期的な見通しについては「わからない」と答えるだけで
した。

　⑵　岡山さんへの働きかけ　　私は岡山さんを施設内で週1回行わ
れているレクリエーションのグループに誘い，他の利用者とのコ
ミュニケーションを増やし，記憶障害をもっている人たちがメモを
使う様子を観察できる機会を用意しました。やりとりの中でむっと
したような表情になることもありましたが，直後に短い面談をする
ことで不快になったときの気持ちを共有するようにしました。一度
怒鳴ってしまったことがあったものの，同じことが起こりそうな

きには職員が岡山さんをトイレに行くよう促すなどして，クールダウンさせるようにしました。1年ほど経つと，岡山さんは他の利用者と話す頻度も増え，施設内では腹を立てることも少なくなってきたように思われました。

　また，岡山さんは「自分は記憶できないのでどこにも行けない」という強い思い込みがあり，決して一人では外出しようとしませんでした。しかし施設の利用当初は施設内でトイレに行くのも自信がなかったのに，今では問題なく行けることにも気づき，その他にも「できる自分」を見つけて共有するようにしました。また，施設から2〜3分の距離にあるコンビニに買い物に行くことも試みて，「何もできない自分」という物語を書き換えていくための働きかけを気長に続けていきました。こうした働きかけは，心理職が単独で行っても効果は薄いと考えて，他の職員にも協力をお願いしました。

　そうした働きかけもただちに効果があったわけではありませんが，2年ほど経った頃，母親の体調が悪くなってきたこともあり，岡山さんは母親ではなくヘルパーと一緒に外出しようという気持ちが強くなり，かつては拒否していた記憶のためのノートも使うようになってきました。友だちに会いたいとは言わなくなりましたが，「いつかはひとり暮らしをしたい」という希望を口にするようになってきました。この希望を現実に着地させるにはまだ，**グループホーム**などさまざまな選択肢を考慮しつつ地域社会のリソースと現実とをすり合わせていくことが必要でしょう。しかし，「何もできない」自分というところから一歩踏み出して，まだ大ざっぱではありますが，将来の像を描き始めたところに，岡山さんの変化が感じられました。

▷　**ま と め**

　心理職はリハビリテーションや福祉の制度の中ではまだ新顔であ

り，そこにかかわるさまざまな専門職の間では，脇役的な位置づけになるかもしれません。しかし従来からの固定的な役割がないぶん，個々の対象者をより全体的な文脈から見直しながら支援することができる立ち位置にいるといえるでしょう。全体的な文脈から見直すとは，その人がつくりあげてきた自己物語の視点からその症状を意味づけたり，また，脳損傷の結果その物語がどう揺らいでいるかを理解したりすることです。自己物語には，その人の自己像や世界像，人生の目標や理想も含まれます。失われたりきしんだり現実との対応を失ったりしている自己物語を安定させることが，一般的にいっても心理職の目指すところの 1 つなのですが（Paré, 2013/2021），高次脳機能障害のある人の支援においてもその視点を忘れることはできないでしょう。

　ただ，個人の自己物語は周りの人が思い描くさまざまな物語をふまえてつくりあげられるものでもあります。したがって，高次脳機能障害のある人びとの物語を考える場合，その周囲の人びと，とりわけ家族のもっている物語を無視するわけにはいきません。例えば，高次脳機能障害のある人びとの今できること・できないこと，そして今後できそうなこと・できそうもないことなどについて，家族が過大な期待をもちすぎたり，過小な期待しかもっていなかったりすると，それもまた高次脳機能障害のある人の物語の再構築に影響することが考えられます。高次脳機能障害のある人びとの心理的支援は，周りの人に対する支援も多かれ少なかれ含まざるをえません。福祉の現場にかかわる専門職は多様ですが，そうした人たちと協力しながら，専門職は高次脳機能障害のある人を，その対人関係の中で時間をかけて支援していくことが求められます。

7.1 脳損傷を負った人が示すさまざまな行動上の「問題」について，それを脳損傷の直接の結果と見なすことのメリットとデメリットについて話し合ってみよう。

7.2 本章3節の事例を読み，以下のことを議論してみよう。

　A. とくに印象的だったエピソードややりとりはどこでしょうか。そのエピソードややりとりについて，どのようなことを感じましたか。

　B. 心理職が行っている対応で，あなたが大切だと思うところはどこでしょうか。なぜそう思いましたか。

//

精神障害とは何か

Quiz クイズ

Q8.1 2017 年の「患者調査」で，精神障害者は 419 万 3000 人でした。これは，精神科医療機関を利用した患者の数から割り出された人数です。

それでは，精神障害者保健福祉手帳をもっている人はおよそ何人くらいいるでしょうか。

a. およそ 100 万人　**b.** およそ 200 万人
c. およそ 300 万人　**d.** およそ 400 万人

Chapter structure 本章の構成

精神障害

統合失調症
うつ病
依存症

特徴
成因・原因
経過と治療

その人の生きる世界

新たな生き方の模索
障害でなく人を見る
「ハマる」のはなぜ？

Answer クイズの答え

Q8.1　a.

2022年「令和4年版 障害者白書」では，身体障害者・児／知的障害者・児／精神障害者の数は，436万人／109万4000人／419万3000人とされていますが，それぞれ対応する障害者手帳を取得している人の数は，約429万人／97万人／84万人。割合にすると98%／89%／20%と精神障害のある人が圧倒的に少ないことがわかります（数値は2016-18年の「患者調査」など複数の調査をもとにしている）。その後の2019年度末の精神障害者保健福祉手帳交付台帳登載数は113万5450人でした。2章で見たように，他の障害と比べて精神障害の福祉は立ち遅れました。また，他の障害に比べても偏見が根深く，偏見を恐れて手帳取得に踏み切れない人も多くいます。手帳取得については履歴書などに記載する必要はなく，取得そのものにデメリットはほとんどありません。

★本章のウェブサポートページ：学習をサポートするウェブ資料は，右のQRコードよりご覧いただけます。

1　精神障害とは

▷ **精神障害の「症状」ってなんだろう？**

　うつ病は，最もよく知られた精神障害の1つです。うつ病になると，気分が落ち込み，眠れなくなり，食欲や判断力が低下します。そんなにつらい状態になぜ陥ってしまうのだろう，そんな苦しみ，世の中からなくなってしまえばいいのに，と思う人もいるでしょう（とくにうつ病を患う当事者であれば痛切に）。それでも，人のこころとは単純なものではなく，一見ネガティブな精神障害の症状に意味を

見出すこともできるのです。

　ヒトの進化という観点からこころを捉える進化心理学においては，ヒトの行動特徴の多くは生き延びる上で有利に働くように形づくられていると考えます（内海・神庭，2018）。そうした見方からは，うつとは，傷を負った野生の動物が癒えるまでじっとしているように，逆境において何とか生き延びようと，エネルギーを保存して他者からの助けや状況の好転を待ち，新たな生き方を見つけようとするありようとも捉えられるそうです。

　進化というマクロな視点をもってこなくても，精神障害のさまざまな症状が，困難に対する何らかの対処として捉えられることがあります。**統合失調症**とは，「統合（まとまり）」が「失調」をきたすという名の通り，それまであたりまえであった思考のつながりや自分というまとまりに不具合を起こす精神障害であって（中井・山口，2004），それによって生じる違和感から，わけのわからない強烈な不安感を呈するとされています。統合失調症で見られる**妄想**という症状は，そうした不安に追いつめられた 1 つの対処ともいえます。わけのわからない不安感よりも，例えば他者が悪意を抱いているなどと思いなすことのほうがまだしも受けとめやすいからです。そして，このように考えると，妄想という恐ろしげな症状を示す，自分とは隔たった存在のように思えていた統合失調症のある人の中に，苦しみの深さとひたむきな生の奮闘を感じとることができるようになります。

　精神障害ときくと，私たちには恐れや近寄りがたい感覚が湧き起こることがあります。それ自体はどうすることもできませんし，症状が重篤なときには安易に踏み込まないことがむしろ必要なこともあります。しかし，正しい理解によって根拠なく膨れあがった恐れを小さくすることはできますし，異なった角度から見ることで恐ろしいばかりではない新たな側面に気づくこともできます。自らの恐

れを見つめながら，自分以上に恐れを抱いているかもしれない精神障害のある人の思いを感じとろうとしてみましょう。

▷ 精神障害とは何か

　精神障害とは，知覚，認知，感情などのこころの機能（**精神機能**）において起こる不具合や困難のことです（「精神疾患」とほぼ同義ですが，「精神障害」には，機能の障害にとどまらず活動や社会参加の制約も含意されることがあります。また，「精神疾患」には治療の必要性が強く含意されており，本書では，そうした意味合いが強い場合には「精神障害（疾患）」と表記します。なお，近年では，「障害」という語に含まれる永続性のイメージやスティグマを避けるために，「精神疾患」「〇〇症」という表現が選ばれることもあります）。こころの機能と脳には密接な関係がありますが，脳の損傷や病変といった器質的な成因が明らかなものは精神障害のごく一部であり，多くの精神障害の成因は十分解明されていません。社会文化的な影響も大きく受けるので，時代や地域により，そもそも精神障害であるのかどうかも異なり，有病率も異なることがあります。

　障害があらわれる時期は精神障害の種類によってさまざまですが，思春期・青年期に発症するものが多くあります。思春期・青年期とは自己を確立する時期にあたり，精神障害とは人とのかかわりの中で自己を確立することにかかわる精神機能の障害として捉えられます。機能障害が人とのかかわりを阻害し，「人とのかかわりにおけるなんらかの直接的な困難ないし苦しみ」（滝川，2017）をもたらします。

　精神障害の症状は変動しやすく，ときに意思決定が困難となるような局面もあります。症状の安定化をはかりながら主体性を尊重する支援が求められます。支援は医療が中心を担ってきましたが，他の障害より遅れて福祉的支援もなされるようになりました（➡ 4

章)。フロイトはヒステリー（今でいう身体症状症）などの治療で**精神分析**を編み出し，ベック（Beck, A.）のうつ病の治療などから**認知行動療法**が始まったように，臨床心理学の歴史と共に精神障害のある人への心理的支援は取り組まれてきました。

　精神障害を分類する考え方として，かつては，外因（脳の器質異常が成因），心因（心理的問題が成因），内因（どちらでもない成因不明）という成因による分類がありました。しかし，上記の通り成因が十分明らかでないことから，今日では，成因は問わず，症状によって**カテゴリー**（類型）に分け，典型症状がいくつかそろえば診断に至るとする**操作的診断基準**と呼ばれる分類法を用います。1980年にアメリカ精神医学会が**DSM-III**というマニュアルを提示し，世界的に浸透しました。しかし，チェックリスト的な診断によって過剰診断（必要のない診断を行う）がなされたり，異なる精神障害の**併存**が多いことがわかってカテゴリー分類自体が疑問視されたりするなど，限界も明らかになってきています（黒木・本村, 2017）。正常と異常を境界のあるカテゴリーとして捉えることの限界に対して，正常と異常を連続的なものとして多くの要素の量的な程度の違いを捉える**ディメンジョン**（次元）モデルが提唱されています。

　多くの精神障害のうち，本章と9章で統合失調症，うつ病，依存症を学び，10章，11章で発達障害を学びます。

2　統合失調症

▷　**「統合失調症と診断されて治療を受けていますが，治りますか？」**

　統合失調症では，さまざまな症状によって社会生活にも支障をきたして，本人が望む生活や人生の実現が妨げられることがあります。医学は少しずつ進歩していますが，現段階では，「こうすれば完治

する」と言い切ることは難しいといえます。一方で、回復して、就学や就労などの社会参加を実現している人がたくさんいることも事実です。

　統合失調症をはじめとした精神障害（疾患）が「治る」とは、一体どういうことだろうか（➡**コラム6**）。こうした問いをめぐって議論が重ねられる中で、主に当事者の経験から、**リカバリー**という概念が生まれてきました。統合失調症があり心理学者であるディーガン（Deegan, 1988）は、リカバリーとは、障害がある人自身が、障害という限界を受けとめて、ときにそれを乗り越え、新たな自己を見出し前向きな感覚を取り戻そうとする、多様な試行錯誤のプロセスであるとしています。リカバリーの主要な構成要素は、①他者とのつながり、②将来への希望と楽観、③アイデンティティ、④人生の意味、⑤エンパワーメントであるといわれています（Leamy, 2011）。

　もちろん、症状が改善することは、当事者やその家族にとって非常に重要な関心事項であり、「症状が完全に消えてほしい」「発病する前の状態に、元通りに戻りたい」という希望が語られることは少なくありません。そうしたニーズに応答すべく、医学的な治療を適切に行うことや、良質な治療によってもなお「治癒」しない慢性疾患を抱えることに伴う痛みの声に耳を傾けることは重要です。その上で、症状が消失するかどうかといった狭義の臨床的な目標を超えて、精神障害のある人の多様な生き方を尊重しその過程に伴走しようとする姿勢が、支援者には求められています。

▭▷　**統合失調症とは**

特　　徴

　統合失調症は、幻覚、妄想、思考や言動のまとまりのなさといったいわゆる**陽性症状**、意欲低下や感情表出の減少といったいわゆる

コラム6 障害×表現　　病気や障害があると，さまざまな面で困難な経験に直面することがあります。そういった状況の中でも（中だからこそ？），文学や絵画などを通じた自己表現に取り組む人たちがいます。私は学生時代から，こうした「障害・病気×自己表現」が交差する世界について研究してきました。障害・病気と表現の問題については，いくつも論点があるのですが，ここでは「表現しえないことを表現する」ことの意味について短く考えてみたいと思います。

こころを病むとは，治るとは何なのか　　東京都八王子市にある精神科病院・平川病院に〈造形教室〉という空間があります。ここは病院の一角にありながら，あまり病院らしくありません。キャンバスをのせたイーゼルが立ち並び，絵の具の匂いが立ちこめ，まるで美術学校のようです。

　ここで行われているのは，「治療」「診断」「療法」のための表現活動ではありません。むしろ，自由な自己表現を通じて，自らを〈癒し〉，自らを支える営みです。

　私自身，〈造形教室〉に5年間近く通いました。そこで感じたのは，ここは一人ひとりが絵筆を握りながら，「表現しえない自分」と向き合う場であるということでした。

　そもそも，「こころを病む」というのは非常に複雑な経験で，私たちが持ち合わせていることばでは，どうしてもその内実を正確にあらわしきれないことがあります。例えば「病気」というと，ふつうは「治療」をして「治る」ことが目標とされます。この「治る」ということばには，「病気という望ましくない状態から脱し，もとの望ましい状態に戻ること」というニュアンスがつきまといます。

　しかし，こころの病が「治る」とは，「症状がなくなること」や「社会復帰を果たすこと」といった意味で捉えてしまってよいのでしょうか。

　「こころを病む」とは，長い時間をかけて「言いあらわしにくい感覚」と共に歩くような経験かもしれません。その歩みの中では，苦しさが少しだけ薄まるとか，今は何とかやりすごせるとか，そういった揺らぎのような状態もあります。つらい状況が改善したわけ

ではないけれど，何か自分の中で肯定的な力が作用したような感じ
がすることもあります。でも，こうした状態はふつう「治る」とは
表現されません。

　そもそも，「こころの病」とは何なのでしょうか。その人の「ここ
ろ」が「望ましくない状態」になっているのでしょうか。「こころの
病」が「治らなかった」場合，それはその人の「こころが悪
い」ということになってしまうのでしょうか。「こころを病む」と
いった場合，けっきょく何が病んでいるのでしょうか。それは，そ
の人だけの責任や問題として考えてよいのでしょうか。もっと広
く，周囲との人間関係や，私たちが生きる現代社会のひずみとか，
そうした問題もかかわっているのではないでしょうか。たとえ症状
がなくなったとしても，その人を取り巻く環境が変わらなかった
ら，それは「治った」と言ってよいのでしょうか……。

単色に塗り潰されない自分を探す　平川病院〈造形教室〉は，い
わば，こうした答えのない問いと時間をかけて向き合うような空間
です。

　いま，自分がものすごく言いあらわしにくい感覚にとらわれてい
る。それは「苦しい」「つらい」「痛い」「悲しい」と表現してしま
うと，「それ」だけになってしまうように思えるし，何かがずれる
気もする。アートの面白い（あるいは便利な）ところは，ことばで
は切り分けられてしまうこうした感覚を，色彩や筆遣いを工夫すれ
ば，その混然としたままをキャンバスにのせることができる点で
す。

　自己表現とは，「表現すべき自己」が文化財のように埋まってい
て，それを掘り当てていく作業というのとは少し異なるようです。
むしろ，表現という行為を重ねながら，自分について模索していく
ような営みです。

　絵筆を握って線や色を描いたり消したりを繰り返す営みは，自分
という存在の手応えや手ざわりを確かめることにも通じます。自分
がした表現に自分が驚くこともありますし，自分が描いた絵に自分
が描き変えられるような経験もあります。

　社会は往々にして，人間の状態や存在を単色で捉えようとしま
す。あるいは，人間を単色で捉えられることば（遣い）を重宝しま

す。「治る（治らない）」「障害者は〜」「精神病者は〜」といった具合に。

　単色に塗り潰されない自分を探す営みには，翻って「誰かを単色に塗り潰さずには気が済まない社会」を問い返すことにもつながるでしょう。　　　　　　　　　　　　　[荒井裕樹：二松学舎大学（文学）]

陰性症状，および，**認知機能障害**などを特徴とする症候群です。

　幻覚とは，「対象なき知覚」，すなわち，対象が存在しないにもかかわらず，真の知覚と区別できない知覚体験をすることを意味します。幻覚の中では，とくに幻聴が見られる頻度が高い傾向にあります。「あいつはバカだ」などと複数の声が自分のことを話し合っている被害的な幻聴や，「今，ドアを開けて部屋に入った」などと自分の一挙手一投足を実況解説するような幻聴がきこえることがあります。

　妄想（事実でないことを確信しており，訂正できない）の主題は，本人の経験や気分，社会文化的背景に影響を受けやすいため多様性がありますが，例えば「自分を狙っている組織があって，監視されている」などのように，被害的な内容であることが多いようです。

　自我障害（自分の考えや行動が自分のものである，自分と他者に境界がある，といった「自分」という感じが障害される）も，統合失調症に特徴的な症状です。他人の意思で操られていると感じる被影響体験や，自己の思考内容が他者に感知されていると感じる考想伝播などがあります。

　一貫したまとまりをもって思考することが困難になることもあります。とくに急性期には，支離滅裂となり，話題が脱線して，他者にとって理解が難しくなることもあります。

　このような派手な症状に加えて，感情の平板化や，意欲の低下，自閉的にひきこもりがちになることなどの陰性症状が生じることも

特徴です。また，近年では記憶力の低下，注意の障害，遂行機能の障害（⇒7章）などの認知機能障害が注目されています。陰性症状や認知機能障害が社会参加や活動を妨げる大きな要因となることが少なくありません。

成因・原因

　成因にはさまざまな仮説がありますが，まだはっきりと解明されてはいません。基本的には，遺伝要因と環境要因の相互作用によって発病すると考えられています。家族集積性が高く，罹患者の近親者が発症するリスクが高いことが知られています。遺伝要因が強い一方で，遺伝形式ははっきりしておらず，多くの罹患者は孤発例です。つまり，家族に罹患者がいると発症するリスクが高まりますが，家族歴がなくとも発症することも多い疾患です。都市部に居住していることや，移民であることなど，統合失調症の発症リスクを高める環境要因に関しても研究が進められています。親の育て方や家庭環境，周囲の接し方が成因ではないかと考えられていた時期もありましたが，現在では否定されています。

　統合失調症の病態モデルとしては，ドパミン仮説，グルタミン酸仮説，セロトニン仮説など，神経伝達物質に関する仮説が知られています。また，ある脆弱性（素因）をもった人がストレス状況下におかれたときに発症するという**ストレス脆弱性仮説**や，正常な神経発達が妨げられることによって発症するという神経発達障害仮説などが提唱されてきました。

　進学，就職，独立，結婚などの人生の転機が発症のきっかけとなることが多くあります。本人の価値観に焦点を当てながら家族史や個人史をていねいに振り返る中で，きっかけに気づくことができることもあります。

経過と治療

　思春期・青年期に発症しやすく，10代後半から20代に発症の

ピークがあります。男性よりも女性のほうが発症の年齢がやや遅いとされています。

　経過についてさまざまなモデルが提唱されており，例えば，①前駆期，②急性期，③回復期，④安定期などと大別されることがあります。もちろん，経過は人それぞれ多様であるため，単一のモデルで説明しうるものではありません。また，典型的とされる経過モデルは，それらが考案された時代における診断や治療の限界に影響されており，治療のあり方の改善によって変容しうるものであることを念頭においておく必要があります。

　統合失調症の診断基準を，症状と持続期間共にはじめてすべて満たした時期を，**初回エピソード**と呼びます。初回エピソードの始まりから，抗精神病薬による薬物療法等が開始されるまでの期間を，**精神病未治療期間**（DUP；duration of untreated psychosis）と呼びます。この DUP を短縮することが予後の改善につながるという知見が蓄積されたため，発症早期の治療を目指した取組みが重ねられてきました。

　統合失調症を顕在発症（初回エピソードを呈すること）した人について，後方視的に振り返ると，そのほとんどに前駆期があるとされます。前駆期は，思春期・青年期において，明らかな精神病症状が顕在化する前の，精神的徴候を示す時期のことを意味します。その徴候は，抑うつや不安，集中力や注意力の低下，睡眠障害といった，統合失調症に限らない非特異的な症状が含まれている上に，そうした症状を呈した人が，その後に必ず統合失調症を発症するわけではないことから，前方視的に前駆期を同定することは難しいといわれています。前駆期の状態像のような統合失調症の発症リスクが高まっている精神状態を，**精神病発症リスク状態**（ARMS；at risk mental state），あるいは，超ハイリスク状態（UHR；ultra high risk state）などと呼び，早期の評価と介入が試みられています。基本的

には，本人の抱える症状や困りごとに対する心理社会的支援を行うことが重要であり，副作用も生じる薬物療法を開始するには慎重な配慮が必要であるとされています。

初回エピソードに対しては，遅滞なく薬物療法を開始して DUP を短縮し，速やかな**寛解**（おおむね症状が落ち着く状態）を目指し，服薬を継続して**再発**を防ぐことが重要です。近年では，治療方針を決定するにあたっては，患者と医療者の**共同意思決定**（⇒ 9 章）が望ましいとされています。

薬物療法のみならず，福祉的支援，心理療法，作業療法をはじめとしたリハビリテーションなど，多職種・多機関での多角的な支援を本人のニーズに合わせて適切に行うことが望ましいとされています。

▷ **統合失調症のある人の生きる世界**：障害でなく人を見る

お笑いコンビ松本ハウスのハウス加賀谷さんは統合失調症の当事者です。相方の松本キックさんと著した『相方は，統合失調症』（幻冬舎）によると，加賀谷さんが中学生のときクラスメートが自分のことを「臭い」となじる幻聴が始まり，やがて治療を受け始めました。お笑い芸人になった当初，精神科に通院していることを隠し，「普通」でなければと神経をすり減らしていたそうです。そうした加賀谷さんは，「落ち着きがなくソワソワしている。いつもキョロキョロとして挙動不審。何かに追われているかのようにあくせくしている」ように見えたそうです。加賀谷さんが大量の向精神薬をもち歩いていたことから統合失調症であることを知った松本さんは，「加賀谷に対する俺のスタンスが変わることはなかった」と言います。その後，病状が悪化して 10 年の治療を経て復帰しましたが，陰性症状で間合いが不自然になる，認知機能障害によって台本が覚えられないなど苦しみました。その平坦でない道のりで松本さんは，

「統合失調症の加賀谷」としてではなく，「仲間である加賀谷が，たまたま統合失調症というだけ」という姿勢でかかわり続けてきました。

「『キックさんは，本当に昔から変わらないんですよ』しみじみと語り出す加賀谷。『変に気をつかわれていないっていうのは，すごく楽でいられるんですね。でもそれって，なかなかできることじゃないと思うんです。で，なんでキックさんはできるのかなと僕なりに考えたら，出たんです。答えが』真っ直ぐな眼差し。一息，二息と息を呑んだところで，加賀谷はことばを絞り出した。『この人……天然なんです』『お前が言うな！』」(松本ハウス，2018)

楽しくユーモラスに，ほどよい距離感を保ちながら，「目の前の相方に教えてもらおう」と，話だけでなく「時どきの状態や，ちょっとしたしぐさ，声のトーンや微妙な浮き沈みなど」加賀谷さんの「丸ごと」を情報として捉えようとする松本さんの姿勢から私たちも学ぶ必要があります。

3 うつ病

▷ うつ病の人は増えている？

皆さんの中に，あるいは皆さんの友人や家族で，うつ病で医療機関にかかったことのある人は少なくないでしょう。うつ病で医療機関を受診する患者数は2000年代に入り3倍ほど増加しています（**図8-1**）。一方，2000年代以降の疫学調査によると，有病率の明確な増加は認められませんが，うつ病になった人の受診率の向上が見てとれます（**表8-1**）。

成因によらない操作的診断基準によって診断されるようになり，従来は内因性と捉えられてきたうつ病の概念が拡大し，ストレス

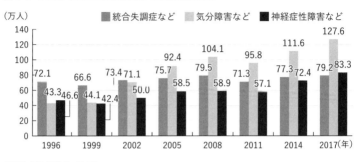

図 8-1 うつ病（ここでは気分障害）の患者数の推移

(万人)

統合失調症など　気分障害など　神経症性障害など

(出所) 厚生労働省, 2018b。

（心因）とうつ病との関連に注目が集まるようになりました。1991年の電通事件（社員が長時間労働によりうつ病を発症し自殺した事件。2000年に最高裁判決が出され, 過労によるうつ病を原因とする自殺が労災と捉えられた）を契機に, 労働環境のストレスとうつ病が関連して捉えられるようになり, 1998年には日本の自殺者数が3万人を超え背景要因としてうつ病が注目されるようになりました。そして, うつ病の新薬の開発を受けて2000年頃から製薬会社によるうつ病の啓発活動が展開され, 「うつ病はストレスによって誰でもかかりうる病気である」といったイメージが浸透し, 精神科受診の敷居が下がって, 受診する人が増加したのではないかと考えられます（坂本, 2020）。そうした中で, 「真面目で他者配慮的な性格傾向（メランコリー親和型）の人が頑張りすぎてうつ病になり自責的になる」といった従来のうつ病像とは異なる, 「状況によってあらわれる症状が異なり他責的」な様相を呈する人たちも新たなうつ病像として注目されるようになりました（正式な学術用語ではありませんが, マスメディアに「新型うつ」と呼ばれました）。

　このように, 今日のうつ病とは, 労働環境などによるストレスで心身のバランスを崩して苦しむ人のSOSに広く応える, すぐれて

表 8-1 うつ病の有病率と受診行動

	12 カ月有病率	生涯有病率	12 カ月間に診断基準満たす人のうち,精神科医受診	12 カ月間に診断基準満たす人のうち,一般医受診
2002〜2006 年世界精神保健日本調査ファースト（World Mental Health Japan Survey1；WMHJ1）	2.1%	6.2%	14.8%	6.8%
2013〜2015 年世界精神保健日本調査セカンド（World Mental Health Japan Survey2；WMHJ2）	2.7%	5.7%	24.2%	15.2%

（注）・DSM-Ⅳの「大うつ病性障害」の診断基準。
　　　・WMHJ1 は回答者 4134 人，WMHJ2 は回答者 2450 人。
（出所）川上，2016 を参照し作成。

社会的な概念であるといえます。現代社会を生きる私たちには他人事と思えない苦しみを共感的に学びましょう。

うつ病とは

特　徴

　うつ病とは，「憂うつ」「気分が滅入る」といった**抑うつ気分**や，これまで楽しんでいたことに**興味・関心を喪失**してしまうといった気分や感情の症状を中心に，多様な症状が 2 週間以上続くことを特徴とします（APA, 2013；尾崎ら，2018）。何か嫌なことがあって気分が落ち込むことは誰しも日常的に体験することで，一晩寝たり気分転換をしたりして和らぐことが多いものです。しかし，うつ病の抑うつ気分はほとんど 1 日中，毎日のように続き，気分転換などではなかなか切り替えられないとされます。

　身体症状が見られることも特徴的です。**食欲の変化**（多くの場合低下するが亢進することもある）や**体重の変化**，**睡眠の変化**（寝つきが

悪い［入眠困難］，途中で目が覚めて寝つけない［中途覚醒］，朝早く目覚める［早朝覚醒］といった不眠の他，いくら寝ても熟睡感がなく過眠が見られることもある）が代表的ですが，他に，性欲の減退や身体の痛み，自律神経症状（発汗や便秘など）を伴うこともあります。疲労感や気力の減退，精神運動性の焦燥（緊張し活動性が亢進），制止（動きや会話が減少）といった，心身に及ぶ症状も見られます。

　思考力の減退や決断力の低下も見られることがあります。また，自己評価が極端に下がり，**自責感**や**無価値感**が強まります。それがこうじて，「取り返しのつかない過ちを犯した」（罪業妄想），「お金がない」（貧困妄想），「大変な病気になってしまった」（心気妄想）といった微小妄想（自分を否定的に捉える妄想）を抱くこともあります。「迷惑をかけて申し訳ないので（無価値感）消えてなくなりたい」「じっとしていられず（焦燥）つらくて死んでしまいたい」と**自殺念慮**に至り，自殺行為（**自殺企図**）につながることもあります。自殺の可能性を的確に評価し対応する必要があります。かつて啓発活動でうつ病は「こころの風邪」と喧伝されましたが，ある当事者は「風邪なんてなまやさしいもんじゃない／うつは心のガンだ!!」（田中，2017）と死に至ることもある重篤な困難であると訴えています。

　わが国における生涯有病率は約6％ですが（**表 8-1**），アメリカでは12〜16％であるなど地域差があります。女性は男性よりも生涯有病率が2倍高いとされます。女性は周産期にうつ病を発症しやすく，産後は産婦の10％近くにうつ病が生じる可能性があるとされています。産婦の死因で最も多いのは自殺であり，周産期のメンタルヘルス対策が産婦人科医療機関や母子保健機関によって取り組まれています。また，欧米では若年者の発症が多いとされますが，日本では若年者に加え，中高年でもかかることが多いとされます。

成因・原因

　統合失調症と同様，遺伝要因と環境要因のいずれの関与もあると

考えられています（尾崎ら，2018）。環境要因としては，ストレスとなるような出来事，被養育体験の問題，発症時点のソーシャルサポートなどが挙げられます。ストレスとなるような出来事がある場合，遺伝的要素が強いほど発症しやすくなるという相互作用があると考えられています。

病態モデルとしては，セロトニン，ノルアドレナリン，ドパミンなど神経伝達物質の欠乏によるとするモノアミン仮説が古くから知られており，抗うつ薬開発の基本的な考え方となりました。他に，視床下部－下垂体－副腎（HPA）系仮説（ストレス対処システムであるHPA系が慢性的なストレスによって調節困難（過活性）になりコルチゾールというホルモンが過剰に分泌する），神経可塑性異常仮説（神経細胞の成長を促すBDNFの発現が低下する）などの仮説が提唱されています（坂本，2020）。

経過と治療

治療を開始してから寛解まで6～12週間程度かかり，その寛解の状態が半年以上続いて回復に至るとされます（尾崎ら，2018）。症状の揺れ戻しや再発はしばしば見られます。うつ病として発症したうち5～15％は，経過中に双極性障害（➡1章2）に診断が変更することもありますので，その可能性を念頭においた経過観察が必要です。

治療は，まずは**休息**をはかりながら心理的支援と薬物療法を行います。心理的支援には，心理教育や支持的な心理療法を土台に，認知行動療法（**コラム法**：コラム［表］に，つらく感じた状況，そのときの感情，認知などを記入し認知の再構成をはかる］，**行動活性化**［回避的なパターンを捉えて代わりのより建設的な対処行動をそのときの気分によらず実行する］，**マインドフルネス**［判断を差し挟まずに現在の瞬間に意図的に注意を向ける］など），対人関係療法（うつ病が対人的状況の中で起こることに着目して介入する），森田療法（うつ病を患う現実を「あるがまま」

に受け入れ，休息から徐々に活動に移行する）などが行われます（中村，2015）。薬物療法の基本は抗うつ薬の投与であり，多くの場合，選択的セロトニン再取り込み阻害薬（SSRI）や選択的セロトニン・ノルアドレナリン再取り込み阻害薬（SNRI）がまずは選ばれます。抗うつ薬は投与後効果があらわれるまでに 1～2 週間を要し，それまでに，不眠や不安を和らげるための薬物療法が併用されることもあります。

　労働環境ストレスとの関連でうつ病が注目されるようになった経緯から，労働者の**ストレスチェック制度**や，厚生労働省の「労働者の心の健康の保持増進のための指針」などに基づく心理教育や環境調整，早期発見・早期対応といった予防的活動がなされています（坂本，2020）。また，うつ病で休職した労働者が円滑に職場復帰するための復職支援として，**リワークプログラム**（医療機関や地域障害者職業センターが行う職場復帰に向けたリハビリテーションプログラム）も取り組まれています。

▷　**うつ病のある人の生きる世界**：新たな生き方の模索

　『うつヌケ──うつトンネルを抜けた人たち』（田中圭一著，KADOKAWA）という漫画には，著者を含む 17 名のうつ病の体験が紹介されています。「うつトンネル」に入った苦しみと共に，「うつトンネル」をいかに抜けたかというバラエティに富んだ知恵が語られています。

　1 つには，それまで背負っていた責務や仕事から離れ（「『責任』を少しずつ小さくして自分を楽にしていった」），脳を休ませてからだに委ねる（「合気道で脳を休ませ身体に主導権を移す」「なにもないまま寝る，時間が過ぎるまま身をゆだねていた」）といったことがきっかけとなったとされています。日本においてうつ病は心身一元的に捉えられてきた歴史があり（北中，2014），例えば古茶（2015）は，（内因性）う

つ病を「理由なき生命性の停滞」，心身全体のエネルギーの流れが滞る状態であるとしています。ストレスフルな環境への過剰適応を見直し，「体が発するアラート」を受けとめて心身の調和をはかるよう試みられているようです。

　また，周囲の人たちの支えを感じ（「すべてのプライド―心を縛る鎧を捨て，母親に SOS」を出した），過去の自分自身を慈しみ（「本当は私を理解してくれる友達が欲しかった」），自分の好きなことに取り組むことも「うつヌケ」のきっかけとなったと語られています。人に支えられながら安定した自己愛を回復することも鍵となるようです。

　ストレスフルな社会で限界を感じることは誰にでもあり，自分を愛せない苦しみも普遍的なものです。こうした生き方には，うつ病の有無を超えた普遍的な価値があるように感じられます。

4　依存症

▷　依存するのは悪いこと？

　依存症は，最も偏見を向けられやすい精神障害（疾患）の 1 つです。例えばアルコール依存症は，他の精神障害（疾患）に比べて精神障害（疾患）と見なされにくく，自己責任と捉えられやすく，ネガティブな感情を引き起こしやすく，差別を受けやすいとされています（Schomerus et al., 2011）。

　依存症が社会問題になったのは近代以降です（野口，1996）。大量生産技術や輸送技術が進み酒は日常的な嗜好品となり，科学技術の発達で植物からコカインやヘロインといった強力な薬物が精製されました。労働者の乱用が起こり，20 世紀初頭のアメリカでは禁酒法が施行され，薬物使用が犯罪となりました。乱用に至る人は「意志薄弱」と見なされ，意志をもち自律的な個人によって構成される

近代社会の規範から逸脱した存在として非難され，ときに罪と見なされるようになったのです（松本，2019）。

　今日では，依存症が精神障害（疾患）であることは広く知られるようになりましたが，行動は意志によって選択できる／すべきであり，乱用がコントロールできないのは意志に問題があるとする道徳的な価値観は今も存在しており，依存症に対する強固な偏見の出所となっていると考えられます。

　しかし，私たちの行動の選択は本当に自由な意志によるのでしょうか。國分功一郎は，言語における能動態／受動態という区別の前には能動態／中動態という区別があったとし，中動態の消滅と並行して「意志」という概念が登場した（能動＝自分の意志，受動＝自分の意志ではない，とする区別が生まれた）のではないかとした上で，私たちが「自由意志」と思っているものも実際にはそのときの状況や過去からの影響を受けたものであって「何ものからも自由で，何ものにも先行されない意志はありえない」と述べています（國分・熊谷，2020）。依存症への偏見の前提となっている「自由意志」という考え方は盤石ではないのです。

　依存症への偏見があることで，依存症のある人が助けを求めにくくなり，孤立します。**セルフスティグマ**（➡序章）として当事者は自らを「意志薄弱」と捉えることとなり，苦しみ，その苦しみが依存症を悪化させます。アルコール・薬物依存症のある女性は，「家族からも『しょうがない子』『恥ずかしい娘』『みっともない嫁』『母親失格』と言われ続けて，自分もそう感じるようになるのです。長いこと，お酒や薬がやめられずに罵声を浴びていると，自尊心がぼろぼろになります」（ASK，2019）と述べています。岩盤のように強固な私たちの偏見をすぐになくすことは難しいかもしれませんが，岩盤をコツコツとうがち自らの偏見を捉え直そうと努めることは，当事者の苦しみを和らげるために必要なことです。

依存症とは

特　徴

　依存（dependence）とは，アルコールなどの物質の慢性的な摂取により生じる，物質摂取の欲求の高まりやコントロールの喪失といった精神的な依存だけでなく，耐性や離脱といった身体的な依存を含む問題のことです。**嗜癖**（addiction）とは，ギャンブルなどの行動が行き過ぎて精神的な依存の問題が生じることです。乱用（abuse）は，文化や社会規範，法令などによる規定を超えてむやみに物質を使用することです。

　DSM–5 では「依存症」ということばは使われなくなり，よりニュートラルな「物質関連障害および嗜癖性障害」という用語が用いられています（APA, 2013 ; 尾崎ら，2018）。対象となる物質として，アルコール，カフェイン，大麻，幻覚薬，吸入剤，オピオイド，鎮静薬・睡眠薬・抗不安薬，精神刺激薬，タバコが挙げられています。物質に関連した重大な問題が生じているのにもかかわらずその物質を使用し続ける物質使用障害として，①コントロールの障害（自分でコントロールすることが困難である，物質に対する強烈な欲求や衝動がある〔渇望〕），②社会的障害（物質使用によって職場，学校，家庭で問題が生じる），③危険な使用（身体的な危険があるのにもかかわらず使用する），④身体的な依存（**耐性**〔物質使用を続けることで物質の効果が減弱する〕や**離脱**〔継続していた物質使用を急激に減らすことで心身の症状があらわれる〕）といった症状が見られます。嗜癖性障害として**ギャンブル障害**があり，ICD–11 ではゲーム障害も含めています。ギャンブル障害／ゲーム障害とは，人間関係や社会生活に問題が生じても不適応的なギャンブル／ゲームを繰り返し続けることです。他に，買い物，窃盗，過食，性行動などの嗜癖の問題が指摘されることがありますが，嗜癖性障害としての正式な診断概念にはなっていません。

アルコール依存症には，長期の飲酒による脳機能障害や，うつ病など他の精神障害の併存がしばしば見られ，自殺率が高いとされています。アルコールが暴力の直接の原因となるわけではありませんが，アルコール依存症と家庭内暴力や児童虐待の加害が重複して起こることがあり，また，暴力や虐待の被害を受けた人が依存症になることもあります。

　日本において，アルコール依存症を経験したことのある人は推計54万人（生涯有病率0.5%），飲酒量や頻度が多く飲酒関連の問題のある問題飲酒者は推計303万人（2.9%）です（竹井，2021）。女性より男性が多いのですが，最近では女性も増えており，女性のほうが短い期間で依存症になります。薬物依存症に関する公的な統計はありませんが，海外に比べて非常に少ないと考えられます（津川・信田，2021）。

成因・原因

　アルコール依存症の成因として，遺伝要因と環境要因が共に関与します（竹井，2021）。遺伝要因として，とくにアルコール代謝酵素の遺伝子による違いが考えられており，その遺伝子に人種間による差異があることも影響し，日本よりも欧米のほうが高い有病率を示しています。

　アルコール依存症が形成される神経生化学的なメカニズムとして，アルコール摂取が引き起こす酩酊や快情動にかかわるのはいわゆる報酬系といわれるドパミン神経系，アルコールの効果が消退した後の不快情動にかかわるのは扁桃体を中心とした神経系，アルコール使用への思考のとらわれに関与するのは前頭葉と考えられています。

経過と治療

　例えばアルコール依存症で治療を受けているのは約4.9万人とされているなど，依存症があっても治療につながらないトリートメント・ギャップがあるとされています（佐久間，2021）。背景に，強い

偏見も影響し本人や家族が問題を否認しやすいことに加えて，これまで支援者側で依存症のある人の葛藤を理解する努力が不足していたことが指摘されています。近年では，クライエント中心療法を敷衍し，共感的に理解しようとして，内なる動機を引き出し自己決定を促進するような**動機づけ面接法**が有効であると考えられています。認知行動療法も取り組まれており，例えば薬物依存症への集団認知行動療法プログラムである SMARPP などが知られています。薬物療法の果たす役割は限定的であり，心理的支援を担う心理職の果たす役割は大きいといえます（津川・信田，2021）。家族が障害のある家族への対応に苦慮するケースも多く，家族支援も重要です（⇒ 3 章）。

　セルフヘルプグループの取組みの歴史は長く，有効性が広く認められており，日本では AA（⇒ 3 章）の他に**断酒会**の活動も知られています。AA の基本的な考え方を定式化した「12 のステップ」は，「われわれはアルコールに対して無力であり，生きていくことがどうにもならなくなったことを認めた」という文言に始まります（野口，1996）。自分の意志だけでコントロールできるわけではなく，しかし一方で誰か別の他者が問題を肩代わりできるわけではない（⇒ 3 章；イネーブリング）中で，同じ障害のある者同士の連帯が生み出されたのです。「言いっぱなし聞きっぱなし」の活動を通して，飲酒機会を減らし孤独を癒やし，対人関係能力を育み自己理解を進めます。また，連帯がスティグマに抗う力にもなります。

　害（harm）を低減（reduction）するという意味の**ハームリダクション**という公衆衛生政策が近年注目されています。物質使用によって引き起こされる健康・社会・経済上の悪影響を減らすことを目指し，物質摂取を完全に断つことに必ずしもこだわらないという取組みです（竹井，2021）。背景に，薬物使用を犯罪と見なす厳罰主義が薬物問題を悪化させているとして，健康と人権の問題として捉

える視点が重視されるようになったという世界的な動向があります。

　ハームリダクションの考え方は治療にも取り入れられています。かつては，健康や社会的関係すべてを失う「底つき」を待ち「飲み続けて死ぬか，それとも断酒して生きるか」と決断を迫るという対応がなされましたが，「底つき」を待つことは死亡リスクもはらみます（津川・信田, 2021）。2018 年の『新アルコール・薬物使用障害の診断治療ガイドライン』では，「底つき」の手前で，断酒に応じない人に対し中間的な選択肢として飲酒量低減を目標とすることができると変更されました。

▷ **依存症のある人の生きる世界**：「ハマる」のはなぜ？

　依存症の当事者に「ハマった」理由を尋ねたアンケートでは，リラックスや快感，つながりや居場所を求めて，といった理由の他に，「親からの期待に添えないことや，望みをかなえられない生活から目をそらすため」「PTSD のフラッシュバック」など，つらさや苦しさを緩和するためとする声が見られます（ASK, 2015）。松本（2017）は，快感を追求する正の強化（➡ 4 章）ではなく，苦痛の緩和という負の強化こそが依存症の本質ではないかと指摘しています。「依存症とは，痛む過去を切断しようとする身振り」（國分・熊谷, 2020）であり，薬理作用のある物質，つまり「クスリ」を用いた自己治療として捉える考え方です。

　この考え方に立つと，「ハマる」のをやめることは「回復のスタートラインであると同時に，本人たちにとっては危機」でもあります（上岡・大嶋, 2010）。そこで松本（2017）は，物質の代わりに苦しみを和らげるような，安全で健康的な別の手立てが必要であるとし，それが人とのつながり（connection：嗜癖［addiction］の対義語）であるとしています。「そうでもしないと生きられなかった」ものを手放す，依存症の回復はゆっくりと進みます。それを支える

つながりの構築と維持が必要です（⇒ 9 章）。

Exercise　エクササイズ

8.1　統合失調症のある人の声をきこう：統合失調症のある当事者の声を動画で紹介するサイト JPOP-VOICE（https://www.jpop-voice.jp/index.html）で，統合失調症のある人の話をきいてみよう。①統合失調症に対する印象（変化したこと，変化しなかったこと），②統合失調症について新たに気づいたことを，話し合ってみよう。

精神障害の
心理的支援

Quiz クイズ

Q9.1 精神障害のある人への支援に関する次の a. ～ c. は正しいか
どうか，○×で答えてください。

a. 精神障害の治療は，精神科病院・クリニックだけでなく，
総合病院で行われることもある。

b. 精神障害のある人は，障害年金のような経済支援，就労
支援，施設入所支援など，さまざまな福祉サービスを受けら
れる。

c. 精神障害への偏見を軽減するための啓発も，心理職の役
割の 1 つである。

Chapter structure 本章の構成

精神障害の
ある人への
心理的支援

・安心できるつながりを
つくる
・その人がその人らしく
生きることを支える

心理的支援の実際

医療における
かかわり
福祉における
かかわり

・かかわりの場
・かかわりの実際

Answer クイズの答え

Q9.1 すべて○（本文で確認していきましょう）

★本章のウェブサポートページ：学習をサポートするウェブ資料は，右の
QR コードよりご覧いただけます。

1 精神障害のある人への心理的支援

▷ **安心できるつながりをつくる**

　8 章で学んだように精神障害とは共同世界において人とかかわり
自己を確立することの困難であり，精神障害のある人は多かれ少な
かれ，思いをわかちあえない苦しみや人とつながりを感じられない
孤独を体験します。松本（2018）は，薬物依存症を「孤立の病」で
あるとし，孤立している人が薬物を介してつながりを求めた結果，
薬物依存によってかえって孤立を深めてしまうという問題を指摘し
ています。薬物依存症に限らず，孤立による孤独は精神障害の発症
のきっかけや病態と深くかかわるものであり，精神障害があること
でさらに孤独を深めやすいものです。

　精神障害における心理的困難の中核が人との**つながりやわかちあ
いの難しさ**にあるとすると，心理的支援のポイントは**つながりの構
築**ということになります。心理職は，個人心理療法において共感的
な信頼関係を構築することはもちろん，家族や支援者へのアプロー
チによって，その人が周囲とのつながりを感じられるような**つなぎ**

手として機能することが求められます。障害のある人同士のかかわりを集団心理療法によって支援したり，**セルフヘルプ**（➡ 3 章）や**居場所**づくりの下支えとなったりすることも重要な役割です。そして，障害のある人を多層的に**ホールディング**する（抱える）ような環境を整えていくことも，つながりの**安心**を増やすために大切なことです。具体的には，支援者間の連携によって，いざというときの**危機介入**や SOS の発信先を確保すること，生活を支えるサポート体制を整えることなどが行われます。例えば近年では，精神科医などの多職種がチームを組み，地域社会の中へ出向いて支援し（アウトリーチ），精神障害のある人のケアを行う **ACT**（assertive community treatment：包括型地域生活支援プログラム）などの取組みが見られます。

▷ その人がその人らしく生きることを支える

中学 1 年生のときに統合失調症と診断された，ある 18 歳の人のことばです。「現在，薬を十五錠飲んでいますが，気分の波がすごくあります。（中略）他の人から見たら声をかけづらい人間かもしれません。それでも私の心はちゃんと在る。自分の力で生きたいのです」（ウルル，2020）。上に述べたつながりの安心感を基礎として，精神障害のある人が自己を確立し，その人らしく自分の力で**主体的**に生きられるよう支援することが大切です。近年精神障害支援で注目される**リカバリー**という概念（➡ 8 章）においてもそれぞれの個性的な道のりを重視します。

その人らしい道のりを見出していくのには，心理職が精神障害のある人に伴走しながら共にその人の困難を見つめていこうとすることが必要です。神田橋（1997）は，わたし（心理職）とあなた（精神障害のある人）があなたのテーマについて対話する，「**三角形の対話**」が，共同作業としてなされることが重要であるとしています。

こうした共同作業の三項関係（Ⅱ部扉裏**図ウ**）をつくることは，心理療法の流派を越えて行われます。**認知行動療法**では，心理職とクライエントはチームをつくって，クライエントの抱える困難について実証的なデータを集め，仮説を立て，問題解決のための戦略を計画し，実行するという共同作業を行います。**ナラティヴ・アプローチ**でも，問題をクライエントから**外在化**することでこれまでの捉え方とは異なる新たな物語を見出そうとします。

2　心理的支援の実際

　精神障害の支援において精神科医療は中心的な位置づけにあります。精神科病院・クリニックだけではなく総合病院においても心理職による心理的支援が取り組まれています。一方，福祉的支援はつながりの構築のために必要不可欠です。福祉領域での心理職の制度的な裏づけはまだまだ不十分ではありますが，先駆的な取組みも見られ始めています。

▷　**医療におけるかかわり**：こころとからだ全体から支援する

> クライエント（新城さん）：背中の痛みで整形外科を受診し，ストレスの関与の可能性から精神科でも併診となり，その後，抑うつ気分を呈し，うつ病（中程度）と診断された 50 代の会社員。
> 私：総合病院で働く心理職。

かかわりの場

　総合病院というとどのようなイメージが浮かぶでしょうか。実は制度上の「総合病院」は 1998 年の第 3 次医療法改正の際に廃止され，地域医療支援病院へと改編されています。現在では総合病院と

いう名称は，「地域の大きな病院」を指すことばとして一般的に使われ続けているのが実情です。

　私が心理職として勤務するのは病床数500余りで地域医療の中核的な役割を果たす総合病院です。最も重症の患者を受け入れる三次救急を担い，文字通り24時間365日稼働しています。救急医療の最前線から心理的支援を提供すべく，開院当初から心理職が8名配置されました。しかし，2014年の実態調査（中嶋，2015）では，全国の一般医療機関（7474カ所）で雇われている常勤心理職は2468人と推計されており，心理職がいない医療機関のほうが圧倒的多数です。実際，心理職と一緒に働いたことがないスタッフが大半でした。

　そこで私たち心理職は，精神科や小児科からの依頼をていねいにこなす一方，ニュースレター発行などの広報活動，緩和ケアチームなど各種チームへの参加などを通して他職種との交流を1つひとつ積み重ねました。依頼されたケースを通して心理職としての見立てや見方を他職種とシェアし，時間や場所といった枠組みや態度など「きく姿勢」を整えて要支援者とかかわるという心理職の基本を徹底することで，「患者さんを心理職に任せるとこんなふうに対応してもらえるんだ」という理解や信頼を徐々に得られるようになっていきました。

　総合病院では，患者や家族への直接的な心理的支援だけでなく，**他職種との連携**が重要です。個々のやりとりを通じ，それぞれのスタッフが生活背景や心情も含む，より豊かな患者理解ができるよう促したり，スタッフの介入は間違っていないと保証することでスタッフの心理的安全性を高めたり，そんなことが総合病院の心理職には求められます。

かかわりの実際

⑴　原因不明の痛み　　新城さんは50歳，中小メーカー勤務の会

社員です。ある朝，目が覚めるとこれまで感じたことのない強い背中の痛みに襲われました。数日経っても治らず，近所の整形外科からの紹介で私の勤める総合病院の整形外科を受診しました。MRIなど詳しい検査をしましたが，明らかな成因が見つかりません。鎮痛剤もあまり効きませんでした。ある日の診察で，職場のストレスがあると話したところ，精神科にも相談する運びとなりました。

精神科の初診で，新城さんは30歳のとき，うつ病で数カ月休職し出世コースから外れてしまったことがわかりました。その後は，ときに気分が落ち込むことはありつつ，何とかやっていました。最近の人事異動で新城さんの同期が上司として着任しました。上司は現場よりも経営陣の意向に沿った方針を掲げ，スタッフからは不満の声も漏れていました。部署で古株の新城さんには中間管理職としてスタッフをまとめることが求められましたが，現場を知る新城さんとしては，部下の気持ちのほうが理解できます。上司と部下の間で板挟みになり，仕事に行くのを憂うつに感じ始めた頃，突然の痛みに襲われたのでした。

通院する中で痛みは当初より軽減しましたが，痛みで欠勤する日もありました。明らかな成因も見当たらないままやがて整形外科は終診になりました。精神科では，過去のうつ病歴のことが懸念されました。うつ病において痛みなど身体の不調を訴える人も多いのです。ただ新城さんの場合，寝つきの悪さや気分の落ち込みはありつつ，現時点では明らかに抑うつ状態とまではいえませんでした。職場でのストレス状況による**適応障害**（➡ 1 章表1-2）という診断で診療が継続されました。背中の痛みについては明らかなからだの問題が見当たらないため，消去法でストレス（心因）による反応（**身体症状症**➡ 1 章表1-2）が疑われました。職場でよりストレスの少ない過ごし方を考える目的で心理療法が提案され，私との面接が始まりました。

⑵　本人の「痛み」を理解しようとする　　新城さんはラフな出で立ちで，年齢より少し若やいだ雰囲気の人でした。初回面接は，これまでの経緯や日々の生活状況をうかがうことをメインにし，最後に今後の進め方について相談しました。この時点の情報からは，職場での葛藤は1つのテーマと考えられました。しかし，新城さんは「この痛みをどうにかしたいんです」と強く訴えます。身体症状症という診断は新城さん本人にも医師から伝えられていましたが，はっきりとしたところは確かによくわからないと私も感じました。心因だろうという見立てはもちつつ，一方で本人が納得していない以上，こちらが心因と決めつけてしまっては本人と一緒に考える構えをつくれません。本人の思いにまず寄り添うべく，心理療法の最初のテーマは「痛みについて具体的に知っていく」ということで合意しました。

痛みの体験を共有するために，まずNRS（Numerical Rating Scale：もう耐えられないくらいの痛みを10，まったく痛みがない状態を0とし，痛みを0～10点で採点してもらう方法）を提案しました。新城さんは自分なりに基準をつくり，痛みの評定をしてくれました。次に，痛みがどういうときに生じたか振り返ろうとしました。しかし，新城さんは「うーん，忘れちゃって」と言うことが多く，なかなか状況がつかめません。そこで，1日の流れと共に振り返られるよう生活行動表による行動記録を提案しました。1日を1時間ごとに区切り，そのときしていたこと，痛みの程度を記録してもらう表です。痛みとはこころとからだ，スピリチュアルなものも含めた複合的な体験（トータルペイン）であり（Saunders, 2006/2017），おいそれと共有できるものではありません。しかし，「観察」しようとする視点を盛り込むことで，①痛みでこころが占められている状態から一歩ひいて見る余地をつくることを促し（＝外在化），②体験を記録することで，それを新城さんと私が一緒に見て考える形の治療関係（＝

三項関係）をつくろうと考えたのです。几帳面な新城さんに行動記録は相性がよく，習慣として長く継続することができました。

(3)　「痛み」へのとらわれからの脱却　　痛みは，疲れたときに少し強くなる（NRS 4〜5）ものの，より強くなる（6以上）タイミングには共通する理由が見当たらず，痛みについて理解を深める作業は行き詰まりました。痛みについて話していると生き生きとしたやりとりが失われると感じ，私は心理療法の目標を新城さんと振り返りました。「痛みについて知る」ことを当面のテーマとしつつ，同時に私としては「新城さんが葛藤や痛みを抱えつつ今より楽に日々を送れるようになる」ことを大きな目標と考えていました。そこで私はこの目標に鑑み，面接での応答の力点を変えました。「痛み」よりむしろ痛みがありつつも日常を何とか送れている，新城さんが「できている」ことに焦点を当て，生活全体について話題にするようにしました。この方向転換により，「そういえばそうですね」と生活を彩る痛み以外の要素にも目が向くようになりました。しばらくして「そういえば痛みのことを考えてませんでした」と笑顔を見せる新城さんがいました。痛みは心因だと決めつけて後回しにせず，本人と一緒に焦点を当て，外在化によって痛みの体験と距離をとり，生活全体に目を向けられるようになることで，相対的に痛みへのとらわれが減ったのだと考えられます。**慢性疼痛**がある人は，痛みをより大きな脅威として認知していること（破局化思考）がわかっています。痛みがゼロになることを目指すのではなく，それにとらわれることを減らし，受けるダメージを減らす姿勢自体が治療になります（水野，2010）。

(4)　職場での葛藤　　痛みに代わって話題になったのが職場の人間関係です。新城さんの主な業務は出入り業者とのさまざまな調整でした。現場で直接やりとりすることを大切にし，業者の信頼を得たことは新城さんの自負でした。しかし，「上司は現場を理解しよ

うとしない‼　……出世できない自分が言ってもひがみにきこえるかもしれませんけど」と不満と言い訳を交互に口にする新城さんでした。

この話をききながら私が感じたのは，自分が大事にしているものを認めてもらえない憤りや寂しさと，出世コースを歩む同期への悔しさや羨望と，すべてが新城さんの本音なのだろうということでした。しかし，それを指摘することはむしろ新城さんを傷つけることになりかねません。私は，そのどちらもあるのだろうと考えつつ，表に出ている強い感情にばかり肩入れしないように傾聴し，裏に隠れている傷つきに思いを馳せながら，できているところや大事にしているところをことばにして確認するように心がけました。こうした対応を通し，抱えていたストレスの圧力を少し逃がせたのか，「しょうがないですね」と言いながらも仕事を休むことはほとんどなくなりました。

⑸　うつ〜入院　　そんな中，心臓の病気で亡くなった父親の一周忌がありました。父親はとても厳しい人で，幼き日の新城さんは父の要求に応えようと勉強など頑張ったものの，ほとんど褒めてもらった記憶もなかったそうです。こうした幼少期の体験は新城さんの人格形成に大きな影響を及ぼしていると思われました。しかし，父について語ったのはこの1回だけでした。以降はこちらからそのことに触れても，話題を逸らされるばかりでした。

そうこうしているうち，明らかな理由もなく寝つきが悪くなり，次の回では「何もする気が起きなくて」と意欲低下が顕著になりました。はじめて見る様子で，主治医とも相談し，「うつ状態」として入院になりました。新城さんは**抑うつ気分**と**精神運動制止**が強く（➡8章3），ぼんやり虚ろな表情で，まるで頭が働いていないようでした。うつ病の診断においては，まず生活歴の中で躁状態のエピソードの有無を確認します。**躁病エピソード**が疑われる場合にはう

つ病ではなく**双極性障害**（➡ 1章2）に準じた治療が必要です（抗う
つ薬の処方がかえって状態を悪化させることがあるからです）。双極性障
害の疑いを除外したうえで，うつ病の**重症度**の評価をします。症状
の多寡，希死念慮や自殺企図の有無，微小妄想など精神病症状の有
無，初回か**再発**かなどを確認します。新城さんの場合，仕事を含め
た社会生活を営むのは困難でしたが，明らかな希死念慮や妄想など
は見られませんでしたので，主治医は「**うつ病**（中等症）」と診断し
ました。うつの既往があるため，**反復性うつ病**（抑うつエピソードを
2回以上繰り返す）の可能性も考慮し，抗うつ薬の投与が慎重に開始
されました。

　日常生活をなんとか営める軽症のうつ状態であれば，**認知行動療
法**などの心理療法や軽い運動などの**行動活性化**が有効であることが
わかっています（➡ 8章3）。しかし，うつ状態が重いと，じっくり
内省することが難しく，疲労などからかえって症状の悪化につなが
るため内省的な心理療法は行えません。社会のしがらみから離れ，
とにかく心身の休養をするのが最優先です。そこで，入院中の心理
介入は，週1回，調子をうかがう支持的な面接にとどめました。
入院中は面接をしない選択肢もありました。しかし入院は，たとえ
本人が望んだとしても，どこかに無念さや社会から隔絶されてし
まった**孤独感**が伴うものです。従前からのかかわりを続けることで，
孤独感が薄まるようにと考えました。

　⑹ **退院後のリズムをつくる**　　入院治療は順調に進み，2カ月ほ
どで退院できました。退院後しばらくは，リハビリテーションのよ
うなイメージで，生活や仕事のリズムを整えることを話題にしまし
た。その中で，気分が落ち込む前に寝つきが悪くなる場合が多いこ
とに新城さんが気づきました。そこで，睡眠の乱れを調子が崩れる
際の予兆（**早期警告サイン**，水野ら，2018）と考え，睡眠の不調を感
じたら，何かストレスがないか振り返り，気分転換を心がけると

いった対策を確認しました。職場の状況は大きく変わっていませんでしたが，産業医とも連携し，調子を見ながら業務分担を配慮してもらえたことで，徐々に普段のペースに戻っていくことができました。再発を過度に恐れる必要はありませんが，不調のサインに早めに気づき，適切なコーピングを行えることが大切です。

　(7)　深める vs. 深めない　　実家の母に今後介護など必要になったらどうするか，きょうだいとの間で話題になった後，背部痛が再発しました。私は「原家族とのかかわりが痛みと関連するのでは？」と投げかけてみました。新城さんは「そうかもしれませんけど，自分としてはその時どきの単なる調子の波のせいで，どうしようもないことだと思っちゃうんです」と少しムキになったように答えます。「思っちゃう」という言い方に，新城さんの今のありよう，つまり，こころの奥にある葛藤がうっすら自覚されるようにはなってきたものの，それと向き合って乗り越えようとする準備はできておらず，その影響を自分ではどうしようもない事実として受けとめるので精一杯ということがあらわれていると私は感じました。かろうじて保っているバランスを無為に崩さぬよう，それ以上の投げかけは避けました。

　やがて上司が異動になり，新しい上司は現場の意見に耳を傾けてくれる人でした。痛みの頻度も減りました。葛藤（＝努力しているのに認められない）については面接の中で十分に扱えておらず，痛みが再燃（回復前に症状が悪化することを再燃，回復後に症状が再び生じることを再発と呼ぶ）する可能性はありました。しかし，その葛藤と現実のストレスが絡んで生じる不調に気づき，早めに対処できることが新城さんにとって一定の自己効力感につながっているようでした。

　私は新城さんに今後の心理療法について相談しました。一時的には苦しいけれど，こころの奥にしまってある感情の整理に着手してみるか，それとも，ここまでに得た進展をもって面接をいったん終

了するか，あるいはまた別の選択肢か，どうしましょうかと。少し悩んだ末，最終的に今はここでいったん終了することになりました。精神科受診は定期的に続き，その後，著しいトラブルもなく，仕事に行くことができているとのことでした。

ま と め

　2010 年からの 10 年は，*Nature* 誌で「精神障害（疾患）のための 10 年」（A decade for psychiatric disorders）とも呼ばれ，精神障害（疾患）に関する科学的研究が促されました（小池ら，2012）。国内でも 2013 年度の医療計画から，がん・脳卒中などに並び，精神障害（疾患）も国が対策を講じる疾病に含まれました。制度拡充による支援や理解の促進，病態や治療法の解明といった精神障害に対するマスとしてのアプローチは障害の理解や支援の土台になります。

　一方，実際の支援を受けるのは「精神障害者」ではなく，「精神障害のある〇〇さん」です。本節の事例でいえば，うつ病の一般的知識はふまえつつ，新城さんその人を理解しなければ支援はできません。本章 1 節にもある通り，支援の目標はその人がその人らしく生きられるようにすることだからです。この個別性を大切にすることと，前述した大きなアプローチが車の両輪になることで障害の理解や支援が進んでいくのだと思います。

　個別性の尊重という点で，近年の医療現場では**共同意思決定**（SDM；shared decision making）が 重 視 さ れ て き て い ま す（石川，2020）。医療者が医学的な情報や専門家としての見解を示し，患者は自身の心理社会的情報や希望を伝える中で，最終的な治療に関する意思決定を協働で行うあり方です。本節の事例では，医療者の私としては新城さんの痛みをより根本的に軽減する可能性も見ていました。しかし，人の生き方に唯一の正解はありません（し，知ることもできません）。複数の選択肢のメリット／デメリットを共有した上で，どういったあり方を選ぶかを被支援者と支援者が一緒に考え

ていくことが，その人らしく生きることを支える上で不可欠なのです。

　また同様に，見えている問題のすべてを解決することは必ずしも目指されません。「100％何の問題もない」ということは現実的ではなく，むしろ，「多かれ少なかれ課題もあるけれど，まぁ，何とか日々を送ることができる」のが健康なあり方だと思います。精神障害の支援とは，専門的知識や判断をもちながら，被支援者に寄り添い，「概ねOK」を目指して一緒に考えていく営みなのではないでしょうか。

▷ **福祉におけるかかわり**：統合失調症のある人への生活支援・地域支援の実際

> かかわる人：福祉サービスの利用者（一ノ瀬さん，二宮さん，三島さん），企業家（四谷さん，五十嵐さん），NPO団体代表（六浦さん），福祉サービス利用者・ボランティア（七尾さん）。
> 私：地域で精神障害のある人への福祉サービスを行う心理職・精神保健福祉士。

かかわりの場

　精神障害のある人の福祉的支援にはさまざまなものがあります。病院からの退院の支援，退院後に居場所として通う**就労継続支援B型**や**就労移行支援**，さらには一般企業への**就労支援**などの他，いわゆる**相談支援**，すなわちどのようなサービスを受けるかについての相談など，多岐にわたっています（⇒4章）。

　私の所属する障害者支援情報センターでは，東京都世田谷区において2つの就労継続支援B型事業所を運営しながら，企業から作業を受注して施設に仲介する「作業所等経営ネットワーク支援事業」や，**生活保護**を受給している精神障害のある人の在宅支援や**退院促進事業**，さらには有料で相談事業も行っています。

かかわりの実際

(1) 面接の場だけが心理職の活躍の場ではない：生活の場にあらわれる課題と支援の枠組み　福祉の現場では，いわゆる面接に来るというような形ではない出会いのほうが普通です。就労継続支援 B 型事業所のような福祉的就労の場では，日中活動として工賃を伴う作業をプログラムとして行っていますし，利用者も「家以外の居場所がほしい」「多少なりとも収入を得たい」「いずれは一般就労したい」などさまざまな目的で施設に通所しています。

しかしながら，基本的に面接という形をとらない利用者に対しても，日常生活の中にあらわれる，本人の抱える主に対人関係的課題を機敏にキャッチし，適当な時を捉えて本人にフィードバックすることで心理職のスキルが十分に活かされます。言語的手段で伝えるのが苦手な人でも行動の中に**心理的課題**があらわれたりします。

一ノ瀬さんは，統合失調症を抱える 20 代女性でしたが，職員が他の利用者と仲良くすると「やきもち」を焼いてしまったり，また，相手のほしいものとは限らずにプレゼントをすることで相手の気を引こうとしていました。これは彼女の抱える親との関係性があらわれたもので，一ノ瀬さんの状態が落ち着いているときに少しずつフィードバックすることで改善されていきました。

また，相手に合わせて支援の枠組みを変えることも重要です。一ノ瀬さんは機嫌が悪くなると「死にたい」と騒いで主治医に通所を止められることがありましたが，状態の良し悪しを本人と共に細かく把握し，それに合わせて通所頻度を調整することで，「死にたい」と騒ぐことは少なくなりました。

この事例の場合，もともとは一ノ瀬さん自身は「わたしの課題に取り組みたい」と思って通所しているわけではありません。しかしながら機会を見て本人に直面してもらい，その課題（安定して通所を続けるために，自身の状態を捉える）に取り組んでもらえるような取

り決めをそのつど行っていました。面接室を離れた臨床の場ではとても大切なことです。また，支援の**枠組み**をしっかりと定めることも重要です。現在は障害者総合支援法の中で，**個別支援計画**を利用者と共に立て，定期的にモニタリングを行うことで制度的にも契約が保証されるようになりましたので，心理職として心理課題についての契約を障害のある人と結ぶことができるようになっています。

(2) 生活の場を広げる　　心理職としての働き方が最も想像しやすい面接の場においても，最初は1対1の面接の形をとりながら，少しずつ障害のある人の生活の場を広げることが大切です。

　二宮さんは30代の女性で，一時的バイトもしていましたがその後長くひきこもりとなり，いよいよ貯蓄を使い果たし，さらには親の高齢化もあって，「**障害年金**を取得させたい」という親の希望のもと，有料の個人面接に定期的にあらわれるようになりました。それまでの受診歴を洗い出したところ，きちんと病院にかかっていないことがわかったため，クリニックを紹介して，初診から障害年金の取得まで並走することとしました。初診から1年半の間，月1回の面接を行う中で，家族とのかかわりや葛藤などが本人の抱える課題として話題とされていきました。障害年金取得のための書類も面接の時間を利用して共に作成する中で過去の振り返りがある程度終了したのか，実際に障害年金を取得する頃には外出することも増え，本人が関心をもつ畑作業を行うNPO法人の活動に参加していきました。

　この事例では，1年以上は個別の面接を行ってじっくりと**関係性**を築き，そののちに生活の幅を広げることを目標として，さまざまな資源を紹介する形をとりました。障害年金という経済的基盤を広げる支援に直接携われたのも大きいと思いますが，普段からさまざまな地域資源とつながりをもって，障害のある人の生活の場を広げる方向で支援を行っています。

（3）　退院促進における支援　　生活保護受給中の長期入院者の退院
促進事業においては，長く入院している患者は，院外で生きていく
希望を失いかけていることも多いのが現状です。その中で，本人の
希望をできるだけききとり，叶えようとする，そのことが本人の**生
きる力を引き出していく**ことがあります。

　三島さんは 60 代の男性で，生活保護を受給しつつ都内の精神科
病院に長期入院中でした。はるか遠方の故郷の実家に帰りたいとい
う希望をもっていましたが，**福祉事務所**（社会福祉法に基づき役所内
などに設置される社会福祉の窓口）からは「在宅での療養は難しいの
で施設に退院すべし」「故郷に帰るのは無理，できれば東京もしく
は近県で暮らすように」という方針がでており，退院に向けての話
はまったくの平行線でストップしていました。

　そこに私は退院促進事業の支援者としてかかわりました。まずは
三島さんの「故郷に帰りたい」という気持ちをじっくり受けとめる
ことこそ重要だと考え，三島さんの故郷の話をきかせてもらました。
福祉事務所からの情報ではすでに実家はなくなってしまっていると
のことでしたが，グーグル・ストリート・ビューを活用して三島さ
んの実家のあったらしいところの写真を見せたり，「いつかお金を
貯めて故郷に帰りましょう」と気持ちを支えました。また，「いき
なり故郷は無理でも少しずつ施設を移動して故郷に近づいていく手
もありますよ」と現実的な案も示してみました。このような訪問面
接を何度か続けていくうちに，「わかった，故郷はあきらめる。東
京の近くの施設に退院するのでいいよ」と三島さんが言ってくれる
ようになりました。そこで福祉事務所に本人の言葉を伝え，施設を
探してもらったところ，関東近県の施設と三島さんの故郷の施設に
空きがあるということがわかり，三島さんは（実家ではありませんで
したが）故郷の施設に退院することで故郷へ帰る希望を実現するこ
とができました。

この事例は多分に運がよかったとも思いますが，すべてを叶えることは無理でも本人の希望をていねいにききとり，多少なりとも実現しようと努力することで，本人の気持ちが前向きになったといえ，またそれに合わせて現実も動き出した例といえるでしょう。

　他にも，入院している本人の「資格試験を受けたい」「シェアハウスに住みたい」などの希望をまずは叶えてみようとすることで退院に向けてのモチベーションがぐっと上がる事例を目の当たりにしてきました。心理職としては，本人の希望にできる限り沿いながら，病院や福祉事務所が提示する現実とどのようにすり合わせていくかが求められると感じています。

　⑷　就労支援における啓発と「つなぐ」ことの重要性　　障害者支援情報センターは，世田谷区において企業から作業を受注して施設に分配したり，作業規模によっては共同で受注して共同作業として行ったりしています。なかでも商工会議所をはじめ，東京青年会議所やライオンズクラブといった企業団体・企業系奉仕団体と連携しながら事業を進めているところに特徴があります。

　そもそもは20年ほど前に障害者のある人が一般就労した事例をもとに，商工会議所に対して協力を求めたところ，障害者支援情報センターは企業団体・企業系奉仕団体への入会を勧められました。そこで，障害のある人の一般就労を一層進めていくために，率先して入会し，**企業啓発**を行いました。企業啓発においても「この人を就労させてください」と単にお願いするのでは企業が負担感を感じることも多いとわかり，雇用に結びつきにくい現実や企業側の本音をじっくりとききました。また施設見学ツアーなどを組んで障害のある人が実際に作業所で働いている現場を見てもらうことで，企業側からアイデアを出してもらうようにしました。例えば，「街の落書き消しを商店街と協力して行う」「イベントで企業の作ったリサイクルトレーを用いてごみ分別を行うことで障害のある人の作業を

つくる」などです。

　四谷さんは，青年会議所で知り合い，施設見学ツアーに乗ってくれた青年企業家の一人でしたが，施設見学後に「こんな場所もあったのか。知らなかった。自分にも何かできることはないのか」と考え，「自分は煎餅屋だけれど，障害者施設で作ったクッキーを売ってもいい」と提案してくれました。そこで，区内の焼き菓子系の障害者施設をご紹介したところ，早速その施設と連絡をとり，「販売用の棚やのぼりを作った」「商品を置いて販売を始めた」と嬉しそうに写真付きのメールで報告をくれました。

　また，五十嵐さんはやはり青年会議所で知り合ったビルメンテナンス系の青年企業家の一人で，もともと「会社の入札に有利になるように障害のある人を雇用したい」という希望をもっていましたが，実際に採用面接で現れた障害のある人に対して1回の面接で決定するには自信がなく，採用を見送っていました。数年後，私がまた別のNPO団体系の六浦さんから「清掃作業で障害のある人の訓練場所をつくりたい」という希望をもらったときに，ピーンとひらめいて五十嵐さんを紹介したのです。その結果，五十嵐さんのもつ清掃技術を活用して訓練する六浦さんの団体が立ち上がりました。実際に障害のある人を集めて清掃訓練を開始したところ，そこに通ってくる精神障害のある人の一人がたいへん真面目に働けることがわかって，五十嵐さんの会社で雇用することとなりました。1回の採用面接ではなく，実際に働く場をつくることである種のアセスメントの場ができました。四谷さんも五十嵐さんも，先に青年会議所で仲良くなり「友達」として話ができる立場になっていたため，いきなり「この人を雇ってほしい」というような障害者雇用を求めることをせずに，企業側の本音や希望をじっくりきくことができました。心理職のつなぎ手としてのスキルを十分に活かすことによって，五十嵐さんと六浦さん両方の希望を叶える形での障害者雇用を実現

した例となりました。

⑸　自然な交流の場をつくる　ここ数年，毎月第3土日に，都内有名駅前の広場にて世田谷区内の障害者施設の自主製品販売を行っています。そこでは区内約10施設で製作されている自主製品として，パウンドケー

図 9-1　販売会の実際

キやクッキーといった焼き菓子や，ジャム，ドライフルーツ，マッシュポテトや片栗粉・豆類，さらには紙漉きのハガキや石鹸，Tシャツやトートバッグなどが並んでいます（**図 9-1**）。

ここの売り子は，実際に商品を製作している障害者施設の利用者と職員だけでなく，職場実習として来ている別の就労移行支援事業所の職員や利用者とOB（つまり一般就労した人），さらには商店街の役員や，企業系奉仕団体の売り子ボランティアが混然一体となって販売しています。また，毎回同時同場所で開催している「手づくり市」の一般参加の人びととの交流もある場となっています。

七尾さんは，継続的に有料の相談面接を受けていた発達障害のある30代の男性ですが，SNSでこの販売会の活動を知り，私を手伝うつもりで販売会の場所に現れて，自分の体力に合わせながら手伝いつつ，「できれば他人の役に立ちたい」と話してくれました。そこで，企業系ボランティア団体にお誘いし，入会してしばらく活動したのちに，めきめきと元気になりました。その後，七尾さんは販売会の人気者となり，手づくり市の皆さんと仲良くなって，今では別の場所で行われる手づくり市にも時どきお手伝いに行くようになっています。

この事例では，障害のある人とない人が販売会という場を通じて自然に知り合っていったわけですが，このように自然に交流できる場をつくることも重要な仕事です。その中からまた新しいアイデアが生まれ，次第に発展していくのです。

　(6)　機関と機関をつなぐ：地域におけるネットワークづくり　　地域における支援において，多種の機関が**ネットワーク**を組んで生活支援を行うことは重要です。ネットワークの構成員となる機関はそれぞれ長所を活かしながら連携しあえれば素晴らしいネットワークとなるのですが，ある程度時間が経つとネットワーク活動が停滞することがあります。このとき**ファシリテーター**としてネットワークが有効に機能するように働きかける役割が重要となります。

　私が所属していたある地域の精神障害のある人の生活支援のためのネットワークでは，一時期2つの機関が張り合ってしまい，就労支援を標榜する機関が「うちは生活支援にも力を入れていく」，かたや生活支援を標榜するところが「うちは就労支援にも力を入れていく」と言い合ってしまう事態となりました。緊迫感の漂う会議の中で，それぞれの長所を指摘することで逆に原点に立ち返り，お互いに何を困っていたのか，ネットワークを続けることの重要性とそれぞれの長所を活かすことの大切さを共有しあう話し合いの場をもつことによってネットワークが分解せずにすんだということもありました。心理職として傾聴しニーズを汲み取るスキルがネットワークづくりに役立った例といえるかもしれません。

まとめ

　福祉的分野における心理職の役割は，まだまだ教科書やモデルとなる事例も少なく，壁にぶち当たっては考えることも多いのですが，1つひとつの出来事に対して，精神障害のある人が地域で生活しやすくなるためにはどうしていけばいいのかということを常に基本におくことが大切です。

また，福祉領域の支援のさまざまな場面で心理職のスキルを活用することができるといえます。相手が障害のある人という個人であれ，企業という組織であれ，支援のネットワークを構成する機関であれ，「こうあるべき」というような縛りからいったんこころを自由にして，相手の気持ちに沿って真の希望を汲み取ろうとするスキルは不可欠です。その上で，現実とすり合わせて落としどころを探っていくことで，それまで立ちはだかっていた壁が低くなり解決策が見えてきて，結果として障害のある人の生活の幅が広がるといったことは少なくありません。場合によっては，福祉の世界と経営の世界というような異なる業界をつないでいくことで，課題解決に向かうこともあるでしょう。まだまだ日本において精神障害のある人のおかれている世界は，いまだ偏見や解決しなければいけない課題も多いのですが，心理職のスキルを活かして立ち向かっていっていただければと思います。

⁄⁄⁄ *Exercise*　エクササイズ ⁄⁄

9.1　本文を読み，以下のことを議論してみよう。
　A. とくに印象的だったエピソードややりとりはどこでしょうか。そのエピソードややりとりについて，どのようなことを感じましたか。
　B. 心理職が行っている対応で，あなたが大切だと思うところはどこでしょうか。なぜそう思いましたか。

9.2　"頑張れ"って言っちゃダメ？：うつ病の症状によって思考力や判断力，行動力が制限されていると，傍目には何もしていないように映り，周囲の人は心配や不安からつい励ましてしまいがちですが，本人の実感とギャップのある励ましは自責感を強め，「やっぱり頑張りが足りないんだ」と抑うつ的な思考を強めてしまうリスクがあります。
　しかし，励まさないことを原則としつつ，「『何』を励ましてはならないか」「励まされることがどのように体験されるか」に思いをめぐらすことが重要であり，ケースによっては適切な励ましを行うことが治療的なこともあります（青木, 2007）。

皆さんが励まされて嬉しかった／役に立った場合と，嫌だった／かえっ
て悪影響だった場合とを振り返り，シェアしてみよう。

発達障害とは何か

Quiz クイズ

Q10.1 次のうち，自分に当てはまるものはいくつありますか。

☐ 人の話を最後まできかないほう
☐ 人づきあいは苦手
☐ 文章の同じ行を読んだり行を読み飛ばしたりする
☐ うっかり忘れ物が多い
☐ 「空気」が読めないほう
☐ 不器用なほう
☐ 計算が苦手で電卓が欠かせない
☐ 生活のリズムや環境が同じだと安心
☐ うそがつけないたち
☐ 好奇心が旺盛
☐ 「こうでなくては」というこだわりがある
☐ 特定の音・色・光などの刺激に敏感／鈍感
☐ 興味があちこちに向かいやすい
☐ 片付けが苦手
☐ 真面目なほう
☐ 漢字が苦手で，書くときによくスマホで確認する

Chapter structure 本章の構成

発 達 障 害

知的障害
自閉スペクトラム症　　　特徴
学習障害　　　　　　　　成因・原因
ADHD　　　　　　　　　発達と流れと支援

その人の生きる世界

孤独と疎外からわかちあいへ
孤軍奮闘
見えにくく，気づかれにくい
自分自身を乗りこなす
⋮

Answer クイズの答え

Q10.1　決まった答えはありません

複数のチェックがつく人も多くいたでしょう。1つもチェックがつかなかったという人は少なかったのではないかと思います。クイズの項目は，発達障害のある人に見られる特徴としてよく挙げられるものです。しかし，程度差はあれ多くの人にこうした特徴は見られます。このクイズで示したいのは，発達障害とは認知や社会性の発達といった精神発達の相対的な程度差であって，異質で病的な異常ではないと考えられるということです。

★本章のウェブサポートページ：学習をサポートするウェブ資料は，右の
　QRコードよりご覧いただけます。

1　発達障害とは

⇨　「同じ」？　「違う」？

Answerで紹介した「精神発達の相対的な程度差」であって，異質で病的な異常ではないという観点は，発達障害の1つである自閉スペクトラム症のある人が提唱した，「脳や神経の在り方には，人それぞれに違いがあり，それらは人間の多様性の一つとして尊重されるべきである」とする，ニューロダイバーシティ（neurodiversity：神経多様性。neuroとdiversityをつないだ新語）という考え方にもつながります（日本ニューロダイバーシティ研究会，2021）。発達障害のある人の中でも多様性があり，自閉スペクトラム症の「スペクトラム（連続体）」とはそのことをあらわしています。また，

程度差のグラデーションのどこに発達障害か否かの線引きをするのかは難しく,「**グレーゾーン**」といわれるような診断がはっきりつかない人がいるのはそのためです。

　一方,相対差であるために,その困難が見えにくく,「努力不足」「しつけの問題」などと誤解されやすくもあります。行動を一見しただけではその人の体験の実際についてわからない場合はたくさんあります。発達障害の「外からの『理解』と内からの『体験』の食い違いの酷さ」は群を抜いています（神田橋, 2018）。

　発達障害を理解するためには,私たちが「**同じ**」であることを前提にして精神発達の程度の違いを捉えようとする視点と,「**違う**」ことを前提にしてその個別的な体験世界に歩みよろうとする視点,どちらももつことが必要なのです。

▷　発達障害とは

発達障害の定義と分類

　発達障害とは,DSM-5 では神経発達障害／神経発達症と呼ばれる障害にあたり,**発達早期**に明らかになる,「個人的,社会的,学業,または職業における機能の障害」（APA, 2013）を引き起こす,精神発達の相対的な程度差,とくに遅れのことです。その遅れの特徴によって異なる機能障害に分類されます。

　発達障害を捉えるのに,滝川（2018）による精神発達の理論的モデルは有用です（**図10-1**）。このモデルでは,精神発達の構造を,①人同士で社会的な交流をしあう関係の発達（X軸）,②世界を意味によって捉える認識の発達（Y軸）,③衝動・欲求を抑え能動的に意志をもって遂行する自己制御（コントロール）の発達（Z軸）の三次元で捉え,それらが支え合ったベクトルに発達が進んでいくと考えます。この構造はすべての人に共通ですがその進みに個体差があり（**図10-1**の分布）,発達障害のある人も分布の中に含まれます。

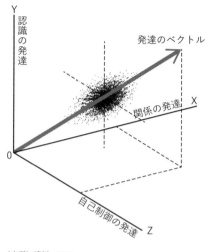

図 10-1 精神発達の全体分布

Y 認識の発達

発達のベクトル

関係の発達 X

0

自己制御の発達 Z

(出所) 滝川, 2018。

このモデルは，人は社会的・文化的な**共同世界**を生きるものであり，精神発達とはその共同世界とかかわりあっていくプロセスであるということを前提としています。人は，発達障害の有無にかかわらず，まわりの人たちとかかわりあい，社会的・文化的に共有している意味をわかちあっていきながら，自分らしく発達していくのです。

このモデルにおいて，X軸に沿って遅れが見られるのを**自閉スペクトラム症**，Y軸に沿って全体的な遅れが見られるのを**知的障害**，部分的な遅れが見られるのを**学習障害**，Z軸に沿って遅れが見られるのを ADHD と捉えることができます。本章ではこれら 4 つの機能障害について学びます。

図 10-1 の分布のどこに位置するかは時間的推移で変動しますので，とくに発達早期には診断が変更する可能性もあります。また，分布上の位置によっては，自閉スペクトラム症と知的障害を併せもつといった機能障害の**併存**も見られることになります（**図 10-2**）。

発達障害はなぜ起こるのか

発達障害が精神発達の遅れであるならば，発達障害がなぜ起こるのかという問いは，人の精神発達が何によって進むのかという問いと表裏一体です。皆さんも**図 10-1** の分布のどこかに位置するわけですが，そこに至った要因は一言では説明できないでしょう。「僕が大学に入学できるような認識の発達をとげたのは，赤ちゃんの頃

から好奇心旺盛でいたずらば
かりしたらしいけれど母はそ
れをおもしろがったこと，父
ゆずりの本好きで，家には本
がたくさんあったこと……」
といった具合に，そこに至る
道のりにおいて，遺伝的に備
わったさまざまな特性，無数
のかかわりや出来事，環境が
複雑に影響を及ぼしていると
考えるのが妥当です。精神発
達とは多様な要因からなるも
のであって，発達障害が生じ

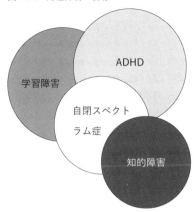

図 10-2　発達障害の併存

ADHD

学習障害

自閉スペクト
ラム症

知的障害

(出所) 黒田，2018 を改変。

るのも 1 つの成因で説明することはできません。ビショップとス
ノウリング（Bishop & Snowling, 2004）は，遺伝的・環境的要因のレ
ベル→神経生物学的なレベル（神経細胞の機能や構造）→認知・行動
的な機能のレベル（発達障害の症状）という発達障害が生じる因果関
係は，1 対 1 対応ではなく複雑であるとしています（**図 10-3**）。さ
らに，遺伝的要因と環境的要因も相反するものではなく相互に影響
を与えることも知られています（土屋，2018）。

　発達障害とはこのようにさまざまな成因の影響が絡まりあって起
こると考えられます。それを前提にして，遺伝的要因については，
例えば ADHD や中重度の知的障害では遺伝的要因の寄与が大きい
とされますが，発達障害を決定づける単一の遺伝子が明らかにされ
ているわけではありません。環境的要因について，例えば大気中の
化学物質や農薬などが自閉スペクトラム症にかかわっているとの報
告がありますが，その解釈は「当面，慎重であるべき」とされてい
ます（土屋，2018）。神経生物学的なレベルでは，例えば自閉スペク

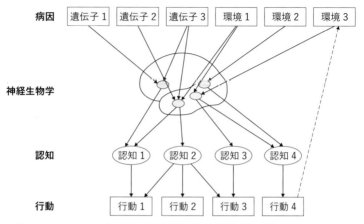

図 10-3 発達障害の因果関係のレベル

| 病因 | 遺伝子 1 | 遺伝子 2 | 遺伝子 3 | 環境 1 | 環境 2 | 環境 3 |

神経生物学

認知　認知 1　認知 2　認知 3　認知 4

行動　行動 1　行動 2　行動 3　行動 4

点線は，子どもたちの行動が彼らの経験する環境に影響する可能性があることを強調している。

（出所）Bishop & Snowling, 2004.

トラム症では，扁桃体を中心とする辺縁系組織の低発達やそれに伴ういわゆる社会脳（社会性にかかわる脳の部位）の神経回路の機能低下など，多くの仮説が提唱されています。いずれも仮説の域をでておらず，「脳機能障害の本質についての研究は途上であり，十分には解明されていない」（市川, 2014）のが現状です。よって，診断において脳の検査は（鑑別診断などの目的で必要に応じて行われることはありますが）必須ではなく，主には，行動の特徴や**成育歴**，**心理検査**などから診断がなされることが一般的です（➡ 4 章）。

　発達障害には環境的要因も関与しますが，育て方だけが影響して発達障害になることはありません。また，**図 10-3** の点線が示すように，発達障害のある人の行動がいじめや虐待といった不適切な対応につながり，それによって障害の特徴が強まることもあります。不適切な対応から自分の身を守ったり，つらさを適切に伝えたりす

コラム7　障害×トラウマ　　「障害」と「トラウマ」という語が並ぶことに少し違和感をもつ人もいるかもしれません。この領域は発達心理学の研究者や精神分析家などによって1940年代から研究されてきました。例えばボウルビィ（Bowlby, J.）は発達早期に適切な養育環境が剝奪された子どもに心身の育ちの阻害や愛着障害が見られること（ホスピタリズム）を示し，当時の乳児院の問題に一石を投じました。

　このように研究がなされ社会を変化させてもいるのに，「障害×トラウマ」というタイトルに違和が生じるのはなぜでしょうか。その背景には，障害と向き合うことで私たちに意識させられる「できなさ」「人と違うこと」などにまつわる思いをなかったことにしたい・知らないままでいたいという，私たちの無意識的な願望がありそうです。障害のある人と向き合うときに感じる居心地の悪さもここに端を発するのかもしれません。

　そもそも障害が語られるときには機能的な問題に重きがおかれることが多く，障害のある人たちのメンタルヘルスの問題，とくに彼らにトラウマがあることはどこか遠くに置き忘れられてきました。障害者権利条約（2006年）を求める際に謳われた「Nothing about us without us：私たち抜きに私たちのことを決めるな」というスローガンにあらわされるように，障害のある人の考えや思いをなかったことにし，彼らへの支援や処遇を決定づけてきた歴史があったことは，まぎれもない事実といえます。「（機能的に）できないこと」に対処し，生活を豊かにすることが最優先課題であると考えるのは当然かもしれません。しかしその過程で「多くの人と同じようにできること」を求めすぎ，その人らしさやこころの問題をなかったことにしてきた部分もあっただろうと想像します。

　トラウマ（心的外傷）という語は古代ギリシャ語で「身体の損傷」を意味していましたが，フロイト（Freud, S.）は自分の診ていたヒステリー患者（現在の身体症状症）の病因に性的な心的外傷があるとし，それをトラウマという語で説明しました。フロイトは患者たちに，トラウマにまつわる出来事や思いを否認し，無意識の領域にそれらを抑圧するこころの防衛が働いていることを発見し，こ

ころの機能を捉える精神分析的視座を示しました。

　現在トラウマという語は，戦争や災害，事故など一回性の経験による単回性トラウマだけでなく，発達早期からの養育環境で慢性的に繰り返される虐待や逆境体験による複雑性トラウマまでを包含する用語となりました。

　障害のある人たちは自分の「できなさ」をよくわかっていて，それを恐れ，日々小さな傷つきを抱えています。けれどもそれは彼ら自身にも気づかれにくく，周囲にわかりやすくことばで表現されることもありません。周囲が手を差し伸べることもできない状態が慢性的に続いた結果として，（複雑性）トラウマ体験が積み重なっているといえるでしょう。知的障害のある人への精神分析的心理療法を行ったシナソン（Sinason, 2010/2022）は，彼らがトラウマを否認しニコニコと笑う「ハンディキャップ・スマイル」を見せ，より「障害者」らしく見えるふるまいが生じることを示しました。その笑顔によって周囲の人たちは彼らと対峙する際の困惑や罪悪感をなかったことにできますが，否認した結果，障害のある人も周囲の人も自分のこころに触れられず，その人らしく生きることを難しくしています。

　障害とありのままに向き合うことは，とても難しいことです。その難しさが，障害特性をより表面化させたり，逆に見えにくくさせたりすることをこころに留めておく必要があります。「障害」というフィルターを通すと見えてくるお互いの思いをていねいに紐とき，障害のある人のこころの問題にふれていく支援が期待されます。

[櫻井未央：杏林大学（臨床心理学）]

ることが難しいため，発達障害のある人は人一倍**トラウマ**を経験しやすく（➡**コラム7**），**二次障害**と呼ばれる状態を示すこともあります。知的障害や自閉スペクトラム症のある人に自傷や他害などが激しくあらわれる，福祉領域で**強度行動障害**と呼ばれる状態も，環境との相互作用から生じると考えられ，トラウマの影響も考慮される必要があります。ここまで，発達障害によってトラウマを経験しや

すくなることを論じましたが，逆にトラウマの影響で**反応性愛着障害や脱抑制型対人交流障害**など発達障害によく似た状態を示すこともあります。

2　知的障害（知的能力障害／知的発達症）

▷　**知的障害のある人は悩まない？**

　ノーベル文学賞作家のパール・バックには，知的障害のある娘がいました。手記『母よ嘆くなかれ』（原題は *The child who never grew*）には，娘に障害があるとわかり受けとめるまでの苦しみの遍歴が綴られています。そこに，「わたしは悲しみと恐れという重荷を背負っているのに，娘のほうは，その幸福な，子どもっぽい精神はなんの負担も感じていないのです。心配も恐れもいっさい，娘には関係のないことなのです」（Buck, 1950/2013）との一節があります。

　「知的障害があるからいろいろなことがわからない，だから悩みもない」という見方はしばしば見られますが，これは事実とは異なります。この手記の原題「決して育たなかった子ども」には，親としての絶望と苦悩がありありとあらわれていると同時に，親たちの背負うこの苦悩は，子どもにはわからないだろう，せめてわからないものであってほしい，という痛切な祈りもこめられているのでしょう（滝川，2017）。

　そうした親としての思いとは別に，私たちには，知的障害がある人への無関心や敬遠から，深く考えずに「悩まない」と見なしてしまっているところもあるかもしれません。こうした思い込みは知的障害のある人のこころの軽視に他なりません。思い込みを脱却し，そのこころに少しでも近づく一歩を踏み出してみましょう。

特　　徴

　知的障害は最も古くから知られた発達障害で，DSM-5 では知的能力障害（知的発達症）と表記されるものです。**知的機能**（知能）と**適応行動**の両方に著しい制限があることを特徴とし，22 歳以前に生じます（AAIDD, 2021）。知能の制限は，**知能検査**で平均より 2 標準偏差またはそれ以下であること（IQ が 70 より低いこと）によって確かめられます。適応行動とは，日常生活の中で学習し実行する，概念的，社会的，実用的スキルを指します（**表 10-1**）。

　日本における知的障害のある人はおよそ 109 万 4000 人（1000 人に 9 人）（内閣府, 2021）とされます。「2 標準偏差またはそれ以下」にはおよそ 2.3％の人たちが該当することになりますが，知的障害とされる人がそれよりも少ないのは，本人の努力や周囲のサポートによって適応行動の制限がない場合と，実際には障害があり支援が必要であるのに気づかれていない場合があると考えられます。

　一見すると障害があることがわからないような人やことばでのやりとりが難しい人など，知的障害というくくりに含まれる人はとても多様です。そのため，**軽度，中等度，重度，最重度**と分類がなされます。この分類は支援の必要性によってなされるべきとされ，DSM-5 では適応機能の臨床像が細かく示されています。しかし，日本の**療育手帳**の区分には統一ルールがなく，主に IQ に基づいて，自治体ごとに異なる区分がなされているのが現状です。

成因・原因

　基本的にはさまざまな原因によって生じると考えられます。重い知的障害では病理的な原因が明確な場合もあります。出生前の原因としては，**染色体疾患**などの遺伝子症候群，**先天性代謝異常**，脳形成異常，母体疾患，出生後には，低酸素性虚血性障害（出生時の脳への血流遮断による脳障害），外傷性脳損傷，感染，脱髄性疾患（神経

表 10-1　適 応 行 動

概念的スキル	言語，読み書き，お金，時間，数の概念，自己決定
社会的スキル	対人関係スキル，社会的責任，自尊心，だまされにくいこと，警戒心，社会的問題解決，ルール・法律を守り被害を受けない能力
実用的スキル	日常生活動作（パーソナルケア），職業スキル，ヘルスケア，旅行，スケジュール，安全，お金の使い方，電話の使い方

（出所）AAIDD, 2021.

線維を包む髄鞘の損傷），けいれん性疾患や中毒などが挙げられます（APA, 2013）。

　染色体疾患には，ウィリアムス症候群，脆弱 X 症候群，プラダー・ウィリー症候群などさまざまなものがありますが，最もよく見られるのは**ダウン症候群**です。

　ダウン症候群は主に 21 番染色体が 1 本過剰であること（21 トリソミー）により引き起こされます。染色体異常のある受精卵は大部分が自然淘汰されますが，21 トリソミーの受精卵は 1/3 が妊娠を全うします。そうして生まれてくるダウン症候群のある赤ちゃんは，すべての赤ちゃんのおよそ 800 分の 1 です（母体年齢と共に増加）。21 トリソミーは**出生前診断**（胎児の発育や異常の有無などを調べる検査をもとに医師が行う診断〔NIPT Japan, n.d.〕）が可能です。出生前診断のためにさまざまなさまざまな検査が行われますが，中でも NIPT（無侵襲的出生前遺伝学的検査：non-invasive prenatal genetic testing）は，確定的な診断は行えないものの精度が高く，胎児へのリスクがない母体の血液による検査で，注目を集めています（★その他の検査についてはウェブサポートで紹介します）。21 トリソミーが NIPT の対象なのは検査が技術的に可能だからであって，特別な治療上の理由があるわけではありません。私たちは生涯においてさま

ざまな障害を負う可能性があり（➡1章），出生前診断される障害はきわめて限定的です。出生前診断で陽性と診断されると人工妊娠中絶が選ばれることが多く，限定的な一部の障害について出生前診断を行うことの是非が，倫理的な問題として議論されています。ただ，こうした批判は制度の検討においてなされるべきであり，出生前診断に関する判断を行うカップルの**リプロダクティブ・ヘルス／ライツ**（reproductive health/rights：性と生殖に関する健康と権利）は最大限尊重される必要があります（山中ら，2017）。

　ダウン症候群は，知的障害の他，特徴的な顔貌や心奇形，消化器奇形，血液疾患，内分泌代謝疾患，眼科・耳鼻咽喉科疾患といった合併症を伴うことがあります。身体発育は小さめで，筋緊張が低いため早期の運動発達はゆっくりです。知的障害の程度はさまざまで，言語理解より表出が困難，ワーキングメモリー（作動記憶：短い時間に情報を保持し，同時に処理する能力）の弱さ，全体的情報処理の優位（情報の部分よりも全体をざっくりと捉えることが得意）などの特徴があります（玉井，2015）。青年期に，これまでできていたことが急にできなくなることもあります。ダウン症候群の「急激退行」としてセンセーショナルに取り上げられ家族に強い不安を引き起こしましたが，現在のところ，環境の変化やそれまでの頑張りすぎなどが影響しての適応障害として捉えられています。

発達の流れと支援

　ダウン症候群の適応障害に見られるように，知的障害のある人は，環境からの影響の受けやすさや**過剰適応**傾向があり，それを考慮して発達プロセスを捉えることが大切です。

　出生前後の病理的要因がある場合を除くと，多くは幼児期にことばの遅れなどによって気づかれます。**乳幼児健診**で指摘を受けることもあれば，家族が気づいて医療機関を受診することもあり，診断後（発達早期は確定診断がつかないこともあります）は**児童発達支援**

（➡ 4 章）で療育を受けることが多いです。バック（Buck, 1950/2013）は娘に障害があるとわかったとき，「果てしもない大きな心の痛みは肉体の苦痛となって，筋肉や骨の髄まで滲み込んで行くように」感じられたそうです。子どもへの支援だけでなく，家族へのサポートは不可欠です。おとなしくて表出がはっきりしないことも多く，指示的な働きかけに応じて一層受け身的になりがちです。

　児童期・思春期には**特別支援教育**（➡ 4 章）を受けることが多くなります。軽度の場合は小学校に入学後，障害に気づかれることもあります。友人との交流を楽しむこともあれば，疎外されて傷つくことも多くあります。ある当事者のことばです。「私を理解してくれる友達もいっぱいいて，まもってくれました。友達なのに意地悪をするのは良くないです。絵の具の筆を洗った水を『これ飲んだら遊んであげるよ』と言われてひと口飲みました」（南，2020）。勉強における困難さは抽象的思考が求められる小学校高学年頃から顕著になり，失敗体験を重ね，**劣等感**を強めたり**学習性無力感**に陥ったりすることもあります。反抗や自立，恋愛といった思春期の心理的な変化はゆっくりと訪れることが多いようです。

　成人期には，一般就労する場合もありますが多くは障害福祉サービスを利用して「作業」や「日中活動」を行います（➡ 4 章）。多くの人が成人後も親と暮らしており（厚生労働省，2018b），結婚，出産，キャリアアップといったライフイベントを経験することが少ないことも指摘されています。（**➡インタビュー④**）。きょうだいの結婚や別居，親の高齢化や死別，支援者の異動や退職といった環境の変化に心理的な影響を受けることも多くあります。加齢変化はやや早くあらわれるとされており，そのこともふまえた支援の見直しも必要です。

インタビュー④　愛するという能力：子育てと障害

（話し手）岸村いっこ／（聴き手）中島由宇／（橋渡し役）山口博之

> 聴き手（中島）は知的障害のある人の研究や支援に携わっています。聴き手が話し手のいっこさんと出会ったのはある知的障害福祉事業所でのこと。パッと目立つ雰囲気で仲間に慕われるいっこさんはその実シャイな人。垣間見える優しさが印象的でした。後に，3歳の娘さん（愛夢さん）を育てながら通所しているシングルマザーであると知りました。いっこさんに長くかかわってきた支援者の山口さんに橋渡しをしてもらいながら，子育てをめぐる話をゆっくりと聴きました。中島が感銘を受けたのは，いっこさんの人を愛するすぐれた能力でした。

愛を受けとめる力　　いっこさんは小さい頃から，家族の死別や学校でのいじめなど，さまざまな傷つきを経験してきました。出産前には，自傷行為や家出を繰り返すなど，投げやりで「何も考えていなかった」ような日々であったと言います。しかし，苛酷な中でも，いっこさんは自分に向けられた愛を感じとり，受けとめることのできる人でした。「悪いときのお酒が怖い」お父さんは，子どもを深く愛する人でもありました。行事のときには1回も欠かさず来てくれた，いじめがあってつらかった修学旅行のことはあえて何もきかずにいてくれた，障子に穴をあけてしまったらお父さんも穴をあけて「見つけたー」「隠れたー」と一緒に遊んでくれた……。いっこさんは，お父さんとのたくさんの愛の記憶を語りました。

飽かず見つめ，まなざしを重ね，共にいる愛　　愛夢さんを授かったとわかったとき，周囲は喜ぶより先に心配したそうです。「知的障害のある人は子どもを育てられないのではないか」と言う人もいたのだそうです。けれども，いっこさんは妊娠がわかった瞬間からすごくうれしくて，愛夢さんとの毎日は，"大変"や"つらい"よりも，"楽しい"や"うれしい"がずっと多いのだと言います。

　いっこさんは，愛夢さんに飽くことなくまなざしを注ぎ続けます。「[出産直後] 隣に愛夢がいて，ずうーっと，見てたら朝になって [笑う]，そう，ずっと，こうやって遊んでた，ずっと寝てる

じゃん，でそれで写真バンバン撮ったりとか，手こうやってやると
すぐきゅってやる［把握反射をあらわす身ぶり］。それずっとこう
やって遊んでたら，朝になった。ふふふ」

　また，愛夢さんから世界がどのように見えているのかが「めっ
ちゃ気になる」と，愛夢さんと同じ目線に立って，愛夢さんとまな
ざしを重ね合わせようとします。「［公園の草の茂るところで］急に
探し始めたから，なんか，一緒に探したり，よくわかんないんだけ
ど，くそ暑いんだけど，そう，なんか涼みたいなあって思いながら
も，一緒に顔まっかっかになりながら［笑う］，なんかわかんない
んだけど無駄にそれで，石っころ見つけたりして。で，あったー，
そうだね，あったねっつって，ママこれ見つけた，そんな遊びしか
しない」。山口さんには，いっこさんが全身全霊で愛夢さんと遊ん
でいるように見えるのだそうです。

　夜泣きのときには，「何がやなのか全然わかんなくて，抱っこし
てもいやがって暴れるから，それでも抱っこして，で，やなんだ
ねーやなんだねー，ってずっと言ってたら，あーっ!!　て言われ
て，［やなんだねーって］言うのもやなんだねーっつって」抱き続
けました。山口さんは，いっこさんの子どもへのかかわり方を尊敬
していると言います。ひたすらに子を見つめ，まなざしを重ね，子
をわかろうとし，しかしわからなくてもただただ共にいて子を抱き
続ける愛の深さを感じ，中島にもおのずと畏敬の思いが湧き起こっ
てきました。

自分ではなく子どものために　　いっこさんの子育ても，山口さん
をはじめ，知的障害福祉や保育のさまざまな支援者の支援を受けて
います。「［支援の］よかったこと・嫌なこと，なんか……，あるは
あるけど，でも，支援，必要，だし」など，ことばの端々に支援に
対する複雑な思いがにじみ出ているようです。しかたないものとし
て，甘んじて支援を受けいれている部分もあるのだろうと推察され
ます。例えば突発的な病気やけがのときの判断や，「［子どもが］
おっきくなって，小学生とかになってきて宿題とかも出てくるし，
答えられるところは答えられるけど，そう，『ママこれ教え
てー』って言われたときに，答えられないときも，たぶんあると思
うし」といったときのような，どうしたらいいかわからないような

とき，支援がなかったら「たぶん無理，無理，かな」と語ります。支援を甘受するのは，ひとえに愛夢さんのためです。

インタビューでたくさんの思いを豊かに語るいっこさんですが，「自分の気持ち伝えるの苦手」であると言い，「何話していいかわかんなくなっちゃう」と言います。自分の言いたいことをあらかじめメモするなどして工夫していますが（インタビューにもメモの準備をしてくれました），「こういうの使わないで，ちゃんと自分のことばで」話せるようになりたい，それが今の目標なのだと言います。1つには，子どもがまだうまくしゃべれないぶん，「お母さんがちゃんと，相手に，いろんな人に，こうなんです，ああなんですってちゃんと，教えないと」いけないからであり，もうひとつは，子どもが大きくなったときに「ちゃんといろんなこと伝えたりとかしたいから」だと言います。

心理職を目指す読者の皆さんへ　いっこさんから3つのメッセージです。①一緒に悩んでほしい：相談に乗るのは支援者の仕事であることはわかっているけれど，いかにも仕事という「仕事感」を出されると「話す気なくなる」。輪になって大勢で話すのもイヤで，「いろんな方向から言われたりすると，パニックっていうか，よくわかんなくなっちゃう」。ある支援者に悩みを話して，別の支援者に話がまわってしまうのもイヤ。「家族，じゃないけど，一緒に考えたり，一緒に悩んだりしてくれるような人，をたぶん，みんな求めてると思う」。②想像してほしい：「この人にはこういうふうにすればいいや，とかじゃなくて，この人は何でこういうときに暴れちゃうのかなあとか，どうしたらこういうふうになるのかなって，考えたりとか，してほしい」。③待ってほしい：「ウチも前は，いろいろ言われて，言われたりしたときに，すぐに答えられなかったから，そういう人もいるし，すごい，たぶん，自分の気持ちを，人に伝えるのにすごく，時間かかる人もいるし，伝えたいって思っていることが頭の中に浮かんでいても，それが口に出せない人とかもいるし，だからそういう人たちには，その，話す，時間を，つくって，じゃないけど，待ってほしい。時間はかかるけど，でもちゃんと思いはあるわけだから」

◯──▷　**知的障害のある人の生きる世界**：孤独と疎外からわかちあいへ

　知的障害があるということは，自分にはよくわからない世界の中におかれるということであり，**不安や緊張**を常に強く感じ，「まわりの人たちが当然のものとして共有しあい享受しあっている世界に入りきれないまま」**孤独**に生きなくてはならないこととなります（滝川，2017）。

　さらに，知的障害のある人は他の障害に比べても最も苛烈に社会から**疎外**され続け，その存在すら脅かされてきました（➡ 2 章）。能力主義の色濃い近代にあって，とくに知的能力は社会で重視されてきたからです。こうした疎外が，孤独をさらに色濃いものにします。知的障害のある人がいつも笑顔を浮かべていることがあります。自分の存在が望まれていないと知る人が生き続けるために，幸せを装って笑うことを「ハンディキャップ・スマイル」と呼びます（Sinason, 2010/2022）（➡ **コラム 7**）。知的障害のある人がこころから笑うことはもちろんたくさんありますが，笑顔の向こうに深い孤独が潜んでいる可能性もあるのです。

　認識の発達の遅れゆえ，色彩や形態，音などを意味で切り出されることなく，あるがままに純粋に知覚する，豊かな感覚世界を体験しています（滝川，2017）。一方，絵画や音楽，ダンスなどを通して独創的な表現をする人もいます。独創的とはわかちあいにくいということでもあります。知的障害とはわかることの障害と述べましたが，わかるとは，理解を共有する，つまり，わかちあうということです。私たちはこれまで，こちらの理解のしかたで彼らにわからせようとするばかりで，私たちのほうが独創的な彼らの世界をわかろうとする努力を怠ってきました。「彼らの表現が彼らの表現のままで受け取られる状態へ導くのに何が必要かを具体的に考え実践すること」がこれからの私たちの課題です（打浪，2018）。

3　自閉スペクトラム症／自閉症スペクトラム障害

自閉スペクトラム症はその人だけのもの？

　世界に先駆けて自閉スペクトラム症（当時は「自閉症」）を発達障害であると捉えた小澤勲（1984）は，自閉スペクトラム症のある子どもと1カ月ぶりに出会ったときの次のようなエピソードを紹介しています。

　小澤が入室すると子どもが急に近くにやってきて，「マツモトゲンジロウ，マツモトゲンジロウ」と言い始めました。お母さんは困って，「この先生はオザワ先生よ」と言いますが，その子は「マツモトゲンジロウ」を繰り返して次第にいらつきだしました。小澤は子どものことを自閉的であると感じていましたが，ふとこの名前に記憶にひっかかるものを感じました。子どもがドアのほうに駆けていくのを見て，前に会った部屋のドアに「火元責任者松本源治郎」と書いてあったのを思い出しました。小澤が，「ああ，そうだったね。前の部屋にはここに松本源治郎と書いてあったね。あのときのことをおぼえていてくれたの。ありがとう」と言うと，子どもの表情はとたんに穏やかになりました。この瞬間，小澤が感じていた自閉的という印象は消失し，言うならば，「ここと似たような場所でお会いしましたね。また会えましたね」などと挨拶されたかのように小澤には感じられました。

　自閉スペクトラム症はコミュニケーションの障害といわれます。しかし，コミュニケーションとは一人で行うものではありません。コミュニケーションに困難が生じたとすれば，コミュニケーションをとるそれぞれにその責任はあるはずです。小澤（1984）は，「関係性の1つの極にある人間Bが関係性の破綻を関係性の今一方の

表 10-2　自閉スペクトラム症の症状の例

社会的コミュニケーションや対人的相互反応の障害	会話の欠如，ことばの遅れ，反響言語（エコラリア），格式張った過度に字義通りのことば，一方的な発話，模倣の少なさ，多くの人が直感的に理解する対人的な事柄の理解の困難，視線の合わなさ，共同注意の困難，身振り・表情・会話の抑揚などの乏しさ，他者への拒絶，ごっこ遊びの困難など
行動・興味・活動の反復された様式	常同的・反復的な行動（同じ動作を繰り返す，反響言語など），こだわり（変化への抵抗，儀式的に行動を繰り返す，特定の物への強い関心など），感覚刺激に対する過敏・鈍麻

（出所）APA, 2013 を参照して作成。

極にある人間 A の内に存在する障害，あるいは疾病過程のあらわれである症状（行動）に責を帰するために［引用者注：診断が］利用される」と指摘しています。

　自閉スペクトラム症のある人とのかかわりで困ったことが生じたとき，「障害だから」とそこで思考を止めてしまったら，やりとりが深まることはありません。こちらがあれこれ考えて気づきに至ったそのとき，生き生きとしたやりとりが始まり，私たちの間にあった障害が 1 つ消失するのです。

▷ 自閉スペクトラム症とは

特　徴

　発達早期に，①社会的コミュニケーションや対人的相互反応の障害と，②行動・興味・活動の反復された様式が見られることが特徴です（APA, 2013）。

　その症状のあらわれは発達段階などに応じて多様です（表 10-2）。注目すべきは，子どもが大人に指さしで要求を知らせるなど他者と意図的にかつ同時に注意を共有する「共同注意」の困難で，その土台には，人と人とがある物を共有する三項関係（Ⅱ部扉裏図イ）の

成立の困難があると考えられています。三項関係においては，それぞれの体験を重ね合わせるように感じとりながら（**図イ**のA），お互いが見ていることを見てやりとりしあう（**図イ**のB）ことが同時に行われます。通常は乳児期後半に達成される共同注意は相互交流の基盤となるものであり，こうしたやりとりしあう関係をもつことの難しさに，自閉スペクトラム症の中核的な困難があるとする見方があります。やりとりの困難は，視線の合わなさや模倣の少なさという特徴としてもあらわれます。

　また，共同注意の困難は，共同世界の意味を理解する困難に結びつきます。子どもが「車」という意味を理解するのは，大人と共に車を見て，大人が車を扱う姿を捉え，車をめぐってやりとりすることによります。このプロセスを浜田（1992）は，「すでに意味を身に浸み込ませた人から，その意味を我が身に敷き写す過程」と呼んでいます。ことばの遅れや，過度に字義通りのことばの使用は，こうした意味の敷き写しが難しいことが背景にあると考えられます。

　1990年代以降，自閉スペクトラム症のある人が自身の体験を社会に発信するようになりました。「衣類の感触がサンドペーパーのように感じられる」「オルガンの不協和音に大勢から殴られるような痛みを覚える」（櫻井，2009）一方で，「寒さや暑さを感じとれず衣服などの調節ができない」といった当事者たちの声により，**感覚過敏・鈍麻**により大きな苦痛を感じていることが明らかになりました（➡**コラム1**）。過敏と鈍麻は正反対のことのように見えますが，どちらもたくさんの感覚刺激に翻弄されて，1つひとつにダイレクトに反応しすぎてしまうのが過敏，反応をうまくまとめ上げられない状態（寒い中で，身体末梢の痛みや身体の重さ，力みなどたくさん感じ，それを「寒さ」と捉えるのが難しいなど）が鈍麻として見えるということかもしれません（Grandin & Panek, 2013/2014）。感覚刺激に翻弄されて混乱し，**パニック**に陥ってしまうこともあり，サングラスやイ

ヤーマフなどで刺激を調整する人もいます。

常同的・反復的な行動やこだわりは，刺激の洪水の中で，わかりやすい同じパターンのものに頼って自分を落ち着かせる，1つの対処としても捉えられます。

自閉スペクトラム症はかつてはまれとされていましたが，2000年代に報告数が急増して，人口の1%前後とされ，2010年以降それ以上の報告も見られます（土屋，2018）。この増加の原因として，診断概念自体の範囲が拡大したことや概念が普及したことの他，社会が流動化し変化のテンポについていけない人がクローズアップされたといった社会的背景も考えられています（綾屋・熊谷，2010）。男性のほうが女性より4倍多いとされます（APA, 2013）が，女性には社会参加の動機が高く「普通に見えるよう努力し」，特性がカモフラージュされる場合があり，気づかれにくいという指摘もあります（蜂矢，2020）（**女性の診断の見過ごしはADHD**でも指摘されています。榊原，2021）。

成因・原因

特徴的な行動と神経生物学的な成因の間をつなごうとする，さまざまな心理学的な仮説が考えられています（Frith, 2008/2012）。行動の背景にどのようなプロセスや意味があるのかより深く多角的に理解するのに役立つ代表的な仮説を3つ紹介します。

1つめは，他者のこころの状態を理解する能力である「**心の理論**」やメンタライジングの問題とする仮説です。「心の理論」障害説は，はじめに「サリー・アン課題」という実験で確かめられました。それは，①サリーはかごを，アンは箱を持っていて，サリーはビー玉を自分のかごに入れます。②サリーは外に遊びに行き，いたずらなアンはビー玉をかごから取り出し，自分の箱に入れます。③さて，サリーがそろそろ帰ってきます。サリーはどこにビー玉を探そうとするでしょうか，という課題です。正解はかごです。サリー

の立場に立てば②の状況はわからないからです。通常4〜5歳には通過するこの課題が，自閉スペクトラム症の人には難しいのです。通過する場合もありますが，長い時間を要し，たやすく自動的に理解できるわけではないようです。メンタライジングとは，「心の理論」と同義で用いたり，より広範な意味を含む概念です。「サリー・アン課題」のような意識的なレベルではなく，より直観的に他者のこころの存在を推察するメンタライジングの力を視線のパターンなどで調べたところ1歳の子どもにすでにその能力があるそうです。

　2つめは，**ソーシャル・モチベーション**に関する仮説です。人は生まれてすぐのときから人の顔をより好んで見たりするなど，物よりも人に関心があります。これは，養育なしには生きられないヒトの赤ちゃんにとって必須のサバイバル能力です。この仮説は，自閉スペクトラム症の人が映画のシーンで注目する場所を調べる実験などによって検証され，登場人物の目よりは口，または背景画面に注目する傾向から，ソーシャル・モチベーションの低さが推測されています。

　3つめは**弱い求心性（中枢性）統合**という仮説です。ただ本を読んだだけでその内容を全部暗記する，記憶だけを頼りにきわめて精密な絵を描くなど，自閉スペクトラム症などのある人の一部に，特定のことに類いまれな能力をもつ**サヴァン症候群**といわれる人がいます。構成要素1つひとつをその通りに捉えるこうした能力を説明するのがこの仮説です。細部の断片的な情報を，全体の文脈を把握した上で意味づけること（求心性統合）に弱さがあると考えられています。細部へのこだわりの強さや文脈理解の難しさ，感覚過敏・鈍麻にも関与している可能性があります。

発達の流れと支援

　乳児期から幼児期のはじめには，手がかからず育てやすいとされ

る子，夜なかなか寝ないなど育てにくいとされる子，ことばを話していたのが消失するといった発達の逆戻りのようなことが起きる子もいます。手がかからなかったとしても，子どもがまるで親など存在していないかのようにすごす様子から，親に大きな苦痛をもたらすことがあります（Bartram, 2007/2013）。このように早くから徴候が見られることが多いですが，子どもが 30 カ月を過ぎる頃に確定診断が可能になります（Frith, 2008/2012）。知的障害同様，乳幼児健診や家族の気づきで把握され，必要に応じて療育を受けることがあります。

　児童期から思春期に，博識であることから一目置かれたりユニークな個性を尊重されたりすることもある一方で，変わっているということからいじめられてしまうことも非常に多くあり，ネガティブな体験が重なって劣等感を抱くこともあります。そうした体験をありありと細かく記憶し，年を重ねても**フラッシュバック**（ささいなきっかけでトラウマ記憶などが追体験されること）してしまうこともあります。報告によってばらつきはありますが，不安障害などの精神障害を併存することもしばしばあります。知的能力が高い場合，大学生活や就職，結婚生活において難しさを感じてはじめて診断を受けることもあります。

▷ 自閉スペクトラム症のある人の生きる世界：孤軍奮闘

　人は人とやりとりしあう関係の中で，共同世界の微妙なニュアンスや不文律をわかちあい，自他をすりあわせて自己感を得て，頼り頼られ支えあいながら生きています。私たちはやりとりしあう関係の織りなす目に見えない網の中に生きているようなもので，その網があるからこそ他者とスムーズに交流し，自分のことをくっきりと感じられ，守られてもいるのです。

　自閉スペクトラム症のある人は，そうした網を感じられない世界

を生きているようなものなのかもしれません。やりとりから敷き写して世界を学びとることができないぶん，独力で自分流に世界を学んでいくことになります。自閉スペクトラム症のある人が「生まれたときから自閉の脳。人とどこかが違うなんて，自分で思いつくわけがない」（藤家，2007）と述べているように，それに気づくのはとても難しいことですが，日々他者とのかかわりの経験を重ねる中で漠然とした違和感を覚える人もいるようです。しかし，それが何なのか……他の人たちがわかちあっていると思われる何かはいったい何なのか，私は他の人と何が違うのか，をつかむことは容易ではありません。違和感が苦しくても，それを誰にどのように伝えてよいかもわからず，自力で対処することも多いでしょう。

　自閉スペクトラム症のある人の生きる世界を想像すると，ひたむきに**孤軍奮闘**する姿が浮かび上がってきます。そうした彼らに対して私たちにできることは何でしょうか。

4　学習障害（限局性学習障害／限局性学習症）

▷　**パソコンはめがね？**

　図 10-4 の文を読んでみましょう。これらは学習障害のうち，読みに困難がある人の文字の見え方をイメージしたもので，あくまで一例ですが（他にも，文字が模様のように見える，漢字の部首がわからないなど読みにくさは個人差があります），大変さを少しだけ感じとることができるのではないかと思います。この人は読みたい部分をハイライトにすることで読みやすくなるのだそうです。他にも音声読み上げ機能やフォントの調整など，個々の困難に即した方法で ICT（情報通信技術）を活用することは，学びの**社会的障壁**を除去する重要な手段です。学習障害のある人がパソコンなどの ICT を使うの

図10-4　読み障害における文字の見え方の例

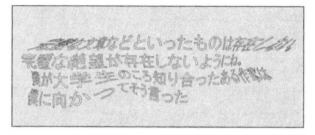

(出所) 藤堂栄子『ディスレクシアでも大丈夫！──読み書きの困難とステキな可能性』（ぶどう社, 2009年）より転載。

は，近視の人がめがねをかけることと同じようなことなのです。

学習障害とは

特　徴

　DSM-5では，限局性学習障害（限局性学習症）と呼ばれますが，「学習障害」（Learning Disorder；LD）という表現が一般的です。児童期に**学業的技能を学習することの困難**があらわれ，その成績がその年齢の平均より十分に低い場合に診断されます（APA, 2013）。学業的技能の学習とは，単語を正確かつ流暢に読むこと，読解力，書字表出および綴字，算数の計算，数学的推理が含まれます。何が困難であるかにより，**読字の障害，書字の障害，算数の障害**に分類されます。また，読解力を除く読字の障害（書字障害を伴うことが多い）

である（発達性）**ディスレクシア**（dyslexia）は，限局性学習障害の中核的なグループです。ディスレクシアでは，文字を読むために必要な**音韻意識**（話しことばの中の音のピース［粒］に気づくこと。例えばしりとり遊びにはこれが必要です）や**デコーディング**（文字と音の対応関係を学習して文字を音に変換ができること）に困難が生じます（加藤，2016）。

　学習障害という概念はもともと教育領域で生まれたものであり，教育領域では次に挙げるように，医学的な診断基準よりも緩やかに捉えられています。「学習障害とは，基本的には全般的な知的発達に遅れはないが，聞く，話す，読む，書く，計算する又は推論する能力のうち特定のものの習得と使用に著しい困難を示す様々な状態を指すものである。学習障害は，その原因として，中枢神経系に何らかの機能障害があると推定されるが，視覚障害，聴覚障害，知的障害，情緒障害などの障害や，環境的な要因が直接の原因となるものではない」（文部省，1999）。

　学習障害があるのは学齢期の子どもの5～15％とされますが（APA, 2013），日本では，（あくまで通常学級における担任教師の推定であり診断ではありませんが）およそ6.5％とされます（文部科学省，2022）。ディスレクシアは英語圏で頻度が高く，主に言語の違い（日本語の仮名文字は音と文字の対応が規則的で文字に相当する音の粒が粗く，英語は対応が不規則で粒が細かい）によると考えられます（加藤，2016）。

成因・原因／発達の流れと支援

　幼児期に文字に関心を示さないなどの特徴が見られることもありますが，障害が明らかになるのは学校教育が始まる児童期です。中高生になって難しい漢字や英語の学習のつまずきで気づかれることもあります。学業不振は，知的障害や家庭環境の問題，学習意欲のなさなどによることもありますので，見極めが必要です。

　聴覚的・視覚的情報処理，音韻情報処理，ワーキングメモリー，

注意（ADHDの併存は多い），協調運動などのさまざまな認知・運動機能の問題が背景にあると考えられますので，どこに問題があるかを明らかにすることが必要です。小学校低学年では，読み書きなどの困難そのものの改善に取り組まれることが多いですが，高学年以降，ICTなどの代替手段を活用して，確実な情報入手や自己表現を行うことが重視されます（加藤，2016）。

発達障害者支援センターで支援を受ける成人のうち，学習障害はわずか0.4％であり（志賀ら，2018），精神科臨床でも発達障害のある成人患者はほとんどが自閉スペクトラム症かADHDであるとされます（内山，2020）。障害の把握が難しく，成人後，必要な支援が十分になされていない可能性があります。

▷ **学習障害のある人の生きる世界**：見えにくく，気づかれにくい障害

発達障害の中で「最も見えにくい，気づかれにくいもの」（宮本，2016）であり，困難が軽く見積もられがちです。しかし，学力や学歴が重視され読み書きがあたりまえとされる日本では，学業に困難があることは，単に学力の問題にとどまらず，**自尊心**や**意欲**などに大きな影響を及ぼします。当事者の手記には，たどたどしい音読を笑われた，いくら反復しても覚えられないのに漢字練習を強要された，苦肉の策で教科書にルビをふっていたら叱られたなど，つらい経験が多くなることが紹介されており，学校卒業後も困難は続きます。ある人は，「いつも，『書けない』言い訳をできる準備をしていた。人からみたらこっけいだろう。でもプライドを保つためには必要だった。『ケガをしているんで』『手が不自由なんで』言うたびに，くやしさがこみあげる。みじめな自分……」と述べています（井上・井上，2012）。**羞恥心**を感じて隠そうとすることが，障害をさらに見えにくくします。

5 ADHD（注意欠如・多動性障害／注意欠如・多動症）

▭▷ **子どもとかかわるのにいちばん大切なことって？**

　タレントの黒柳徹子さんの自伝的な作品『窓ぎわのトットちゃん』（黒柳, 2015）を，小さい頃に読んだことがある人もいるでしょう。トットちゃんは，担任の先生を困らせてしまって小学校を「退学」になり，はじめて出会ったトットちゃんの話を4時間もきいてくれる優しい小林先生のつくった，インクルーシブな学校「トモエ学園」に通いました。

　ここでもトットちゃんは，興味のあるものを見つけると思わず，「先生たちが，びっくりするような事件」をいくつも起こしました。例えば，「お昼休み，学校の裏をブラブラ歩いていて，道に新聞紙がひろげて置いてあるので，とてもうれしくなって，遠くから，はずみをつけて，凄い，いきおいで走って来て，その新聞紙に，飛び乗ったら，それは清掃の人が，トイレの汲み取り口をどかして（引用者注：昭和初期のお話です），におうといけないので，のせてあっただけだから，そのまま汲み取り口に，ズボ！ っと，胸まで，つかってしまったり……」。こうしたとき小林先生はかならずトットちゃんと話し合って解決し，大人の苦情から守りました。

　小林先生はトットちゃんを見かけるといつも，「君は，本当は，いい子なんだよ！」と言います。そのたびにトットちゃんは，ニッコリしてとびはねながら「そうです，私は，いい子です！」と答えます。トットちゃんは小林先生の思いをまっすぐに受けとめて，このことばは「『私は，いい子なんだ』という自信をつけてくれた」のだそうです。黒柳さんはADHDと診断されていたわけではありませんが，小林先生の姿は，周囲が困ることばかりが注目されてし

表 10-3 ADHD の症状

不注意 （集中し続けることの困難）	細部を見落とす，作業が不正確，すぐに飽きる・脱線する，物をなくす，忘れっぽい，時間管理が苦手，順序立てて行うのが苦手など
多動 （不適切な場面での過剰な運動活動性）	手足をそわそわ動かす，トントン叩く，席についている必要のある場面で離席する，しゃべりすぎるなど
衝動性 （見通しをもたない性急な行動）	注意せず道に飛び出す，質問が終わる前に答え始める，他人の活動に干渉するなど

（出所）APA, 2013 を参照して作成。

まいがちな ADHD のある子どもとかかわるお手本です。周囲の大人は，子どもの魅力を照らしだし，その子の**存在そのものを受けとめる小林先生**になる必要があるのです。

ADHD とは

特　徴

ADHD（Attention-Deficit/Hyperactivity Disorder）は，**不注意**および／または**多動・衝動性**（**表 10-3**）が 12 歳以前に複数の状況で生じることを特徴とします。子どもの約 5％，大人の約 2.5％ に見られ，男性に多いとされます（APA, 2013）。

成因・原因／発達の流れと支援

基本的な特徴は**自己コントロール**の困難であり，**実行機能**（遂行機能➡ 7 章）の障害，遅延報酬障害（報酬を待つことの困難），時間処理（段取りや結果予測）の障害を背景に捉える心理学的仮説があります（田中，2018）。自分をコントロールする力は外から力ずくで抑えても育たず，子ども自らがどうしたいかを考えて，取り組みやすい

課題で達成感を得る経験によって育ちます。その自らコントロールしようとするモチベーションは自尊心や周囲への信頼が支えます（鳥居, 2020）。コントロールする力を伸ばす環境にあるか否かが，発達に大きな影響を与えます。

　乳児期には，かんしゃくや睡眠の不安定などが見られることがあります。子どもというのはよく動き回るものですので，幼児期には活発な子どもというくらいに思われ，人なつこくてかわいがられることがある一方，動きが激しくケガが絶えず，養育にとても苦労する場合もあります。

　児童期は，学校生活の中で，忘れ物の多さやケアレスミス，授業中の立ち歩き，ルールの逸脱などの特徴がはっきりあらわれてくる時期でもあり，多くの場合小学校期に診断がなされます（APA, 2013）。状態は発達経過に伴って落ち着いていくとされますが，なかなか落ち着かず，反抗的になることもあります。叱責されて自尊心が下がり，それによって自己コントロールが悪くなり，ますます叱責されるという悪循環がその背景にあります。ADHD は，機能障害に**薬物療法**を適用できる唯一の発達障害であり，心理社会的支援の効果があらわれず事態が深刻な場合に用いられます。

　思春期以降，大学生活や就職で困難を感じて障害に気づくこともあります。不適切な対応や虐待など環境的な問題が重なると，反社会的行動を呈する反抗挑戦性障害，うつ病や依存症などを示す場合もあります。一方で，自分のあり方を活かしながら仕事に取り組む人もいて，中には衝動性や好奇心の強さや行動力を活かして起業する人もいます。

▷　**ADHD のある人の生きる世界**：自分自身を乗りこなす

　自己コントロールの困難とは，車の運転でアクセル，ブレーキ，ハンドルの操作が難しいようなものです。行動に取りかかりにくく，

やらなくてはならないことを先延ばしにしやすいというアクセルの踏みこみにくさ，いったん取り組み出すと寝食を忘れて没頭するブレーキのきかなさ，アイデアがあふれてきていろいろ気になり重要なことを選べないといったハンドル操作の難しさです。

　こうしたあり方を認識しそれにあわせて環境を整え，**自分自身を乗りこなす**ことを大切にして，スケジュールの可視化や細分化，やることのリスト化とチェック，忘れ物や失敗への備え，自分の特徴を周囲に伝える，といった工夫をしながら生き生きと暮らす人が多くいます（高山，2012）。興味をもったことを次々に行う生き方，豊かな好奇心と発想力は，変化の速い現代において大きな強みともなります。

*/// **Exercise**　エクササイズ //*

10.1　自閉スペクトラム症の体験世界を垣間見て，その困難について考えよう：イギリスの自閉症協会（National Autistic Society）による，Too Much Information キャンペーンでは，自閉スペクトラム症の情報処理の困難や，社会的な状況や予期せぬ変化に対する不安，騒音，におい，まぶしい光などへの苦痛，情報に圧倒されたときのメルトダウンやシャットダウン（パニック）といった特徴について，短い動画で紹介しています（https://www.autism.org.uk/what-we-do/campaign/public-understanding/too-much-information）。

　動画を視聴し，自閉スペクトラム症のある人の体験している世界を想像して，日常生活にどのような困難があると考えられるか，具体的に考えてみたり，グループでディスカッションしたりしてみよう。

発達障害の心理的支援

Quiz クイズ

Q11.1 発達障害の診断ができる心理検査はどれでしょうか。

  a. ウェクスラー児童用知能検査（WISC-V）
  b. ウェクスラー成人知能検査（WAIS-IV）
  c. 田中ビネー知能検査 V
  d. 新版 K 式発達検査 2020

Q11.2 知的障害のある人への支援や制度に関して，合っているものはどれでしょうか。

  a. 知的障害のある人はもともと認知機能に障害があるため，認知症になっても状態はあまり変わらず，支援内容を変える必要はない。
  b. 大人になってから療育手帳が発行されることはない。
  c. 療育手帳を取得する人は増えてきている。
  d. 知的障害のある人は障害福祉の対象であるため，年を取っても介護保険の適用にはならない。

Chapter structure 本章の構成

発達障害のある人への心理的支援	・社会が育ちの器となる ・対話的なやりとりをする ・発達の流れを捉える	心理的支援の実際
		子どもの支援 大人の支援 ・かかわりの場 ・かかわりの実際

Answer クイズの答え

Q11.1 すべて×

知能検査や発達検査だけで診断が確定されることはありません。

Q11.2 c.

知的障害のある人が取得することのできる療育手帳の所持者は，1995年で29.7万人，2005年で41.9万人，そして2016年で96.2万人と大幅に増加しています。以前よりも知的障害に対する認知度が高くなったことが要因の1つと考えられています（「令和2年版 障害者白書」）。

★本章のウェブサポートページ：学習をサポートするウェブ資料は，右の
QRコードよりご覧いただけます。

---

1 発達障害のある人への心理的支援

▷ **社会が育ちの器となる**

　発達障害が精神発達の遅れであるとするならば，心理的支援は，共に生きる者として育ちを支え，その人の伸びていきたい方向に力を引き出し，こころを育む支援です。私たち社会が，発達障害のある人が安心してのびのびと育つための器となることがその基礎となります。心理職は器の一部となると共に，社会に働きかける視点も求められています。

　例えば，**感覚過敏**に対して，周囲の刺激を調整するTEACCH（➡4章）のようにわかりやすい環境に整える**構造化**を行うといっ

た**環境調整**の重要性はよく知られていますが，これだけでは不十分です。私たちは，「危ない，わからない，できない」という先入観で発達障害のある人の経験の機会を奪ってしまいやすく（市川・岡村，2018），また，無理解や疎外によって彼らを傷つけたり，人とかかわる意欲をそいでしまったりして，彼らの発達の機会を損なうおそれもあります（冠地，2013）。ほどよい刺激に触れて関心のあるものに手を伸ばしてみる，あれこれ試してみる，うまくいかなくてもやりなおしてみる——そうしたトライアンドエラーを見守り**発達機会を保障**するような，寛容で弾力のある環境が育ちを促進します。

　また，最も身近な環境である家庭が育ちの器となるためには，まず家族が社会に支えられることが不可欠です。支援者の**連携**があたたかい見守りとして機能すれば，それも支えとなります。親は子に障害があるとわかると，「子どものすることしないことすべてを，その子の障がいと関連付けて考えるような心の状態」に入り込み，まるで専門家のほうが親である自分よりもわが子のことを知っているかのような錯覚を抱きやすいことが指摘されています（Bartram, 2007/2013）。親がすでにもっている子どもとの深いつながりを回復し，親として自信をもって主体的に子育てできるよう支援する必要があります。親子と心理職三者同席で行う**親—乳幼児心理療法**は親子のつながりを支えます。**ペアレント・トレーニング**（➡ 4 章）によってかかわり方を支援する場合も，あくまで親の**エンパワーメント**を目的とすることが大切です。

▷　人としてかかわる・対話的なやりとりをする

　発達障害のある人が人とかかわりあい，意味をわかちあいながら，自分らしく発達するのを支援するために，心理職が**全人的**にかかわる必要があります。まず，心理職のほうこそが**心の理論**をもち（➡ 10 章），その人はどのような世界を体験し，何を感じているのだろ

うと推察しようとする構えをもつことが出発点です。こころにまなざしを向けて，その固有の世界にそっと寄り添うように調子を合わせ（**情動調律**），自発的な表現をキャッチできるようなセンサーをもってかかわります。例えば ADHD のある子どものあちこちに注意が向かう動きにも，歩調を合わせその子の世界を捉えようとすることからかかわりは始まります。

　次のステップとして，受けとめたものを投げ返すように言語的・非言語的に**応答**したり，こちらが問いかけたいことや願うことを投げかけてみたり，といった対話的なやりとりに誘います。とくに自閉スペクトラム症のある人はやりとりしあう関係を築く難しさがあります（➡ **10 章**）ので，固有の世界に歩み寄ろうとすることをあくまで基本としながら，そこに生じるズレ（私とあなたは別の人間である以上，完全な同調は不可能でありズレは必ず起こります）をやりとりのきっかけと捉える視点を心理職がもっておくことが大切です。例えば，固有の世界の遊びに没頭していた子どもが「ちょっと違うな，あれ？」とでもいうようにふと顔をあげて心理職をのぞきこんだ瞬間や，ズレをその子なりに取り込んでいつもと少しだけ違う表現を取り始めた瞬間など，心理職という「他者」をその子が感じとり始めた瞬間に心理職が敏感に気づき，やりとりの始まりと捉えることがそれにあたります。ズレによってその子が不安になることもありますが，心理職もその事態にともに取り組みなんとか乗り越えようとすることが，その子の不安に共に注意を向ける三項関係（**Ⅱ部扉裏図ウ**）をつくることとなり，孤軍奮闘から共同作業へ移行する第一歩を踏み出すことにもなります。

　発達障害の固有の世界は外から見えにくく，その人自身十分に把握していないこともあります。固有の世界をその人から教えてもらうという**無知の姿勢**で問いかけることもやりとりを展開させます。やりとりの連鎖によって，その人は自身の特徴や思いに気づき，心

理職はその人の理解を深めていきます。何を思い，悩み，望んでいるのかが，その人自身にも心理職にも見えてくるのです。

▷ 発達の流れを捉える

　精神発達の遅れがどのように生じ，どのような苦しみとなってきたのかという，本人の**ライフストーリー**を理解することも大切です。発達障害はさまざまな要因の影響が絡まりあって起こります。年齢を重ねるほどにその絡まりあいは複雑になり，発達障害の特性に見えるものの背景に傷つき体験の蓄積があったり，逆に一見発達障害とは異なる困りごとの背景に発達障害の困難が隠れていたりします。ことばの表現に限りのある知的障害のある人はとくに，可能な限り支援者が多角的な情報を得て人生の流れを包括的に捉える必要があります。そうした理解を本人や支援者間で共有・継承することがその人の一貫した**自己概念**を支えることにつながります。

2 心理的支援の実際

　公認心理師の実態調査では，「これまでに支援等の経験があるテーマ」「今後特に知識・スキルの向上を図りたいテーマ」共に発達障害が最多（それぞれ 92.6%，77.3%）であり，発達障害は公認心理師が最もよく取り組んでいて関心のあるテーマです（日本公認心理師協会，2021）。児童福祉や医療，特別支援教育をはじめ，大学の学生相談，司法，産業領域などさまざまな場で支援がなされています。次頁「子ども支援の現場から」では，教育相談室での心理的支援の実際を紹介します。

　一方，知的障害者福祉において心理職の配置はあまり進んでいません（知的障害者日中活動事業所 1746 施設のうち，心理職を含む専門職

〔他に作業療法士，理学療法士，言語聴覚士〕は常勤換算で174.5人〔日本知的障害者福祉協会調査・研究委員会，2021〕）。272頁「大人の支援の現場から」では，知的障害福祉における先駆的な心理的支援の実際を紹介します。

▷ 子どもの支援の現場から：目の前のその子から始まる心理的支援

> クライエント（なおさん）：「いじめ」を主訴に訪れた小学校5年生。
> 私：教育相談室で働く心理職。

かかわりの場

教育相談室（所）は，地域の教育委員会のもと設置されている公的な相談機関です。主に学齢期の児童生徒（地域によって幼児や高校年齢も）とその保護者，教職員を対象とし，子どもの生活全般に関する多岐にわたる相談（不登校，いじめ，学習，発達，性格，しつけなど）に，心理職をはじめとする専門職（言語聴覚士，スクールソーシャルワーカー，教職経験者など）が応じます。相談内容によっては，本人や保護者の了解を得た上で，学校や医療機関，児童相談所などと連携を行うこともあります。

相談室での子どもの心理療法は，年齢や特性に応じて**対話による面接**か**プレイセラピー**が行われます。保護者だけが相談にみえる場合もありますが，子どもと保護者の面接を並行して行う**親子並行面接**が基本となります。必要に応じて，発達検査や知能検査を行う場合もあります。学校とは異なる独立した機関のため，学校に行きにくい子どもや保護者でも比較的利用しやすく，相談料は無料であり，安定した枠組みで継続的な心理的支援を受けやすいといえます。

かかわりの実際

(1) **上滑るやりとりと一方的なかかわり**　なおさんの両親が「いじめ」を主訴に教育相談を訪れたのは，彼女が小学校5年生の秋で

した。なおさんは非常に真面目な性格で，クラスのやんちゃな男子を注意して以来からかわれるようになり，それに同調する子たちも出てきて，泣いて帰ってくることが増えていったそうです。当初は相手の子や担任への怒りを興奮気味に語っていた両親でしたが，次第に，なおさん自身も人とかかわることが得意ではないことが語られました。親面接担当者と相談し，なおさん本人も希望したことから，春からソーシャル・スキルズ・トレーニング（SST）グループに参加することになりました。

　小学校6年生になりグループが始まりました。なおさんは，他の子がルールからほんの少しはみ出しただけでも容赦なく指摘しますが，自分がルールから大きく外れても，理由をつけてはそれを正当化してしまいます。グループでの取組みも，実際の行動になかなか結びつく様子がないことから，個別でも振り返りをしたほうがよいということになり，私が面接を担当することになりました。

　はじめて会ったなおさんは，とてもおしゃれな女の子で，挨拶も礼儀正しく，年齢より大人びて見えました。しかし，面接室に入ると，脱いだ上着はくしゃくしゃに丸めて鞄に突っ込み，短いスカートも気にせず豪快にソファーに座りました。最初の印象とは大違いです。直近のグループについて，「きちんと話をきくことは大切だと学んだの。これからもちゃんときこうと思うわ」と優等生的発言をしました。しかしそれは，書かれた文章をただ読み上げているだけのような無機質な響きで，彼女の実感を伴ったことばにはきこえませんでした。実際，私が話しているときには，大きなあくびをしたり，「何て言ったの？　ちょっと疲れていて」ときいていなかったりと，先ほどのことばとかけ離れた態度でした。グループでの実際の行動や，そこで感じたであろう彼女のナマの思いに，私も彼女自身もアクセスできず，感情を経由していない文字情報だけが行き交う上滑ったやりとりが続きました。

一方，好きな漫画の話をするときには態度が一変しました。身を乗り出して，じっと私の目を見つめ，話し続けます。ただ，視線はぼんやりしていて，私に語りかけているというよりも，私がいる方向へ次々にことばを放り投げているだけのように感じられました。

　数回を経ても，この上滑ったやりとりと一方的な語りが続きました。**ことばと行動と感情がバラバラで**，いつまでも彼女の核心に触れられません。私は，より実感を伴うやりとりを通して彼女の難しさに取り組んでいけないだろうかと考えるようになりました。そこで，各担当者と相談を重ね，グループ終了後は，遊びを通してかかわるプレイセラピーを提案することにしました。これに本人も両親も了解し，親子並行面接を行うことになりました。

　プレイセラピーの初回，彼女は部屋を覗くなり，まるで遊園地にでも来たかのように一瞬で目が輝き出し，私をじっと見つめて「本当に来ていいの？」と呟きました。このときはじめて，ことばと行動と感情がつながったナマの彼女に出会えたように感じました。なおさんは靴を放り投げるように入室し，おもちゃの棚へ引き寄せられていきました。なおさんは双六を選びました。いざ始まると，彼女は自分の順番が待てず，私の駒を勝手に動かしてしまいます。私が自分で動かすと伝えても，制御できません。優位なときはそんな調子で前のめりですが，少しでも不利になると，途端に表情は暗くなり，大きなため息をついて，「勝負は嫌いなの」とぐちゃぐちゃにしてしまいました。私は，「まだ続けたかったな……」と呟きながら一緒に片づけました。次に選んだトランプでも自分が不利になると，なおさんは大きなため息です。私は，今度はすぐにやめませんでした。すると，シクシク泣き出し，「何でそんな意地悪するの？」と私を責め，別のカードゲームを持ってくるのでした。

　このとき，私は理不尽さを感じながらも，彼女は本当に自分の気持ちに素直な子だなと思いました。ただ，あまりにも素直過ぎて，

情動に容易に揺さぶられ，そうなると，目の前の事態や相手との関係性をばっさり切ってしまいます。そうすることでしか情動をおさめていけないのではないか，と思いました。そして，自分で切っているにもかかわらず，対戦型の遊びを繰り返す姿は，人とかかわりたいけれど，どうしても**コントロール**できず困っているのだと教えてくれているように感じました。

　この回以降も，押したり引いたり同様のやりとりが続きました。彼女が関係性の中で情動をおさめていけるようになるには，いつまでも彼女に合わせてばかりではいけないと考えていたある日，彼女はいつも以上に強引にゲームを切り上げようとしました。このとき，私は覚悟を決め，まったく引きませんでした。彼女はいつも以上に激しく泣きましたが，「私はやめたくないよ。これじゃあ楽しくない」とはっきり伝えました。徐々に彼女は泣きやみ，下を向いたまま，「楽しく遊びたかったの」と呟き，立ち上がるとパズルを取ってきました。「先生も楽しく遊びたいよ」と伝え，一緒に穏やかにパズルをして遊びました。

　⑵　自分のからだとのやりとりとからだを軸にした他者とのやりとり
次の回，なおさんは「楽しく遊びたいから勝負があるゲームはしないわ」と宣言して，バランスボールを持ってくると腹ばいに抱きつきました。私は，前回踏み込み過ぎたかなと考えながら，バランスボールにしがみつく彼女に手を差し出しました。手をつなぐと，突然彼女の全体重が私にのしかかってきました。かと思うと，思いもよらない方向へと激しく引っ張られ，私も倒れそうです。彼女は，自分のからだの扱い方を驚くほどわかっていないようでした。なおさんの顔は引きつり，恐怖さえ感じている様子です。私も必死に彼女と自分自身を支えながら，「腕の力抜いて！」「それは抜き過ぎ〜！」と感覚のままに叫びました。彼女は懸命に応えようとしますが，結局は二人で床に倒れ込みました。その瞬間，二人同時にゲラ

ゲラと笑い出しました。このときはじめて，彼女のこころからの笑顔に触れ，わずかな時間ですが，共に楽しさを味わえたように感じました。そして，彼女の育ちは，人とのかかわり以前に，自分のからだという最もベースの部分からのかかわりが必要なのだと感じました。この回以降も，彼女はほぼ毎回バランスボールで遊び，私は共に楽しみながら意識的に力加減や**からだの使い方**を伝えていきました。

　(3)　**枠に守られた他者とのやりとり**　　バランスボールと共に遊びの中心になったのは，クイズでした。なおさんは，小さく破ったノートの切れ端に毎回ビッシリと，問題・解答・解説を書き写してきました。私が間違うと，「違うわ！」と呆れ顔で正解と解説を早口に読み上げ，さっさと次の問題へ進みます。私は，この機械的なやりとりに**窮屈さ**を感じました。しかし，やりとりを続けたいという彼女なりの必死さのあらわれのようにも感じ，その**窮屈さ**も受け取り，どうやりとりを広げられるだろうかと考えました。私は，問題が出されると，「〇〇だから……これだと思う」「わかんない……神様の言う通り〜！」など，解答までの道筋を，時に真面目に，時におどけてことばにしました。また，二人で取り組めるクロスワードパズルを用意して一緒に取り組むことにしました。私の担当問題まで解いてしまう彼女にちょっとだけ文句を言ったりしてみました。

　そんなやりとりを続けていると，少しずつ変化が出てきました。クロスワードパズルでは，「そうだったわ。つい解きたくなっちゃうのよ。それが私の悪い癖」と，ドラマの台詞のような言い回しながら，自分を客観的に捉えることばも出てきました。クイズでは，私からのことばを受けても，即座に自分を正当化したり，相手を非難したりするのではなく，そこに踏みとどまって自分の行動やこころの動きを客観的に捉え，それを自ら引き受けられるようになっていったのです。それによって，漂っていた**窮屈さ**や理不尽さが薄れ，やりとりに少しだけ丸みを感じるようになりました。

⑷　自分をつかむ中で生まれる余白　　なおさんは中学1年生になりました。バランスボールは少し上達しましたが，決してうまいとは言えません。しかし驚いたことに，わざとバランスを崩し，それを楽しむようになりました。それと並行するように，自分のからだや手先の使い方について，「私，不器用なのよ」「こういうのは苦手」と自分から話すようにもなりました。自分のからだの動きや特徴について，自ら意識しコントロールしようとするようになっていきました。

　夏頃から，少しずつ勝負の世界に戻ったのですが，勝手に強制終了をしなくなった代わりに「イライラするなぁ」と苛立ちを**態度とことばであらわす**ようになりました。即座にすべてを断ち切ることでしか情動をおさめられずにいた彼女が，情動が激しく揺さぶられやすい勝負においても，不快な状態にとどまり，ことばで捉えられるようになってきたのです。ただ，そういった感情をただ撒き散らすだけでは他者と関係をつないでいくことはできません。そこで，彼女との関係が以前より安定してきたこともあり，「そんな風に言われると，嫌な気持ちがするし，楽しくなくなっちゃう」と，彼女の行動を受けて，私が「今」どう感じ考えているのかを，できるだけ筋道を立てて，以前よりもはっきりと伝えるようにしました。はじめこそ「早くしてよ！」と強く反応していましたが，徐々に，私のことばに耳を傾けるようになり，「負けるのがくやしかったの……ごめんね」とイライラの背景にある自分の気持ちを素直に表現するようになったのです。「ごめんね」ということばに，彼女のこころが込められていると感じられるようになりました。

　秋になると，さらなる変化が見られるようになりました。クイズで私が解答を間違っても，「先生はそう思うのかもしれないけれど，答えはこうなのよ」と，私の答えはそれとして，呆れずに受け取ってくれるようにもなりました。冬になる頃には，クイズを出す前に，

「ちょっと待ってね」とニヤニヤしながら，その場で思いついた選択肢を書き足すのです。突飛な内容ですが，四角四面の彼女が自分で考えた，それも彼女なりのユーモアが含まれたちょっとふざけた内容です。書きながら，「ウフフ」と笑いが漏れていて，こころから楽しんでいることもわかります。からだとこころとことばが徐々につながり「自分」をつかんでいく中で，それが核となって，イレギュラーも動じずに受け取れたり，そればかりか苦手なイレギュラーを自ら生み出して楽しんだりと，以前の彼女からは想像し難い余白のようなものも感じられるようになっていきました。

　同じ頃，両親から学校での変化を教えてもらいました。ある男子生徒にからかわれることがあったのですが，彼女はそれを無視しただけでなく，プリント配布の際に，その男子生徒の席をこっそりとばすという小さな仕返しをしたのです。教育的に見れば決して褒められることではありませんが，これまでの彼女を考えると，面接室の外でも彼女の余白の育ちを感じたエピソードでした。

　⑸　自分の理解を深めていく　　中学2年生になってすぐの頃でした。突然「先生，発達障害って知ってる？」と質問がありました。親からきいて調べてみたところ，自分に当てはまるところもあると感じたそうです。詳しくきくと，生活上の何らかの大変さがあることは「覚悟している」けれど，自分が「発達障害じゃなかったらママやパパを嫌な気持ちにさせなかったのにって思うの」と話します。自分の言動が，他者にどう映るのかを考えるようになってきたようでした。私は，これまでのように遊ぶことはもちろんだけれど，何か疑問に思ったことがあれば，一緒に考えていきたいと思っていることを伝えました。この回以降，遊びの合間に，ビーズクッションに座ってさまざまな話をすることが増えていきました。

　ある日の終了間際，「1つ相談があるの」と改まって言いました。そして，小さな声で「ブラジャーの紐がどうしても肩から落ちてし

まうの。どうしたらいいのかなと思って」と耳うちしてきました。どうやら何の調節もせずに買った状態のまま着用しているようでした。私は，自分のからだに合わせた調節のやり方を伝えました。すると，「そうなの？　ありがとう！　やってみる」とぱっと明るい表情になりました。彼女の知的能力の高さや年齢を考えれば，あたりまえに理解しているだろうと思われることでも実はわかっていないことが多いこと，周りが想像しえない困り感や疑問をたくさん抱えていることがわかりました。同時に，そういった疑問や困り感を，きちんとことばにして他者と共有できるようになってきたこと，年齢相応の恥じらいを感じるようになってきたことに，彼女の大きな育ちを感じました。私は，彼女の問いに対し，知っていることは具体的に答え，わからないことは一緒に考え続けました。

この頃のなおさんとの勝負は，実に豊かなものになりました。相変わらずムッとしたり，ぐちゃぐちゃにしようとしたりします。けれど，私が「やめたいけどそれはダメで～す」と少しふざけながら言うと，ふっと力が抜けて，「も～！　やめたいのに～！」と笑い，ため息もどこかおどけたものなりました。そして，「負けそうって思うとやめたくなっちゃうのよね」「途中でやめられたらよかったのに」と肩をすくめて微笑みます。負けることはやっぱり嫌だけれど，情動に振り回されず，やりとりも楽しめるようになりました。

中学3年生の間，学校ではとくに問題はなく，勉強を頑張り，第1志望の高校へ進学しました。

ま と め

子どもの心理的支援では，「今，目の前にいるこの子はどういう子だろう？」と，その子に対して素朴な関心や疑問をもってかかわることが何より大切です。なおさんは，一方的なかかわりや勝ちへのこだわりの強さなどから，診断的にいえば自閉スペクトラム症と捉えることができると思います。しかし，当然のことですが，診断

インタビュー⑤　それぞれとのかかわり：障害のある兄弟の子育て

（話し手）相原静香／（聴き手）沖潮満里子

> 　相原家の兄弟は二人とも自閉スペクトラム症があります。兄の零くん（高3）と弟の類くん（小3）です。聴き手（沖潮）は，障害のある人のきょうだいの研究をしていて，時どき家庭訪問をして，二人の様子を見たり，母親の静香さんとお話しています。静香さんの，いつもニコニコ笑顔で，二人の兄弟のことをよく見て，よく理解して日々かかわっている様子に感服していました。二人の姉妹を出産し，日々子育てに奮闘している聴き手が，二人の性格の違いや，親としての対応の工夫など二人子育てについて，語ってもらいました。

どうしていいかわからない第一子・そうかもしれないと早めに動いた第二子　　零くんのときははじめての育児でわからないことばかりだったと言います。「零くんが生まれがちっちゃくて，ことばが出なかったっていうので療育に通い始めて」。それから診断されたときは，「私の育て方が間違っていたわけではなかったんだ！　そのような特性をもって生まれてきたんだと，ホッとした瞬間でした」と安堵したそうです。そして，類くんのときは予期して早く動いたそうです。「生まれてくるときに，もしかしたらこの子もそうかもしれないっていうね，構えはできてた」。

零くんの性格や好きなもの　　零くんと類くん，それぞれの好きなものや性格の違いについてききました。「零くんは，電車，車が好きで，小さい頃は毎日駅の踏切で電車を見ていました。そのうち見るだけで足りず，1カ月だけ定期を買って，電車に乗っていました。やめるとき，納得させるのに時間はかかりました。養護学校［特別支援学校］に通うようになって，スマホを持たせたのですが，自分で時刻表などを調べたりしています。それで『オレの好きな○○系だ！』等，同じことを繰り返し言ったりきいたりしてきます。ドライブも大好きで，すれ違う車，止まっている車を見て，『〜だ！　お母さん見た？』等，とにかく，好きなことに関してはエンドレストークの零くんです。とくに気分が上がっているときに，話

している人との距離が近過ぎてしまったり，声が大きくなってしまったりするので，気がつくように声かけをしています」。

類くんの性格や好きなもの　類くんは，「回るものがとにかく好きで，エアコン室外機，換気扇，扇風機をじーっと見ていました。なかなかおしまいにできなくて大変でした。現在は，100均で自分で選んで買ったいくつもあるハンディファンを回して遊んでいます。信号も好きで，ブロックで交差点になるように信号を作ったり，信号のおもちゃでも交差点になるようにセッティング，信号が変わる様子を再現したりしています。書いたり，作るのも好きで，トランプや UNO を自分で作り，お友だちや私ともやります。作るのはいいのですが，出しっぱなしなので，そのつど声をかけています」。

二人の要求に同時に応える　先に述べたように二人の好きなものが異なるわけですが，静香さんはとても上手にやりくりしています。「零くんはドライブに行きたい！ 類くんは（音が鳴る）信号が見たい！ を満たすため，零くんの行きたい所を目指しつつ，音の鳴る信号機のところも通ります。信号機近くになると［類くんは］『零くん静かにして！』と少々きつめに言ってくるので，その前に零くんには『もうすぐで音の鳴る信号だからお口チャックね』と声をかけたりしています。とにかく類くんは心許せる零くんには強気で命令口調が強いので，母からももう少し優しく言おうねと声をかけています。そして『ありがとう』と言わないときも多く，『あれ？ 何て言うんだっけ？』と類くんに声かけする日々です。零くん，類くんにいろいろ命令されるものの，自分からお世話もしてくれるので，そのときは『ありがとう！ さすがお兄さん！』と褒めています」。

心理職を目指す読者の皆さんへ　「療育での言語相談の先生に，今までの零くんとのかかわりで感じてきたことを私が吐き出した後に『お母さん，大変だったね。よく頑張ってきたね』とすべてを受けとめてくれました。その一言に救われました。『お母さん，大丈夫だよ！』『もっと肩の力を抜いてごらん』と。この出来事はずっと忘れません。専門的用語ばかり口に出す偉い先生方もいますが，私は『うんうん，そうだね』『つらかったね』『頑張ってきたね』な

> どこころから受けとめてくれる心理士さんになっていただけたらと
> 思います。もちろん知識はとっても大事でそれを伝えるのも大切で
> すが，上から目線ではなく，同じ目線で，相談者がこころ開ける心
> 理士さんになってほしいです」

名や傾向が同じでも，おかれている状況，周りとの関係性，本人が
困っていることは，それぞれ違います。心理療法で扱っていくのは，
診断名ではなく，あくまでも**その子が困っていること**です。

　ただ，子どもたちの多くは，「私はこういうことで困っています」
とことばで教えてはくれません。関心や疑問を向けることで見えて
くるナマのその子とのかかわりの中で，「今」素朴に心理職自身が
生身の私として感じていること，浮かんでくる考えを手がかりに，
その子を見立て，対応していきます。その対応も，適応的なやり方
を教えていこうというだけではありません。「今」湧き上がってき
たものを出しあって，真剣に対峙し，「今」のお互いの落としどこ
ろを見つけようとすることの連続であり，即興的に，共につくりあ
げていきます。心理的支援とは，そうしたやりとりを繰り返す中で，
自分自身をつかみ，困り過ぎない程度や形で社会とかかわり，自分
らしく生きていけるように育ちを支えていこうとすることではない
かと思います。子どもたちを取り巻く身近な大人がその子をつかん
でいくことも重要です。保護者や学校と柔軟に関係性を築き，育ち
を共に支える協力者として，外からは見えにくい子どもの思いや困
難について，協力して理解をすりあわせていきたいものです。

▷ **大人の支援の現場から**：「自分の人生を自分の歩幅で進みたい」

> クライエント（長田さん）：喪失体験を経験した知的障害のある 30 代
> 女性。
> 私：障害のある人への福祉サービスを提供する施設で働く心理職。

かかわりの場

　私の働く障害福祉施設では，日中を過ごす**生活介護**事業所や暮らす場である入所施設・グループホーム（サポートを受けながら，地域で少人数の共同生活を行う住居）などさまざまなサービスを提供しています。障害者総合支援法に定められた施設の運営基準に心理職の配置枠はありませんが，潜在する心理的支援のニーズは高いと感じています。対象者は概ね18歳から高齢になって死を迎えるまでと幅広く，その中では，仕事（活動）や自立の苦悩，職場や家族との対人関係，大切な人とのお別れ，老化による心身の変化などさまざまな人生の課題に遭遇し，こころの働きが不調になることもあります。安心できる支援に出会えずたくさんの困難を抱えて生きてきた人や，育ちの過程でこころの傷を抱えて大人になった人など，複雑な心理的課題を併せもつ人もいます。**環境調整**を中心とした福祉的支援だけでは改善しづらい課題があるときなどに，私は，福祉職員との**連携**のもと，心理療法や心理的アセスメントを行っています。知的障害のある人はことばの制約もあり心理療法は難しいと思うかもしれませんが，支援者との連携によって，本人も支援者も安心して心理療法に取り組むことができます。

かかわりの実際

　⑴　問題発生と支援の器づくり　　長田さんは重度に近い中等度の知的障害がありますが，日常生活では食事や排せつが自立しており，職員と一緒にテレビを観て流暢に会話できる姿からは，障害が見えづらいようです。周囲で起こることがよくわからず不安になることや，理解がとてもゆっくりで受け入れるまでに時間が必要であること，つらい体験が思い出されると感情が爆発してしまうことなどは，周囲にも理解されづらい面でした。

　長田さんは，両親がさまざまな理由から十分な養育が難しかったため，幼少期から祖父母と3人で暮らしてきました。特別支援学

校を卒業後，自宅から生活介護事業所へ通所し，仲間との交流を楽しみに毎日通っていました。しかし数年前に祖父が他界し，その後祖母が亡くなります。長田さんの生活と心身の健康が心配されたため，福祉サービスの契約上必要な本人の合意も経てグループホームへ入居しました。数カ月経った頃，グループホーム管理責任者から私に相談が入ります。「生活は安定したのに，情緒面が落ち着かない。ドアノブを触れなくなった。『おじさんに追いかけられた』など妄想のようなことを言い始め，出血するほど引っ掻く自傷やパニックが増えている」と長田さんの様子に不安があるようでした。知的障害のある人は，急激な環境の変化や高いストレスがかかった場合に妄想のような言動を示すこともまれではありません。一方，日中の生活介護事業所では楽しそうに振る舞っており，支援の場によって異なる状態を示していることで支援者の戸惑いや理解のばらつきが見られました。そこで長田さんに何が起こっているのかを捉えて支援者間の理解をすり合わせていくために，まずは心理的アセスメントを行い，心理療法を導入することを提案しました。長田さんは精神科病院を受診していたので，通院付き添いの職員を通じて主治医へ心理療法を導入することを伝えました。長田さんは通院や服薬への抵抗感が強く受診できないこともあるようでしたので，副作用の不快感などを主治医に相談しやすくなるような受診支援の方法について職員と話し合いました。

(2) 大人同士の出会い　　はじめて会う長田さんはニコニコして挨拶をし，同行したグループホーム職員にも素直に応じていました。私は，クライエントを一人の大人として迎えるため，最初の面接で必ず1対1の時間をとるようにしています。改めて長田さんに生活のこと（主訴）を尋ねると，「ホームコワイ，ムシする」「おばあちゃん死んじゃったの，困っちゃうよ」と言います。状況の全体像や因果関係はつかみづらい断片的な話し方ですが，長田さんが切実

に困っていることは伝わってきて，首や腕は痛々しい傷で埋め尽くされています。面接の終わりに次も来てもらえるかをきいてみると了解してくれました。

(3) **気持ちに気づき，体験世界を共有するための工夫**　2回目以降，面接は自由な表現が許される場だと直感的にわかり，自分の気持ちに意識が向きやすくなるための工夫として，写真やイラストの切り抜きを入れた**コラー**

図11-1　コラージュボックスと家族コラージュ

ジュボックスを置いておきました（**図11-1**上）。自分の内面に目を向けるより先に職員との約束を口にする長田さんでしたが，さまざまな写真の切り抜きを見ているうちに自分にとって思い入れのある人やものの話が出てきました。家族の話が中心であったため，私から長田さんの家族を画用紙に貼ることを提案しました。家族や親戚に似ている人物イラストの切り抜きを選びその人のことを話しながら画用紙に貼っていく作業を通して，長田さん自身が捉えた家族像が豊かに伝わってきます。「おばあちゃんは星になって見てるのよ」と，長田さんのこころの中の家族には今でも祖父母がしっかりと存在することが私にも実感されました。しかしその後，長田さんは家族のコラージュを裏に伏せてしまい，祖母のことが強く思い出され

る作業はつらい面もあるようでした。

　コラージュをきっかけに気持ちを通したやりとりがしやすくなりました。長田さんは「だからけんかしちゃったの。それで来なかったの。タオル3人だよ」といった話し方をしますが，程よい相槌やキーワードの繰り返しにより話すことをそっと励まし質問は挟まずにきいていくと，長田さんの思考が途切れず話が最後までたどり着くようでした。また，長田さんの口調や表情からキャッチしたものを私がことばにすると，長田さんは自分の感触にフィットするときと違うときとでリアクションが変わり，違うときはさらに伝えようとして相互的なやりとりになっていきます。そうした中で，例えば「3」という数字は長田さんにとって意地悪する人の誕生日や年齢に共通する数字としてネガティブなイメージをあらわしており，「3」という表現を用いることで伝えにくいネガティブな思いを表現しているなど，長田さん特有の言い回しの意味も次第にわかりあえるようになりました。

⑷　おばあちゃんと家を失った悲しみと，新しい生活の受け入れ難さ

面接が10回を過ぎた頃，私にも長田さんの主訴にある「コワイ，ムシする」の背景がわかってきました。長田さんの入居前から長く生活を共にしてきた入居者間の暗黙の了解が長田さんには了解しづらく，世代が一回り以上も違う人たちとは趣向も合いません。長田さんの実家と生活様式も違います。面倒見のよい先輩入居者からの暮らし方のアドバイスも，いつどこから矢が飛んでくるかわからない緊張感となっていました。周囲に合わせ笑顔で団らんに加わる様子を見ている職員には「ムシする」という表現の意味が理解しがたく，長田さんは**孤独**を感じていました。またこの時期，実家に帰宅するともとの長田さんの部屋は片づけられ，心待ちにした墓参りもすでに終わって行けなかったなど，グループホームに早くなじめるよう良かれと思っての周囲からの対応によって長田さんは傷ついて

いました。

(5) 自分のペースでゆっくり考え体験と気持ちがつながっていく　長田さんの話をきいていると，周囲の求めに応じるのに精一杯で，身の回りで生起することに対する自分の気持ちや理解を確かめる隙もないまま1日が終わってしまうようでした。長出さんにとって周囲からの期待や指示から自由になって納得いくまで考え切ることのできる場が，週1回の心理療法であったかもしれません。未消化な体験を話しながら，周囲の反応やその意味，自分の感情などが長田さんの中でつながっていきました。話していてつらくなったときには，大切なものを貼ったコラージュ作品に触れ気持ちをゆるめてから話に戻ることをして自身の不安や緊張の高まりを**調節**する体験を繰り返し，次第に面接で何をしたいか主体的に選べるようになりました。

この頃の**カンファレンス**で福祉職員より「喜怒哀楽が出てきて，何だか人間らしくなった。心理職の報告を参考に長田さんの話に耳を傾けると何となく訴えがわかる。職員からの話もよくきくようになり，折り合いをつけるようなやりとりが可能になった」とあり，職員との間にも相互的な関係が発展していることがうかがえました。

(6) 周囲の人や自分を知っていく「勉強」に取り組む　自分の感情をじっくりと見つめ**主体性**が見られるようになった長田さんは，身近な他者への関心を強め，自分の興味のある十二支を使って他者のことを学ぶというユニークな試みを自発的に始めました。

ある日の面接で長田さんから「ネ，ウシ，トラって書いて（十二支の表記が難しい自分の代わりに順番通りに書いてほしいの意）」とありました。この時期不眠に悩んでいた長田さんは，仕事中に居眠りをする仲間のことを「〇〇さんは未年だからすぐ寝て注意されちゃう，私も未年だったらよかったなぁ」という風に自分との関係から捉え，未年の所に〇〇さんと書き入れます。長田さんはこの試みを自ら発

展させていき，十二支の並びから年齢差がわかること，さらに十二支に和暦を対応させると生年からも年齢がわかるという方法を編み出して，時間的つながりから周囲と自分の関係を捉えるようになりました。表が一回り二回りと増えるに従い，同世代の特徴に気づいたり，周囲の人と自分の共通性や違いを発見していき，人の感情の複雑さや多様さを長田さんなりに了解していきました。長田さんはこのやりとりを「勉強」と表現し，「これがないとわかんなくなっちゃう」と言って大切に取り組みました。自他の感情や出来事の概念化と周囲との社会的なかかわりとが相乗作用して自他の理解が進んだことにより，長田さんは生活場面で起こる複雑な状況も受けとめられるようになり，パニックになることもぐっと減ってきました。

(7) **自分で将来のことを考え，歩み始める**　1年半ほどこうした「勉強」を続けながら，長田さんは新しくグループホームでの生活を送る中での新たな**自己概念**を確かめていくようでした。ある日「みんなは○○さんのこと好きって言ったの。でも，私は○○さんのことは，嫌いって言ったの」と，集団生活で一人だけ違う意見を言いづらい空気がある中，長田さんは自分の思いを大切に守ろうと勇気をだして言えたことがありました。**過剰適応**の傾向のあった長田さんの中に，しっかりと「自分」が確立してきました。

　自分の思いや考えをはっきりとつかめるようになり，今のグループホームは自分に合わないと自覚した長田さんは，「グループホーム出たい」と意向を示し，それまで事実を伝えられてこなかった実父母のことを尋ねます。この頃，職員から「長田さんは周囲の人に『私のかあさんは誰？』と聞きまわり，他の人の家族の話に興味津々になっている」とありました。私は，周囲の決定に従うしかなかった長田さんの，自分で自分の人生を考え切り拓こうとする主体的な行動力に驚くとともに，社会の中に知的障害のある人が選択できる生活の場が限られる現実に理不尽さを感じました。長田さんが

つかんだ自分の意思が福祉サービスの利用に少しでも反映されるよう，計画相談（サービス等利用計画の作成や見直しを行うケアマネジメント➡4章）の導入を提案しました。

　その後長田さんは，それまで「親戚」とか「友だち」とあいまいに位置づけていた実母を「私のかあさん」と十二支の表に書き入れます。人生の中で重要な人との関係をどう意味づけ，こころの中の存在として受け入れていくか，ライフストーリーを書き換える作業は，その先の人生を歩むために大切な営みです。それを長田さんは自ら成し遂げました。カンファレンスでも，職員から「長田さん，本当に一生懸命に生きていますよね」と敬意をもって温かく見守るコメントがあり，職員も長田さんの成長を喜んでいるようでした。

まとめ

　知的障害のある人は，長田さんのように，自分の暮らす場所を自分で決めるといった大人としてあたりまえの自己決定が難しいことがあります。また，生活の適応に重きをおかれることが多いため，周囲が本人のために最善と考えた対応であっても，墓参りで十分に悲しむといったこころの回復に必要な体験が失われてしまうことや，自立への働きかけが本人の意向やペースにそぐわないことも生じます。知的障害のある人はこうした社会的状況におかれやすく，本人が異議を申し立てることが難しい場合も多いのです。心理的支援においては，クライエントの知的障害の程度にかかわらず，心理職である前に人として出会い，一人の大人として何があたりまえかと自らに問う姿勢を大切に守る必要があります。長田さんが取り組んだ，喪失体験の受けとめや自立の模索といった心理的課題は知的障害のない人と変わりはありません。このように普遍的な**生涯発達**の観点から捉えることがノーマリゼーション（➡2章）に不可欠です。

　心理職が本人の思いを理解しようと試行錯誤する過程において，本人の示す言動をどう理解したらよいかという不確かさやあいまい

さから不安になることもありますが，自分や周囲のことをゆっくりわかっていくという本人のペースに，心理職がしっかりと伴走していくことが基本となります。クライエントの「わかり方」に合わせたコミュニケーションや伝え方を工夫することも，知的障害のある人が自分のことを自分で考えられるようになるために必要です。

　長田さんが十二支を手がかりに自他の理解を深めていったように，知的障害のある人も年齢相応に周囲のことに関心をもち，主体的に人生を歩みたいという思いをもっています。長田さんのように社会の要請から少し距離をおいて自分のペースでじっくり考える機会があると，本来もっている力がでてきて，より主体的に周囲とのかかわりを試行錯誤しながら自分に必要なことをつかんでいくような兆しがあらわれます。そのときに連携による支援が育ちの器となり，本人に芽生えたものが日常生活においても発揮され伸びていくことを支えます。多職種連携によって対象者理解が深まることにより，より重層的な支援が可能になるのです。

Exercise　エクササイズ

11.1　本文を読み，以下のことを議論してみよう。
　A. とくに印象的だったエピソードややりとりはどこでしょうか。そのエピソードややりとりについて，どのようなことを感じましたか。
　B. 心理職が行っている対応で，あなたが大切だと思うところはどこでしょうか。なぜそう思いましたか。

11.2　早期に発達障害の診断を受けるメリットとデメリットについて話し合ってみよう。

11.3　知的障害や発達障害のある成人とかかわるときと，子どもとかかわるときで，心理職の姿勢やかかわり方・工夫にはどのような違いや共通点があるか，話し合ってみよう。

重症心身障害の
理解と支援

第 12 章

Quiz クイズ

Q12.1 重症心身障害のある人はどのような人であると思いますか。
「○○な人」「○○のできる人」「○○のできない人」の
「○○」のところに当てはまることばをさまざまな角度からできる
だけたくさん考えてみてください。

Chapter structure 本章の構成

重症心身障害

特徴
成因・原因
発達の流れと支援

障害が
「重い」「重複」
ってどういう
こと？

その人の生きる世界

動かない状態を生きる
介助を受けつつ生きる
表出し難い状態を生きる
……

支援とは

心理的支援の実際

・かかわりの場
・かかわりの実際

Answer クイズの答え

Q12.1 決まった答えはありません

ある大学で教職課程を履修している学生たちに，同じクイズを出してみたところ，多かったのは下記のような回答でした。

- ・常に介助が必要な人
- ・寝たきりでからだが動かせない人
- ・コミュニケーション，意思疎通がとれない人

しかし，中にはこのような回答もありました。

- ・努力家な人（常に何らかの努力をして生きている）
- ・強い人（さまざまな葛藤を抱えながら生きている）
- ・私たちと変わらない人

皆さんはどう思ったでしょうか。

★本章のウェブサポートページ：学習をサポートするウェブ資料は，右の　
　QRコードよりご覧いただけます。

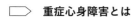

1　重症心身障害とは何か

▷ **重症心身障害とは**

特　徴

　児童福祉法第7条第2項に，「重度の知的障害及び重度の肢体不自由が重複している児童」のことを「重症心身障害児」と言うという文章があります。これが，現状，**重症心身障害**のある人たちのことを，最も明確に示している定義です。要するに，「知的な障害」と「肢体の障害」の両方を重い程度で併せもつことが，「重症心身

障害」の意味です。

知的障害の程度と肢体不自由の程度の両者を基準化することにより，重症心身障害児（者）の状態を伝える試みがなされてきました。例えば，「大島分類」（**図12-1**）では，縦軸に知的障害（IQ）の状態を基準としてとり，横軸に主に移動機能から見た肢体不自由の状態を基準としてとり，IQ

図12-1　大島分類

					IQ
21	22	23	24	25	80
20	13	14	15	16	70
19	12	7	8	9	50
18	11	6	3	4	35
7	10	5	2	1	20
走れる	歩ける	歩行障害	座れる	寝たきり	0

（注）図中の数字は分類上の記号。
（出所）大島，1971〔遠藤により加筆〕。

が35以下で，座位以上の移動機能をもたない身体状態にある人を重症心身障害として判断するという考え方を示しています。このような基準化，分類化の試みは重症心身障害の全体像を捉えるためには必要です。しかし，「障害の程度が重い」「障害が重複している」というだけでは，その人がどのような人であるか，どのような支援を必要としているかわかりません。「重症心身障害」を1つの枠組みとして捉えつつ，あくまでも一人ひとりを見ていくことが重要です。

成因・原因

重症心身障害の成因はさまざまであり，分類の考え方も多様です。一例を挙げると，①出生前の原因，②出生時・新生児期の原因，③周産期以後の原因に分けられることがあります（その他，原因不明なものも多数あります）。

① 出生前の原因：胎内感染症・脳奇形・染色体異常等
② 出生時・新生児期の原因：分娩異常・低酸素・極小未熟児・重症仮死産等

③　周産期以後の原因：髄膜炎・脳炎などの中枢神経感染症，溺水・交通事故等による後遺症等

　これらの原因等を見ると，誰のせいでもない，誰が責任を負うべきでもない場合が多いと理解できます。しかし，重症心身障害のある子どもの親，家族からすると，特定の人物に責めを負わせるべきと考えたり，あるいは，自身が責めを感じてしまったりする場合もあります。

　成因を特定することは私たちのすべきことではありません。しかし，家族が自身を責めたり，他者から責められたりする気持ちになる場合があることは知るべきです。心理的な立場からかかわることの意味の1つは，こうした家族のこころを支援する点にあるといえます。

　重症心身障害のある人の中には，**医療的ケア**を常に必要とする人たちもいます。この場合の「医療的ケア」とは，例えば，レスピレーター（人工呼吸器）装着，気管内挿管，気管切開などの呼吸管理，胃ろう，腸ろうによる経管栄養補給，痰の吸引等のことを指します。どの程度，どういった内容の医療的ケアを必要としているかにより，本人の生活や，身近で介助をする人たちの生活が影響されます。この視点から支援のあり方を考えることも重要です。

　医療的ケアを常に必要とする重症心身障害のある人たちへの支援について，2021年9月に「医療的ケア児及びその家族に対する支援に関する法律」が施行されました。この法律において，医療的ケアを必要としている人の日常生活・社会生活を社会全体で支援することを基本理念とし，国及び地方公共団体，保育所または学校の設置者に，具体的な支援を責務として義務づけています。例えば，保護者が常時付き添わなくても医療的ケアが受けられるよう看護師等の必要な人材を設置すること，医療，保健，福祉，教育等に関する業務を行う諸機関同士が連携しつつ必要な相談体制を整備すること

等が定められています。

　これにより，保護者，家族の負担を軽減し，社会全体で支援する体制をつくるための法的環境の整備が進みました。今までは保育所や学校，あるいは学童保育の場や職場などに通うことが容易ではなかった医療的ケアを必要とする人たちのための環境が整いつつあります。心理的・教育的支援者が，保育，療育，教育等の場で，医療的ケアを必要とする重症心身障害のある人たちと出会う機会は，今後一層増えていくと考えられます。

発達の流れと支援

　4章図4-3に，就学前より卒業後に至るまで，それぞれの年齢，段階において必要な支援を計画的に行うための，「個別の教育支援計画」の考え方が示されています。重症心身障害のある人の場合，例えば，医療的ケアが必要であれば，生涯を通して福祉・医療等関係機関の支援が重要になるでしょう。就学に際して，特別支援学校に通うか，地域の学校に通うかの判断を迫られる場合があるかもしれません。特別支援学校に通う場合，毎日通学をするか，訪問教育の形をとるかにより，生活のしかたが異なってきます。卒業後の進路として，在宅の状態で施設等に通うか，施設に入所するかを選択しなければならない場合もあるでしょう。

　障害の程度，必要な介護，家庭・家族，地域の状況等は一人ひとり異なります。個人でも，年齢，段階によりニーズは異なります。それぞれの段階において，大きな選択を迫られ，悩んでいる本人，あるいは家族に対し，必要な支援をしなければなりません。重症心身障害のある人とかかわる心理的・教育的支援者は，多くの人たちと連携しながら，その時点で自身にできる支援は何かを常に考えなければならないのです。

からだが動かない（寝たきりの）状態を生きる

　重症心身障害のある人の多くは，自身でからだを動かすことができません。最も重症の場合には，仰向け等の姿勢で寝たきりの状態でいることになります。

　寝たきりというと，「起きることができない」というイメージをもつかもしれません。確かに，からだを動かすことができないために，今，この姿勢でいなければならないという面を否定することはできません。しかし，「寝たきりの姿勢を生きている」という視点から見ることもできます。重症心身障害のある人たちは，この姿勢を積極的に生きています。この姿勢でいるからこそ見えるもの，きこえるもの，感じられるものがあるかもしれません。

　さらに，からだが動かないことが，知的に障害があることを意味するのではないことを理解する必要があります。寝たきりでからだを動かすことができず，発話等もない状態だと，「何もわかっていない」と捉えられることもあるかもしれません。しかし，からだを使った**表出**，言語による表出がないからといって，知的にも重度な障害があると捉えるのは早計です。寝たきりの重症心身障害のある人が，表出手段を得た後，過去において何を思っていたかを表現することに驚かされることもあります。

　寝たきりの状態にある人は，からだを動かすことに重度の障害があります。しかし，この人だからこそわかっていることもある，あるいは，今後わかっていく可能性をもっているという意識をもちつつ，かかわりを進めていくことが重要です。

介助を受けつつ生きる

　重症心身障害のある人は，日常生活の1つひとつの動作について，誰かの助けを借りること，いわゆる「**介助**」を受けることが必要となります。

例えば，重症心身障害のある人は，自分の前に食事が用意されて
も，自身で食べることはできません。誰かが食事をスプーン等で口
元にもっていき，ある場合にはそれを口の中に入れるまですること
により，はじめて食べることができます。自身でからだを動かすこ
とができない以上，生活面での介助を受けることは必然的に必要と
なります。言い換えるならば，介助を受けつつ生きることが日常的
な生のあり方となるのです。

　介助を受ける重症心身障害のある人と，介助をする人との間には，
人と人との関係が生じます。介助は1つの行為として捉えられが
ちであり，その巧拙で見られがちです。しかし，介助という行為を
介して，人間関係を生きているという側面を見逃してはなりません。

　介助をする人は，対象となる人に最善な方法で介助するために，
その人の発信を受けとめなければなりません。からだに力が入る，
硬くなる，表情が少し動く，小さな声が出る等，ごく小さな発信に
気づくことは，その人にとっての最善な介助の方法を行う上で，き
わめて重要です。これらの発信を受けとめ，個々の人たちにとって
最善な方法を探り，実行し，応えることは，1つの**コミュニケー
ション**なのです。

　重症心身障害のある人にとって，日常生活の介助を受ける場面は，
他者とコミュニケーションをとる貴重な機会であるとも考えられま
す。自身が発信したことを受けとめられ，それに応じた行為を受け
ることができたならば，自身の発信が意味をもつという意識をもつ
ことができます。自身の発信が受けとめられることは，他者とのコ
ミュニケーションを生きる上で，きわめて根本的な経験です。その
ためには，介助をする人が発信に気づき，受けとめ，それに応じた
行為を行わなければなりません。

　日常的な生活面での「介助」を，コミュニケーションという視点
から捉え直すことにより，重症心身障害のある人の生きる世界を捉

え直し，かかわる人間としてなすべきことを考えることは，きわめて重要です。

感じていること，考えていることを表出し難い状態を生きる

　自身のからだを動かすことに大きな困難を抱えている場合，他者に対して自身の感じていること，考えていることを表出することはきわめて困難なことになります。他者に対して自身の思いなどを表出することは，1つの身体運動と捉えることができるからです。

　重症心身障害のある人にとって，他者に思いを表出するために自身のからだを動かすことはかんたんではありません。自身の思い等を表出しても，受けとめられ応えられることがないならば，表出する意欲を保つことは難しくなります。他者とコミュニケーションをとる際に，こうした一種の無力感を得やすい状況を生きていることを，私たちは考える必要があります。

　また，成功体験を得ることのできる人や場が限定的になる場合も考えられます。「この人やこの場だけがわかってくれる」となることも多くあります。限定的であっても他者とかかわる場を安定的・継続的につくることは，コミュニケーションの意欲を高くもち続ける意味において必要なことです。それらが，「閉じた」場にならないよう，さまざまな人に対して，さまざまな場において，自身の感じていること，考えていることを表出する機会をできる限りつくることも重要です。

2　重症心身障害のある人への心理的支援

▷　彼らの感じていること，考えていることを信じる

　重症心身障害のある人への心理的支援をする際に最も重要なのは，「彼らが考えている」あるいは「彼らが感じている」ことを信じる

ことです。

　ごく小さな身体運動しか起こせず，また，表情の変化も見えにくく，発声・発話もほとんどない場合，彼らが考えていること，感じていること自体に確信をもつことができない場合があります。だからこそ，重症心身障害のある人が，考えている，感じていることを，改めて確信することは，きわめて重要なことです。

　彼らが考えている，感じていることを疑ってしまうと，支援のしかたが限定されてしまいます。彼らの考えていること，感じていることを見ようとせず，尊重することなくかかわりをもとうとしてしまえば，コミュニケーションの機会も失われ，かかわりの質も低いものにとどまらざるをえません。「心地よい」「嫌だ」「好き」「嫌い」というところからでもかまいません。それらをもとにしながら，彼らが彼らなりに「思考」していることを確信しつつ支援することが，彼らとのかかわりを担う者としての最低限の責務であるといえます。

▷ 彼らの表出を受けとめる

　重症心身障害のある人が何らかの表出をしているとしても，それらはごく小さな，微細なものである場合もあり，きわめてわかりにくいことが多くあります。こうしたとき，私たちは，彼らの表出をわかるための努力をしなければなりません。

　まず，重症心身障害のある人に日常的に接している家族，支援の場で接している保育者，療育者，教師にきくことが考えられます。「わかっている人にきく」ということです。返事のしかた（声を出す，目を動かす等），からだでのあらわし方（硬くする，呼吸が変わる等）等は，かかわりをもつ人たちだからこそ知ることのできることです。

　次に，重症心身障害のある人の小さなからだの動き等を見逃さないように，よく見ることが考えられます。「しっかりと観察する」

ということです。この場合，客観的な観察だけではなく，かかわりの中での観察を重視しなければなりません。からだの力の入れ具合，呼吸の変化等，かかわってみないとわからないこと，触れてみないとわからないことがあります。

さらに，重症心身障害のある人の表出の機会を多くつくることが考えられます。「表出の場をつくりそれを受けとめる」ということです。かかわりの中で呼びかけ，問いかけて，それらに応えるという仕方での表出の機会をつくります。あるいは，「イエス」か「ノー」で応えられる問いを出し，「イエスの場合はこうする（手に力を入れる，舌を出す等）」等のしかたを提示して，応える機会をつくることも考えられます。

重症心身障害のある人の考えていること，感じていることをわかろうとする意志をもちながら，彼らとのコミュニケーションを積み重ねていくことが最も重要なことです。**ことば**を交わし合うといった私たちになじんだものではないしかたでもコミュニケーションが成立することを学び，彼らに沿った方法を考え，コミュニケーションのあり方そのものを考えていくことが重要な学びになります。

▷ 成長の過程を見通す

重症心身障害のある人を「**成長する人**」として捉えることはきわめて重要なことです。出会った時点から，彼らは，さまざまな意味において変化していきます。加齢による身体的変化だけではなく，さまざまな経験をすることにより，また，教育，療育，訓練等を受けることにより，知らなかったことを知り，できなかったことができるようになります。

その人なりの成長を考える際のテーマとなりうるものの1つに，「コミュニケーション」を挙げることができます。重症心身障害のある人の表出を確信しつつコミュニケーションを積み重ねることに

より，彼らの表出も豊かになっていきます。1つの到達点として
「言語の獲得」が挙げられます。すべての人がここを目指さなけれ
ばならないということはありませんが，教育，療育等を行う際，コ
ミュニケーション手段としての言語の獲得は，目標の1つとなり
うるものです。

　重症心身障害のある人が，かかわりを始めた時点からコミュニ
ケーション手段として言語を獲得するまでの過程が，いくつかの事
例としてまとめられています。これらの事例に学ぶことにより，成
長の道筋の見通しをある程度もつことは，支援を行う人間として必
要なことです。もちろん，彼らの成長とは，「言語の獲得」のみで
語られるものではありません。身体面，感情面，感覚面等々，成長
として価値づけられる過程の中で人間は生きています。その中のあ
る時期に自身がかかわっているという意識をもつこともきわめて重
要です。重症心身障害のある人の成長の過程に立ち会うこと，ある
場合は彼らの成長を積極的に促すよう支援を行うこと，また，ある
場合は，成長を促す人の支援を行うことが求められます。

3 心理的支援の実際
「ことばへの道」を時間をかけて歩む

> クライエント（まゆさん）：重症心身障害のある7歳（小学2年生）の
> 　女の子（支援開始当時）。
> 私：障害のある人たちへの個別の学習支援の場の支援者。

▷ かかわりの場

　重症心身障害のある人への心理的・教育的支援は，あらゆる年代
において，病院，保育所，学校，フリースクール，社会福祉施設等，
多様な場で行われています。重症心身障害のある人と個別のかかわ

りをもつ場合，集団でのかかわりをもつ場合，あるいは，障害のない人たちと場を共にする場合等，さまざまな形があります。

　私の場合，障害のある人たちと個別に学習を行う活動を行っている場で，障害のある人たちとのかかわりを始め，彼らの生きる世界について学び続けてきました。まゆさんとはその場で出会い，現在に至るまでかかわりを続けています。

かかわりの実際

「課題」の大切さ

　1997年11月に，まゆさんとはじめて会いました。当時彼女は7歳で小学2年生，普段は寝たきりの状態で，日常生活はほぼ全面的に介助が必要でした。手の動きは活発なのですが，不随意な運動と見なさざるをえない部分もありました。

　私は彼女に対し，さまざまな「課題」を提示しました。例えば，棒にはまっている筒を抜き取る，ボールに触れて揺らすと音が鳴る等のものです。彼女は，必ずしも十分には動かないからだを懸命に動かそうとし，筒を抜き取ろうとしたり，手を伸ばしてボールに触れようとしたりしました。しかし，抜き取ろうとした棒をなかなか抜き取ることができず，泣き出してしまいました。初回のかかわりから泣かせてしまったことに私は動揺し謝りましたが，保護者は，「できなくて悔しくて泣くなんて」とむしろ肯定的に捉えていました。

　この回でわかったことが多くあります。彼女は，ことばを自ら発することはなく，コミュニケーションの形は限られ，身体運動を自らコントロールすることも大きな困難があります。しかし，課題が提示されると，懸命にからだを動かそうとしてそれに取り組み，「できた」状態を目指して懸命に取り組む意欲を示してくれました。私は，適切な課題を提示してかかわりを重ねていけば，彼女なりの

成長を遂げることができることを確信しつつ，その日からかかわりを重ねていくこととなりました。

はじめての「ことば」

　2005年10月，彼女が15歳，高校1年生のとき，はじめてことばを出しました。かかわりを始めてから約8年後のことでした。彼女に合った形でのことばの発し方を探る中で，50音の文字盤から1つずつ文字を選んでことばをつくるという方法をとるようになっていました。

　この日，1枚の写真を彼女に見せました。彼女を囲んで数人の人が一緒に写っている集合写真でした。私は彼女に，この写真に名前（題名）をつけるよう促しました。すると彼女は，写真や周りの人や文字盤を見ながら，私の手を握りつつ自分で右手を文字盤の上に出してきて，しばらく考えた後，ゆっくりと文字盤の「み」のところに手を下ろしてきました。その後彼女は，続けて，「ん」の文字を選び，さらに，「な」の文字を選んで，手を文字盤から外しました。彼女ははじめて，「みんな」ということばを，自分のことばとしてつくったのです。彼女はこの間，文字盤や写真から視線を外すことなく，途中で選ぶことをやめるような素振りを示すこともなく，真剣な表情で深く考えている様子を示し続けていました。そうした彼女の様子を見ていた私も周りの人たちも，若干の緊張感をおぼえながら，彼女のことばを待っていました。そうした中，彼女が「みんな」とつくったとき，皆が彼女の頑張りに対して思わず拍手をし，彼女も本当に嬉しそうな表情を示してくれました。

　彼女とのかかわりを8年間重ねた後，はじめてのことばを出す場面に達しました。この間，私だけではなく，多くの人たちが彼女とのかかわりの場面を支えました。彼女は，そうした人たちとの関係をきわめて大事にしていました。だからこそ，「みんな」ということばを出してくれたと，彼女を知る人たちは皆納得することがで

き，彼女らしいことばとして受け取ることができました。彼女の学びを支援することの意味を，改めて感じた場面でした。

▷ まとめ

重症心身障害のある人たちが利用できる保育，療育，教育等の支援の場は多様になってきています。心理職などの支援者として，さまざまな場で直接的に，あるいは間接的にでもかかわる機会は今後も増えていくことでしょう。

本章では，重症心身障害のある人たちと，心理的・教育的支援者としてかかわる際に考えておきたいこと等を記してきましたが，多分に主観的なところが多くなってしまったかもしれません。しかし，かかわりを通して学ぼうとする人間は，「主観」から逃れることはできません。客観的な知識，概念等を学ぶことは重要ですが，それらをもちながら，実際のかかわりを通して考えたこと，感じたことを大事にしつつ学びを重ねていくこともまた，支援者として成長するためにきわめて重要なことです。

相手に対するリスペクトの気持ちを忘れずに，多くのことを感じ，考え，学びを重ねていくことが求められています。

⁄⁄⁄ Exercise　エクササイズ

12.1　「重症心身障害」のある人も私たちも「変わらない」と言っている人がいます。本章1節の「重症心身障害のある人の生きる世界」を参考にして，どういうところが変わらないか，考えを話し合ってみよう。

12.2　本章3節の事例を読み，以下のことを議論してみよう。

　A. とくに印象的だったエピソードややりとりはどこでしょうか。そのエピソードややりとりについて，どのようなことを感じましたか。

　B. 支援者が行っている対応で，あなたが大切だと思うところはどこでしょうか。なぜそう思いましたか。

引 用 文 献

(★参照文献はウェブサポートページに掲載)

AAIDD（American Association on Intellectual and Developmental Disabilities）（2021）. Defining Criteria for Intellectual Disability.

秋山なみ・亀井伸孝（2004）.『手話でいこう——ろう者の言い分 聴者のホンネ』ミネルヴァ書房

安藤信哉（2009）.『事故ル！ 18歳からの車いすライフ』幻冬舎ルネッサンス

青木省三（2007）.『精神科臨床ノート』日本評論社

青柳まゆみ・鳥山由子（2020）.『新・視覚障害教育入門』ジアース教育新社

APA（American Psychiatric Association）（2013）. *Diagnostic and statistical manual of mental disorders*（5th ed.）. American Psychiatric Pub.（American Psychiatric Association 編／日本精神神経学会（日本語版用語監修）／髙橋三郎・大野裕監訳（2014）.『DSM-5 精神疾患の診断・統計マニュアル』医学書院）

荒井裕樹（2020）.『障害者差別を問いなおす』筑摩書房

朝日新聞（2018）.「【声】ヘルプマーク，浸透願う」『朝日新聞（大阪）』（9月22日朝刊）

ASK（アルコール薬物問題全国市民協会）（2015）.『はまった理由《依存症回復者80人の声》』（『季刊 Be!』増刊号 No. 24），アスク・ヒューマン・ケア

ASK（アルコール薬物問題全国市民協会）（2019）.『「依存症」偏見とスティグマ——私たち，黙っているのはやめました』（『季刊 Be!』増刊号 No. 28），アスク・ヒューマン・ケア

綾屋紗月・熊谷晋一郎（2010）.『つながりの作法——同じでもなく違うでもなく』NHK出版

Bartram, P.（2007）. *Understanding your young child with special needs.* Jessica Kingsley Publishers.（平井正三・武藤誠監訳／NPO法人子どもの心理療法支援会訳（2013）.『特別なニーズを持つ子どもを理解する』岩崎学術出版社）

Bishop, D. V. M., & Snowling, M. J.（2004）. Developmental dyslexia and specific language impairment: Same or different? *Psychological Bulletin*, 130（6），858–886.

Blatt, B., & Kaplan, F.（1974）. *Christmas In Purgatory: A photographic essay on mental retardation.* Human Policy Press.

Buck, P.（1950）. *The child who never grew.* John Day.（伊藤隆二訳（2013）.『母よ嘆くなかれ』新訳版，法政大学出版局）

千葉県（2017）.「障害のある人に対する情報保障のためのガイドライン」

趙彩尹・渡邉尚孝・矢野夏樹（2020）.「肢体不自由児・者における心理リハビリテーションの課題——脳性まひ児・者を中心に」*Journal of Inclusive Education*, 9，80–89.

Crosson, B., Barco, P. P., Velozo, C. A., Bolesta, M. M., Cooper, P. V., Werts, D., & Brobeck, T. C.（1989）. Awareness and compensation in postacute head injury rehabilitation. *The Journal of Head Trauma Rehabilitation*, 4（3），46–54.

Deegan, P. E.（1988）. Recovery: The lived experience of rehabilitation. *Psychosocial*

Rehabilitation Journal, 11 (4), 11–19.

Drotar, D., Baskiewicz, A., Irvin, N., Kennell, J., & Klaus, M. (1975). The adaptation of parents to the birth of an infant with a congenital malformation: A hypothetical model. *Pediatrics*, 56 (5), 710–717.

Erikson, E. H. (1980). Identity and the life cycle. *Psychological issues*, 1 (1), Monograph 1. International Universities Press. (西平直・中島由恵編訳 (2011). 『アイデンティティとライフサイクル』誠信書房)

Frank, J. D., & Frank, J. B. (1991). *Persuasion and healing: A comparative study of psychotherapy* (3rd ed.). The Johns Hopkins University Press. (杉原保史訳 (2007). 『説得と治療——心理療法の共通要因』金剛出版)

Freud, S., & Breuer, J. (1895/1955). Studies on Hysteria. In J. Strachey (Ed., Trans.), *The Standard Edition of the Complete Psychological Works of Sigmund Freud*, 2. Hogarth Press.

Frith, U. (2008). *Autism: A very short introduction.* Oxford University Press. (神尾陽子監訳／華園力訳 (2012). 『ウタ・フリスの自閉症入門——その世界を理解するために』中央法規出版)

Fromm, E. (1956). *The art of loving.* Harper Collins Publishers. (鈴木晶訳 (2020). 『愛するということ』改訳新装版, 紀伊國屋書店)

藤家寛子 (2007). 『自閉っ子は, 早期診断がお好き』花風社

藤嶋桃子・岩田吉生 (2019). 「難聴者のアイデンティティ形成に関する検討——多文化に繋がる子どものアイデンティティ形成との関連から」『障害者教育・福祉学研究』15, 63–72.

福島智 (2011). 『盲ろう者として生きて——指点字によるコミュニケーションの復活と再生』明石書店

Glickman, N. S. (2016). *Preparing deaf and hearing persons with language and learning: Challenges for CBT.* Routledge.

Grandin, T., & Panek, R. (2013). *The autistic brain: Thinking across the spectrum.* Dunow, Carlson & Lerner Literary Agency. (中尾ゆかり訳 (2014). 『自閉症の脳を読み解く——どのように考え, 感じているのか』NHK出版)

蜂矢百合子 (2020). 「女性のASDと女性のASDに併存する精神症状, 医療ニーズ, 慢性疼痛」『精神医学』62 (7), 977–984.

浜田寿美男編著 (1992). 『「私」というもののなりたち——自我形成論のこころみ』ミネルヴァ書房

原田隆之 (2020). 「精神病質から反社会性パーソナリティ障害へ」『精神科治療学』35 (9), 983–988.

針間克己 (2019). 『性別違和・性別不合へ——性同一性障害から何が変わったか』緑風出版

長谷川幹 (2019). 『リハビリ——生きる力を引き出す』岩波書店

橋本優花里 (2019). 「頭部外傷後の心理症状への支援」『認知リハビリテーション』24 (1), 15–21.

橋爪紀子 (2014). 「脳性麻痺児の加齢に伴う運動能力の低下, 二次障害への対応は?」日本リハビリテーション医学会監修・診療ガイドライン委員会・脳性麻痺リハビリテーションガイドライン策定委員会編集『脳性麻痺リハビリテーションガイドライン』第2版, 金原出版

畑野快（2020）．「パーソナリティ研究の動向と今後の展望──パーソナリティ特性，アイデンティティを中心とした変化・発達研究の展開に向けて」『教育心理学年報』59，57-73．

林千華・蔭山正子（2020）．「精神障がい者をパートナーにもち子育てをする配偶者の経験」『日本公衆衛生看護学会誌』9（1），27-36．

東田直樹（2014）．『跳びはねる思考──会話のできない自閉症の僕が考えていること。』イースト・プレス

東村知子（2006）．「障害をもつ子どもの親によるピアサポート」『ジャーナル 集団力学』23，69-80．

広井良典（2009）．『コミュニティを問いなおす──つながり・都市・日本社会の未来』筑摩書房

広瀬浩二郎（2020）．『触常者として生きる──琵琶を持たない琵琶法師の旅』伏流社

広津侑実子・能智正博（2016）．「ろう者と聴者の出会いの場におけるコミュニケーションの方法──手話を用いたインタビューの会話分析から」『質的心理学研究』15，124-141．

本田哲三・原元彦（2010）．「高次脳機能障害を引き起こす疾患と主な症状」本田哲三編『高次脳機能障害のリハビリテーション──実践的アプローチ』第 2 版，医学書院

星加良司（2007）．『障害とは何か──ディスアビリティの社会理論に向けて』生活書院

市川宏伸（2014）．「発達障害の本質とは何か」市川宏伸編著『発達障害の「本当の理解」とは──医学，心理，教育，当事者，それぞれの視点』金子書房

市川奈緒子・岡本仁美編著（2018）．『発達が気になる子どもの療育・発達支援入門──目の前の子どもから学べる専門家を目指して』金子書房

井原哲人（2009）．「子どもの権利条約における『療育の権利』の位置づけ」『佛教大学大学院紀要 社会福祉学研究科篇』37，1-18．

井上智・井上賞子（2012）．『読めなくても，書けなくても，勉強したい──ディスレクシアのオレなりの読み書き』ぶどう社

石原孝二（2017）．「認知症と精神障害──精神病理学と生物・心理・社会モデルの哲学」『臨床心理学』17（3），294-297．

石川ひろの（2020）．「Shared Decision Making の可能性と課題──がん医療における患者・医療者の新たなコミュニケーション」『医療と社会』30（1），77-89．

石川ミカ（2003）．『車いすのリアル──私たちはそんなに気の毒じゃないし，かわいそうでもない』大和書房

伊藤亜紗（2016）．『目の見えないアスリートの身体論──なぜ視覚なしでプレイできるのか』潮新書

伊藤亜紗（2019）．『記憶する体』春秋社

岩﨑香（2019）．『障害ピアサポート──多様な障害領域の歴史と今後の展望』中央法規出版

梶川妙子・河﨑佳子（2008）．「軽・中等度難聴者の心理」村瀬嘉代子・河﨑佳子編著『聴覚障害者の心理臨床 2』日本評論社

梶原潤・石垣琢麿（2018）．「多重スティグマ①──精神障害と恥」『臨床心理学増刊第 10 号（当事者研究と専門知──生き延びるための知の再配置）』65-70．

上岡陽江・大嶋栄子（2010）．『その後の不自由──「嵐」のあとを生きる人たち』医学書院

冠地情（2013）．「発達障害を深刻化させる，発達『機会喪失』障害」『福祉労働』140，35-42.

神田橋條治（1997）．『対話精神療法の初心者への手引き』花クリニック神田橋研究会（2009，再版）

神田橋條治（2018）．『発達障害をめぐって』岩崎学術出版社

柏倉秀克（2008）．『中途障害者の心理と支援──視覚に障害のある人々を中心に』久美

加藤醇子編著（2016）．『ディスレクシア入門──「読み書きの LD」の子どもたちを支援する』日本評論社

河合輝久（2019）．「大学生における身近な友人の抑うつ症状への情緒的巻き込まれの恐れ──楽観的見通し，深刻度評価，専門家への援助要請の必要性との関連」『教育心理学研究』67（4），289-303.

川上憲人（2016）．「精神疾患の有病率等に関する大規模疫学調査研究──世界精神保健日本調査セカンド　総合研究報告書」

川村匡由編（2019）．「2019 年度版 福祉のしごとガイド 資格・職種編」

河﨑佳子（2004）．『きこえない子のこころ・ことば・家族──聴覚障害者カウンセリングの現場から』明石書店

河﨑佳子（2014）．「特別支援学校（聴覚障害）における『心理的支援スタッフ』についてのアンケート調査」全国聾学校長会編『聴覚障害教育の現状と課題』11，113-114.

川島聡・飯野由美子・西倉実季・星加良司（2016）．『合理的配慮──対話を開く，対話が拓く』有斐閣

木村敏（2006）．『自己・あいだ・時間──現象学的精神病理学』筑摩書房

木村晴美・市田康弘（1995）．「ろう文化宣言──言語的少数者としてのろう者」『現代思想』23（3），354-362.

北村英哉・唐沢穣編（2018）．『偏見や差別はなぜ起こる？ ──心理メカニズムの解明と現象の分析』ちとせプレス

北中淳子（2014）．『うつの医療人類学』日本評論社

古茶大樹（2015）．「臨床精神病理学的視点から見たうつ病の診断学」田島治・張賢徳編『うつ病診療の論理と倫理』（精神医学の基盤 2）学樹書院

小池進介・西田淳志・山崎修道・安藤俊太郎（2012）．「Nature 誌編集長 Philip Campbell 氏に聞く『精神疾患のための 10 年（A Decade for Psychiatric Disorders）』」『精神神経学雑誌』114（5），508-516.

國分功一郎・熊谷晋一郎（2020）．『〈責任〉の生成──中動態と当事者研究』新曜社

国立特別支援教育総合研究所（2012）．「発達障害と情緒障害の関連と教育的支援に関する研究──二次障害の予防的対応を考えるために」

是永かな子（2021）．「インクルージョンの萌芽と歴史的展開」石田祥代・是永かな子・眞城知己編著『インクルーシブな学校をつくる──北欧の研究と実践に学びながら』ミネルヴァ書房

公益社団法人 日本視能訓練士協会 HP

小海宏之（2019）．『神経心理学的アセスメント・ハンドブック』第 2 版，金剛出版

河野泰弘（2007）．『視覚良好──先天性全盲の私が生活している世界』北大路書房

厚生労働省（2017）．「障害福祉サービス等の提供に係る意思決定支援ガイドライン」

厚生労働省（2018a）．「平成28年生活のしづらさなどに関する調査（全国在宅障害児・者等実態調査)」

厚生労働省（2018b）．「平成30年版厚生労働白書——障害や病気などと向き合い、全ての人が活躍できる社会に」

厚生労働省（n.d.a）．「事業主の方へ」

厚生労働省（n.d.b）．「障害児支援の体系③——児童発達支援」

厚生労働省社会・援護局障害保健福祉部企画課（2013）．「わが国における障害認定の歴史的経緯と現状」『ノーマライゼーション　障害者の福祉』33 (388)，10–13.

厚生省（1956）．「厚生白書（昭和31年度版)」

久野研二（2018）．『社会の障害をみつけよう』現代書館

呉秀三・樫田五郎（1920）．「精神病者私宅監置ノ実況及ビ其統計的視察：附・民間療方ノ実況等」

栗田季佳（2020）．「排除しないインクルーシブ教育に向けた教育心理学の課題——障害観と研究者の立場性に着目して」『教育心理学年報』59，92–106.

栗田季佳・星加良司・岡原正幸（2017）．『対立を乗り越える心の実践——障害者差別にどのように向き合うか』大学出版部協会

黒田美保（2018）．『公認心理師のための発達障害入門』金子書房

黒木俊秀・本村啓介（2017）．「精神疾患診断のパラダイム・シフト——カテゴリーからディメンジョンへ」『臨床心理学』17 (3)，290–293.

黒柳徹子（2015）．『窓ぎわのトットちゃん』新組版，講談社

京都府視覚障害者協会情報宣伝部メルマガ色鉛筆チーム（2021）．『見えない地球の暮らし方——見えない・見えにくい人のリアルな日常レポート集』京都府視覚障害者協会情報宣伝部メルマガ色鉛筆チーム

京都ライトハウス（n.d.）．「視覚障害とは——見えない・見えにくいってどんなこと？」京都ライトハウスHP

Leamy, M., Bird, V., Boutillier, C., Williams, J., & Slade, M.（2011）. Conceptual framework for personal recovery in mental health: systematic review and narrative synthesis. *The British Journal of Psychiatry*, 199, 445–452.

Luhrmann, T. M., Padmavati, R., Tharoor, H., & A. Osei（2015）. Differences in voice-hearing experiences of people with psychosis in the USA, India and Ghana: interview-based study. *The British Journal of Psychiatry*, 206, 41–44.

松本雅彦（1996）．『精神病理学とは何だろうか』増補改訂版，星和書店

松本俊彦（2017）．「専門医でなくてもできる薬物依存症治療——アディクションの対義語としてのコネクション」『精神科治療学』32 (11)，1405–1412.

松本俊彦（2018）．『薬物依存症』筑摩書房

松本俊彦（2019）．「「ハマる」の来し方・行く末——アディクション概念の変遷について」『こころの科学』205, 18–25.

松本ハウス（2018）．『相方は、統合失調症』幻冬舎

松浦俊弥・角田哲哉（2019）．『障害のある子どもへのサポートナビ』北樹出版

Meyer, D.（Ed.）（2009）. *Thicker than water: Essays by adult siblings of people with disabilities*. Woodbine House.

南正一郎（2020）．「当事者の要望」『そだちの科学』34，91–93.

宮本信也編（2016）．「学習障害を支援する」『こころの科学』187, 9.

水野泰行（2010）．「慢性疼痛と破局化」『心身医学』50 (12), 1133-1137.

水野雅文・藤井千代・佐久間啓・村上雅昭編（2018）．『リカバリーのためのワークブック──回復を目指す精神科サポートガイド』中央法規出版

文部科学省（2002）．「参考2『通常の学級に在籍する特別な教育的支援を必要とする児童生徒に関する全国実態調査』調査結果」『今後の特別支援教育の在り方について（最終報告）』

文部科学省（2005）．「特別支援教育を推進するための制度の在り方について（答申）」

文部科学省（2021a）．「学校保健統計調査 令和2年度 都道府県表」

文部科学省（2021b）．「特別支援教育資料（令和2年度版）」

文部科学省（2022）．「通常の学級に在籍する特別な教育的支援を必要とする児童生徒に関する調査結果について」

文部科学省（n.d.）．「肢体不自由とは」

文部省（1999）．「学習障害児に対する指導について（報告）」

森壮也編（2018）．『途上国の障害女性・障害児の貧困削減──数的データによる確認と実証分析』アジア経済研究所

本橋哲也（2005）．『ポストコロニアリズム』岩波書店

村瀬嘉代子（主任研究者）（2015）．「心理職の役割の明確化と育成に関する研究」『厚生労働科学研究費補助金厚生労働科学特別研究事業 平成26年度総括・分担研究報告書』

村田豊久（2008）．「成人期の自閉症者とむきあう」『そだちの科学』11, 133-137.

村山佳代（2019）．「差別禁止法理の延長としての合理的配慮」『社会政策』10 (3), 119-129.

Murphy, R. F.（1987）. *The body silent: The different world of the disabled.* W. W. Norton.（辻真一訳（2006）．『ボディ・サイレント』平凡社）

長崎勤・前川久男編著（2008））．『障害理解のための心理学』明石書店

長瀬修・川島聡（2018）．『障害者権利条約の実施──批准後の日本の課題』信山社

内閣府（2020）．「令和2年版 障害者白書」

内閣府（2021）．「令和3年版 障害者白書」

内閣府（2022）．「令和4年版 障害者白書」

中井久夫・山口直彦（2004）．『看護のための精神医学』第2版, 医学書院

中村敬（2015）．「うつ病の精神療法再考」田島治・張賢徳編『うつ病診療の論理と倫理』（精神医学の基盤2）学樹書院

中根成寿（2006）．『知的障害者家族の臨床社会学──社会と家族でケアを分有するために』明石書店

中西正司・上野千鶴子（2003）．『当事者主権』岩波書店

中嶋義文（2015）．「心理職の役割の明確化と育成に関する研究〔分担研究課題〕一般病院・医療・保健施設（精神科病院・精神科診療所を除く）における心理職実態調査」『厚生労働科学研究成果データベース』

中田洋二郎（1995）．「親の障害の認識と受容に関する考察──受容の段階説と慢性的悲哀」『早稲田心理学年報』27, 83-92.

中津真美・廣田栄子（2020）．「聴覚障害の親をもつ健聴児（Children of Deaf Adults：CODA）の通訳役割の実態と関連する要因の検討」『Audiology Japan』

63, 69–77.

NHK（n.d.）.「19 のいのち」

日本知的障害者福祉協会調査・研究委員会（2021）.「令和 2 年度 全国知的障害児・者施設・事業 実態調査報告」

日本聴覚医学会難聴対策委員会（2014）.「難聴対策委員会報告――難聴（聴覚障害）の程度分類について」『Audiology Japan』57, 258.

日本学生支援機構（2021）.「令和 2 年度（2020 年度）大学, 短期大学及び高等専門学校における 障害のある学生の修学支援に関する実態調査結果報告書」

日本公認心理師協会（2021）.「厚生労働省 令和 2 年度障害者総合福祉推進事業 公認心理師の活動状況等に関する調査」

日本ニューロダイバーシティ研究会（2021）.「日本ニューロダイバーシティ研究会設立趣意」

日本精神神経学会（2015）.「歩み 3：私宅監置と拘束具」『写真で見る学会百年の歩み』

日本統合失調症学会監修／福田正人・糸川昌成・村井俊哉・笠井清登編集（2013）.『統合失調症』医学書院

新村秀人・水野雅文（2022）.「精神障害者の加齢に伴う問題とその支援」『総合リハビリテーション』50（6）, 639–646.

認定 NPO 法人タートル（2015）.「中途失明Ⅲ――未来を信じて」特定非営利活動法人タートル

NIPT Japan（n.d.）.「出生前診断とは」

西原和久・杉本学（2021）.『マイノリティ問題から考える社会学・入門――差別をこえるために』有斐閣

信田さよ子（2021）.「アディクションとは何か」津川律子・信田さよ子編『心理学からみたアディクション』朝倉書店

Nochi, M.（1998）. Loss of self" in the narratives of people with traumatic brain injuries: A qualitative analysis. *Social Science and Medicine*, 46（7）, 869–878.

能智正博（2003）.「『適応的』とされる失語症者の構築する失語の意味――その語りに見られる重層的構造」『質的心理学研究』2, 89–107.

野口裕二（1996）.『アルコホリズムの社会学――アディクションと近代』日本評論社

Officer, A., & Posarac, A.（2011）. World report on disability. World Health Organization.（長瀬修監訳／石川ミカ訳（2013）.『世界障害報告書』明石書店）

岡﨑哲也（2020）.「高次脳機能障害者の就労支援を考える」『The Japanese Journal of Rehabilitation Medicine』57（4）, 329–333.

沖高司（2015）.「二分脊椎」篠田達明監修・沖高司・岡川敏郎・土橋圭子編集『肢体不自由児の医療・療育・教育』改訂 3 版, 金芳堂

小野純平（2004）.「障害児の心理的特性」藤野信行編著・及川克則・東原文子・小野純平・志村洋・渡辺昭彦・見黒達哉共著『障害者心理学』新版, 建帛社

大野真実・上別府圭子（2015）.「精神疾患をもつ母親と暮らす子どもへの支援――精神科医療機関における専門職者インタビューからの質的分析」『家族看護学研究』21（1）, 2–13.

大島一良（1971）.「重症心身障害の基本的問題」『公衆衛生』35（11）, 648–655.

大瀧玲子・広津侑実子・沖潮満里子・尾見康博・能智正博（2020）.「重度障害児・

者をケアすることの意味（1）——対話的自己論から福祉援助職の体験を読み解く」『日本質的心理学会 第 17 回大会発表』

尾崎紀夫・三村將・水野雅文・村井俊哉編（2018）．『標準精神医学』第 7 版，医学書院

尾崎康子・三宅篤子編著（2016a）．『知っておきたい発達障害のアセスメント』ミネルヴァ書房

尾崎康子・三宅篤子編著（2016b）．『知っておきたい発達障害の療育』ミネルヴァ書房

小澤勲（1984）．『自閉症とは何か』精神医療委員会

Paré, D. A.（2013）. *The practice of collaborative counseling ana psychotherapy: Developing skills in culturally mindful helping*. Sage.（能智正博・綾城初穂監訳（2021）．『協働するカウンセリングと心理療法——文化とナラティヴをめぐる臨床実践テキスト』新曜社）

酒井郁子・金城利雄・深堀浩樹編（2021）．『リハビリテーション看護——障害のある人の可能性とともに歩む』改訂第 3 版，南江堂

榊原洋一（2021）．「発達障害と誤診の危険性について」日本発達障害連盟編『発達障害白書 2022 年版』明石書店

坂本真士編（2020）．『心理学からみたうつ病』朝倉書店

佐久間寛之（2021）．「1. アルコール使用症群」『精神科治療学』増刊号，36，158-161.

櫻井未央（2009）．「その人らしさとしての"障碍"——自伝分析にみる高機能広汎性発達障碍をもつ方々の世界」田中千穂子編著『発達障碍の理解と対応——心理臨床の視点から』金子書房

佐々木正美（2002）．『自閉症の TEACCH 実践』岩崎学術出版社

佐藤久夫・小澤温（2016）．『障害者福祉の世界』第 5 版，有斐閣

Saunders, C. ; with an introduction by David Clark（2006）. *Cicely Saunders: Selected writings 1958-2004*. Oxford University Press.（ソンダース，C. M.／小森康永訳（2017）．『シシリー・ソンダース初期論文集 1958-1966——トータルペイン 緩和ケアの源流をもとめて』北大路書房）

Schomerus, G., Lucht, M., Holzinger, A., Matschinger, H., Carta, M. G., & Angermeyer, M. C.（2011）. The stigma of alcohol dependence compared with other mental disorders: A review of population studies. *Alcohol and Alcoholism*, 46（2），105-112.

澁谷智子編（2020）．『ヤングケアラー わたしの語り——子どもや若者が経験した家族のケア・介護』生活書院

志賀利一（2022）．「知的障害者の高齢化——障害福祉分野における新たな課題」『総合リハビリテーション』50（6），647-653.

志賀利一・内山登紀夫・川島慶子・福留さとみ（2018）．「成人期発達障害者の生活実態に関する調査——発達障害者支援センターの新規相談者の実態調査から」『国立のぞみの園 紀要』11，124-140.

清水貞夫（2010）．『インクルーシブな社会をめざして——ノーマリゼーション・インクルージョン・障害者権利条約』クリエイツかもがわ

清水貞夫（2018）．『強制断種・不妊，障害者の「安楽殺」と優生思想——強制不妊手術国家賠償請求訴訟と津久井やまゆり園事件』クリエイツかもがわ

下田正代（2011）．「臨床心理士の取組み」大橋正洋監修／土屋辰夫編『脳損傷のリハビリテーション　高次脳機能障害支援——病院から在宅へそしてその先へ』医歯薬出版

篠原睦治（1979）．「養護学校義務制化と親のねがい——就学要求を越える『共生　共育』願望」『教育学研究』46 (2)，35-43.

白山靖彦・中島八十一（2012）．「高次脳機能障害者に対する相談支援体制の概況報告」『高次脳機能研究』32 (4)，609-613.

障害者職業総合センター（2019）．『視覚障害者の雇用等の実状及びモデル事例の把握に関する研究』（調査研究報告書149）

Sinason, V.（2010）. *Mental handicap and the human condition: An analytic approach to intellectual disability*（Rev. ed.）. Free Association Books.（倉光修・山田美穂監訳／中島由宇・櫻井未央・倉光星燈訳（2022）『知的障害のある人への精神分析的アプローチ——人間であるということ』ミネルヴァ書房）

杉本章（2008）．『障害者はどう生きてきたか——戦前・戦後障害者運動史』現代書館

杉浦京子（1994）．『コラージュ療法——基礎的研究と実際』川島書店

杉浦千登勢・汐田まどか・家島厚・大野耕策（2003）．「脳性麻痺児（者）におけるてんかん発症と予後に関する検討」『脳と発達』35，478-483.

鈴木勉・田中智子編著（2019）．『新・現代障害者福祉論』法律文化社

高山恵子編著／NPO法人えじそんくらぶ著（2012）．『ADHDのサバイバルストーリー　本人の想い編——おっちょこちょいにつけるクスリ②』ぶどう社

竹井謙之編（2021）．『アルコール医学・医療の最前線2021UPDATE』（別冊　医学のあゆみ），医歯薬出版

滝川一廣（2017）．『子どものための精神医学』医学書院

滝川一廣（2018）．「精神発達をどう捉えるか」『臨床心理学』104，138-142.

滝川一廣（2019）．「発達障害の五〇〇年」『そだちの科学』32，116-120.

玉井邦夫（2015）．『本当はあまり知られていないダウン症のはなし——ダウン症は「わかって」いない』神奈川LD協会

玉井浩監修／若宮英司編集（2016）．『子どもの学びと向き合う医療スタッフのためのLD診療・支援入門』診断と治療社

田中千穂子（2021）．『関係を育てる心理臨床——どのようにこころをかよわせあうのか　専門家への手びき』日本評論社

田中圭一（2017）．『うつヌケ——うつトンネルを抜けた人たち』KADOKAWA

田中恒彦（2021）．「オンライン心理相談実践のためのガイドライン」『精神療法』47 (3)，303-309.

田中康雄（2018）．「ADHD——脳とこころと人生」『こころの科学』200，47-53.

田野中恭子（2019）．「精神疾患の親をもつ子どもの困難」『日本公衆衛生看護学会誌』8 (1)，23-32.

たんぽぽの家編（2016）．『ソーシャルアート——障害のある人とアートで社会を変える』学芸出版社

冨田栄幸・船山道隆（2018）．「神経心理学的症候をもたらす原因疾患」緑川晶・山口加代子・三村將編『臨床神経心理学』医歯薬出版

鳥畑美紀子・中田洋二郎・本庄孝亨・横部知恵子・森本由恵（2007）．「語りの分析による『軽度』発達障害における保護者の障害認識」『立正大学臨床心理学研究』

6, 1–7.

鳥居深雪（2020）．『改訂 脳からわかる発達障害——多様な脳・多様な発達・多様な学び』中央法規出版

鳥取県（2013）．「鳥取県手話言語条例」鳥取県福祉保健部ささえあい福祉局障がい福祉課

藤堂栄子（2009）．『ディスレクシアでも大丈夫！——読み書きの困難とステキな可能性』ぶどう社

土屋賢治（2018）．「最新の自閉スペクトラム症研究の動向——①疫学（有病率）研究，環境因子研究，計算論的モデル研究を中心に」『そだちの科学』31, 10–17.

土屋葉（2006）．「『障害』の傍らで——ALS患者を親に持つ子どもの経験」障害学研究編集委員会編『障害者研究』2, 99–123.

津川律子・信田さよ子編（2021）．『心理学からみたアディクション』朝倉書店

柘植雅義・渡部匡隆・二宮信一・納富恵子編（2014）．『はじめての特別支援教育——教職を目指す大学生のために』改訂版，有斐閣

辻井正次監修／明翫光宜編集代表／松本かおり・染木史緒・伊藤大幸編（2014）．『発達障害児者支援とアセスメントのガイドライン』金子書房

筑波大学附属桐が丘特別支援学校編著（2008）．『肢体不自由教育の理念と実践』ジアース教育新社

鶴光代・津川律子編（2018）．『シナリオで学ぶ心理専門職の連携・協働——領域別にみる多職種との業務の実際』誠信書房

打浪文子（2018）．『知的障害のある人たちと「ことば」——「わかりやすさ」と情報保障・合理的配慮』生活書院

内山登紀夫（2020）．「大人の発達障害——診断概念の整理と研究テーマの動向」『精神医学』62 (7), 949–957.

上田敏（1980）．「障害の受容——その本質と諸段階について」『総合リハビリテーション』8, 515–521.

植村勝彦編（2007）．『コミュニティ心理学入門』ナカニシヤ出版

上野谷加代子監修／日本社会福祉士養成校協会編（2013）．『災害ソーシャルワーク入門——被災地の実践知から学ぶ』中央法規出版

浦河べてるの家（2005）．『べてるの家の「当事者研究」』医学書院

ウルル（2020）．「私の見ている世界」『統合失調症のひろば』16, 24–25.

内海健・神庭重信編（2018）．『「うつ」の舞台』弘文堂

WAM NET（n.d.a）．「児童発達支援センター」

WAM NET（n.d.b）．「制度解説・ハンドブック」

渡辺一史（2003）．『こんな夜更けにバナナかよ——筋ジス・鹿野靖明とボランティアたち』北海道新聞社

渡辺一史（2018）．『なぜ人と人は支え合うのか——「障害」から考える』筑摩書房

WHO（World Health Organization）（2001）. *International Classification of Functioning, Disability and Health* (ICF). World Health Organization Geneva.（世界保健機関著／障害者福祉研究会編（2002）．『ICF 国際生活機能分類——国際障害分類改定版』中央法規出版）

WHO（World Health Organization）（2021a）. Deafness and hearing loss.

WHO（World Health Organization）（2021b）. Rehabilitation. Fact sheets.

山上大亮・横山修（2022）．「身体障害者の高齢化」『総合リハビリテーション』50

　　(6), 629-637.

山口研一郎（2017）.『高次脳機能障害――医療現場から社会をみる』岩波書店

山村りつ編著（2019）.『入門 障害者政策』ミネルヴァ書房

山中美智子・玉井真理子・坂井律子編著（2017）.『出生前診断 受ける受けない 誰
　　が決めるの？――遺伝相談の歴史に学ぶ』生活書院

山ノ上奏・川間健之介・中津真美（2019）.「脳性まひ者の就労状況と二次障害の変
　　容」『リハビリテーション連携科学』20 (2), 156-166.

米本昌平・松原洋子・橳島次郎・市野川容孝（2000）.『優生学と人間社会――生命
　　科学の世紀はどこへ向かうのか』講談社

吉川かおり（2008）.『発達障害のある子どものきょうだいたち――大人へのステッ
　　プと支援』生活書院

ヨシタケシンスケ・伊藤亜紗（2018）.『みえるとか みえないとか』アリス館

索　引

事 項 索 引

●アルファベット

AA（アルコホーリクス・アノニマス）
　68, 199

ACT（包括型地域生活支援プログラム）
　205

ADA（障害のあるアメリカ人法）　53

ADHD（注意欠如・多動性障害／注意欠
　如・多動症）　21, 52, 228, 253

ARMS（精神病発症リスク状態）　187

CODA（コーダ）　135

DARC（ダルク）　69

DSM（精神疾患の診断・統計マニュア
　ル）　21, 181

DUP（精神病未治療期間）　187

ICD（国際疾病分類）　25, 197

ICF（国際生活機能分類）　10

ICIDH（国際障害分類）　10

IQ（知能指数）　104, 234

KABC-Ⅱ　104

LD　→学習障害

LGBT　41

NIPT（無侵襲的出生前遺伝学的検査）
　235

NRS　209

PECS　109

QOL（人生の質／生活の質）　86, 119

SDM　→共同意思決定

SST　→ソーシャル・スキルズ・トレー
　ニング

TEACCH　109, 258

WAIS　→ウェクスラー式知能検査

WHO（世界保健機関）　10, 25

WISC　→ウェクスラー式知能検査

WMS　→ウェクスラー記憶検査

●あ　行

愛着関係　135

アイデンティティ　144, 147, 150

アウトリーチ　63

青い芝の会　48

アクセシビリティ　62, 91, 102

アセスメント　101, 106, 159, 163,
　167

　　機能的――　103

アダルトチルドレン　75

アドボカシー（権利擁護）　69, 87

アファーマティブ・アクション　94

アメリカ精神医学会（APA）　21, 181

アルコール依存症　68

アルツハイマー病　24

意　志　196

意思決定　66, 87, 169, 180

　　――支援　65, 87

　　共同――　188, 214

依　存　23, 197

依存症（物質関連障害・嗜癖性障害）
　23, 64, 195, 197

痛　み　208

遺伝（的要因）　186, 192, 198, 229

イネーブリング　64, 199

居場所　205
意欲低下　182, 185, 211
医療的ケア　284
医療的ケア児及びその家族に対する支援
　　に関する法律　284
医療費助成　31, 91
インクルーシブ教育　49, 54, 98
インクルージョン　54
陰性症状　185, 188
ウェクスラー記憶検査（WMS）　163
ウェクスラー式知能検査（WISC／WAIS）
　　104, 160, 163
うつ病（大うつ病性障害）　22, 28,
　　178, 189, 206, 208, 212
　　──の重症度　212
　　反復性──　212
運動機能障害　27, 116
運動障害　22, 30, 87, 117
エイジング　99
エイブリズム　59
援助要請　63, 141
エンパワーメント　65, 106, 141, 182,
　　259
応益負担　52
応能負担　53
応用行動分析　103
大島分類　283
オストメイトマーク　27, 62
親　71, 233, 259
　　──に障害がある子ども　79
　　──への支援　72
親子並行面接　262
親─乳幼児心理療法　259
音韻意識　250
音声機能，言語機能又はそしゃく機能の
　　障害　26, 115

●か　行
外　因　181
介護給付　91

外在化　206, 209
介　助　87, 120, 286
介助のための給付　→介護給付
学習障害（限局性学習障害／限局性学習
　　症）　21, 52, 228, 248, 249
学習性無力感　237
学生相談　98
隔離収容　→施設隔離
隔離政策　44
過剰診断　181
過剰適応　195, 236, 278
家　族　67, 135
家族会　79
活　動　10
活動制限　10
感覚過敏　29, 244, 258
感覚鈍麻　29, 244
環境（的要因）　186, 192, 198, 229
環境調整　107, 158, 259, 273
関係性　11, 103, 128, 242
間主観性　57
感情の平板化　185
カンファレンス　102, 277
記憶障害　23, 160, 162, 172
危機介入　205
器質性（器質的成因）　30, 180
吃音（小児期発症流暢障害）　22
機能障害　9, 10, 16, 17
　　──の分類（位置関係）　14, 20
義務教育制度　46
虐　待　51, 88
ギャンブル障害　197
急激退行　236
求心性（中枢性）統合　246
キュード・スピーチ　134
教育相談室（所）　96, 262
共依存　64
共生共育　49
きょうだい　75, 76, 78, 80, 270
協　働　70

共同意思決定（SDM）　188, 214
共同注意　112, 243
強度行動障害　232
興味・関心喪失　191
筋ジストロフィー　117
禁治産　44, 88
クライエント中心療法　103
グループホーム　174, 273
「グレーゾーン」　227
訓練等給付　91
ケアの家族依存　90
ケアの社会化　67
軽躁病エピソード　22
欠格条項　30, 44
ゲーム障害　197
幻　覚　22, 182, 185
限局性学習障害　→学習障害
幻　聴　4, 185, 188
　被害的な――　185
見当識障害　23
権利擁護　→アドボカシー
光覚弁　123
高次脳機能障害　27, 30, 160, 161,
　167, 171
更　生　46
構造化　107, 258
考想伝播　185
行動活性化　193, 212
行動・興味・活動の反復された様式
　243
行動随伴性　103
公認心理師　261
光背効果　7
合理的配慮　83, 93
高齢化　20, 32, 101, 124
高齢期（高齢者）　20, 90, 100, 101
高齢者障害者等の移動等の円滑化の促進
　に関する法律　→バリアフリー法
口話法　44
国際疾病分類　→ ICD

国際障害者年　50
国際障害分類　→ ICIDH
国際生活機能分類　→ ICF
心の理論　245
個人差　4, 18
個人モデル　9, 65
コーダ　→ CODA
孤　独　136, 204, 212, 241
ことば　19, 134, 264, 287, 290
　――の遅れ　236, 244
個別支援計画　86, 217
個別の教育支援計画　96, 285
個別の指導計画　96
コミュニケーション　109, 134, 140,
　242, 287
コミュニケーション障害　22, 242
コミュニティ　67
コミュニティ感覚　67
コミュニティ心理学　104
コラージュ　275
コラム法　193
孤立の病　204
コロニー　47
コンサルテーション　102

●さ　行
罪業妄想　192
サヴァン症候群　246
相模原事件（相模原障害者施設殺傷事
　件）　55
サービス（福祉サービス）　51, 69, 91,
　215
　共生型――　102
差　別　5, 36, 40, 43
サリー・アン課題　245
参　加　10
参加制約　10
三項関係　112, 206, 210, 243, 260
算数の障害　249
支援者　66

インフォーマルな―― 67
フォーマルな―― 84
支援者支援 81
ジェンダー 31
視覚化 107, 158
視覚障害 18, 25, 115, 122
自我障害 185
色覚障害 30
自 己 147, 165, 180, 204
思考力の減退 192
自己概念 261
自己確立 180
自己決定 50, 65
自己決定権 65
自己制御（コントロール） 23, 227, 253, 254
自己責任 6, 66
自 殺 190
自殺企図 192, 212
自殺念慮 192, 212
四肢欠損 119
思春期 →青年期
自助具 87
指数弁 123
自責感 192
施設（入所施設） 46–50, 273
施設収容（施設隔離） 45, 46
施設批判 50
肢体不自由 26, 115, 116, 283
私宅監置 44
実行機能（遂行機能） 104, 160, 163, 169, 253
失行症 162
失語症 162
失認症 162
児童期 96, 237, 249, 250, 254
児童発達支援 87, 95, 236
児童福祉法 95, 282
自閉スペクトラム症（自閉症） 17, 19, 21, 52, 228, 242, 270

嗜 癖 23, 197
嗜癖性障害 →依存症
視 野 123
――狭窄 26, 123
社会行動障害 162
社会的コミュニケーションや対人的相互反応の障害 243
社会的障壁 9, 91, 93, 248
社会脳 230
社会福祉協議会 67
社会防衛思想 44, 58
社会モデル 9, 54, 65
弱 視 26
医学的―― 124
就学相談 96
就学免除・猶予 44, 46
住環境の整備 87
周産期 192, 283
重症心身障害 30, 47, 282, 291
重度・重複障害 31
羞 明 123
就 労 135, 170
一般―― 98, 170
福祉的―― 91, 98, 216
就労移行支援 101, 215
就労継続支援A型 100
就労継続支援B型 100, 171, 215
就労支援 52, 98, 171, 215
就労定着支援事業所 101
主 観 57, 294
縮約文字 129
主体性 169, 180, 277
出生前診断 235
手動弁 123
手 話 44, 134, 137, 140, 142, 144, 153
日本―― 54, 136
手話言語条例 137
傷痍軍人 44
障害学 54

障害学生支援　98
障害者基本法　9, 31, 51, 54
障害者虐待防止法（障害者虐待の防止，障害者の養護者に対する支援等に関する法律）　88
障害者権利条約（障害者の権利に関する条約）　8, 52, 54, 64, 65, 88, 231
障害者雇用促進法（障害者の雇用の促進等に関する法律）　54, 101
障害者差別解消法（障害を理由とする差別の解消の推進に関する法律）　35, 54
障害者支援情報センター　215, 219
障害者就業・生活支援センター　101
障害者自立支援法　52, 164
障害者総合支援法（障害者の日常生活及び社会生活を総合的に支援するための法律）　53, 54, 91
障害者手帳　21, 88, 178
障害者の権利に関する条約　→障害者権利条約
障害者の日常生活及び社会生活を総合的に支援するための法律　→障害者総合支援法
障害受容　55, 71
障害年金　88, 217
障害のあるアメリカ人法　→ ADA
障害の個人モデル　→個人モデル
障害の社会モデル　→社会モデル
生涯発達　94, 103
障害を理由とする差別の解消の推進に関する法律　→障害者差別解消法
焦　燥（精神運動性の焦燥）　192
情緒障害　31
衝動性　253
情動調律　260
常同的・反復的な行動やこだわり　245
情報保障　93, 135
初回エピソード　187

書字障害　249
所得保障　88
ジョブ・コーチ　101
自　立　65, 86
　職業——　46
　身辺——　46
自立支援給付　92
（自立支援）協議会　70
自立生活　50
自立生活運動　50, 68
自立生活センター　50
視　力　122, 123
心　因　23, 181
人格検査　106
神経心理学的検査　106
神経性無食欲症　25
神経認知障害　→認知症
神経発達障害／神経発達症　→発達障害
神経発達障害仮説　186
人　権　8, 51, 64
人工内耳　54, 134
新自由主義　52, 54
新生児聴覚スクリーニング検査　133, 152
新生児マススクリーニング（先天性代謝異常等検査）　94
人生の質／生活の質　→ QOL
身体介護　87
身体虚弱　31
身体障害　16, 20, 25, 46, 115
身体障害者更生相談所　88
身体障害者手帳　88, 122, 132
　——の対象　14
身体障害者福祉法　25, 46, 65, 115
身体症状（症）　24, 28, 209, 231
診断告知　85
心的外傷　→トラウマ
新版 K 式発達検査 2020　104
心理教育　72
心理検査　102, 104

心理療法　　103, 107
遂行機能　　→実行機能
遂行機能障害　　160, 162, 172, 186
睡眠─覚醒障害　　25
睡眠の不調　　212
睡眠の変化　　191
スクールカウンセラー　　96, 139, 151
スティグマ　　7
ステレオタイプ　　4, 5
ストレス　　186, 189, 193
ストレス脆弱性仮説　　186
ストレスチェック制度　　194
ストレングス　　→強み
スペクトラム　　226
生活介護事業　　100, 273
生活訓練　　171
生活行動表　　209
生活支援　　50, 215, 222
生活保護　　88, 215, 218
晴眼者　　130
制止（精神運動制止）　　192, 211
正常（と異常）　　167, 181
精神運動制止　　→制止
精神運動性の焦燥　　→焦燥
精神衛生法　　46, 51
成人期　　98
精神機能　　180
精神疾患　　→精神障害（疾患）
精神疾患の診断・統計マニュアル
　　→ DSM
精神障害（疾患）　　16, 20, 21, 44, 178,
　　180
精神障害（疾患）のための 10 年　　214
精神障害者保健福祉手帳　　30, 88, 177
　──の対象　　14
精神病発症リスク状態　　→ ARMS
精神病未治療期間　　→ DUP
精神病理学　　58
精神分析　　181
精神保健及び精神障害者福祉に関する法

律　　→精神保健福祉法
精神保健福祉センター　　90
精神保健福祉法（精神保健及び精神障害
　　者福祉に関する法律）　　21, 51
精神保健法　　51
精神薬理学　　47
青年期（思春期）　　98, 98
成年後見制度　　88
性別違和（性別不合）　　31
世界保健機関　　→ WHO
接触仮説　　93
摂食障害　　25, 28
セルフアドボカシー　　69, 87
セルフスティグマ　　7, 196
セルフヘルプ（グループ）　　68, 199,
　　205
セロトニン仮説　　186
前向性健忘　　160
染色体疾患　　234
選択性緘黙　　31
先天性代謝異常　　234
先天性代謝異常等検査　　→新生児マスス
　　クリーニング
前頭側頭葉変性症　　24
全　盲　　26, 115, 123
　社会的──　　123
専門職　　66, 68
早期警告サイン　　212
早期発見・早期対応　　52
双極性障害　　22, 212
操作的診断基準　　181
喪　失　　101
壮年期　　98
躁病エピソード　　22, 211
そしゃく機能の障害　　→音声機能, 言語
　　機能又はそしゃく機能の障害
ソーシャル・スキルズ・トレーニング
　　（SST）　　51, 156, 263
ソーシャル・モチベーション　　246
措置入院　　47

尊　厳　64

●た　行
退院促進事業　215, 218
大うつ病性障害　→うつ病
体重（食欲）の変化　191
耐　性　197
対　話　57, 64, 205
ダウン症候群　235
脱抑制型対人交流障害　233
多　動　253
田中ビネー知能検査　104
ダルク　→DARC
断酒会　199
地域（生活支援）　48, 50, 82, 170,
　215, 222
地域障害者職業センター　100
地域連携　70
チック障害　22
秩序破壊的・衝動制御・素行症　23
知的機能（知能）　17, 234
知的障害（知的能力障害）　17, 20,
　44, 228, 234, 238, 273, 282
　──の等級　91
知的障害者更生相談所　90
知的障害者福祉法　47
知能検査　45, 104, 234
知能指数　→IQ
チーム　70, 85, 96, 205
「茶の間の孤独」　136
注意欠如・多動性障害　→ADHD
注意障害　160, 162, 172, 186
中心暗転　123
中途失聴　135
中途障害　18, 129
聴覚活用　135
聴覚口話法　134
聴覚障害　26, 131
聴覚又は平衡機能の障害　26, 115
聴　者　131

重複障害　31
通級による指導　31, 96
通常学級　96
つながり　200, 204
強み（ストレングス）　65, 106
ディスレクシア　250
ディメンジョン（次元）モデル　181
適応行動　234
適応障害　208
デコーディング　250
手帳制度　88
デフファミリー　135
てんかん　30
点字ブロック　8, 124
動機づけ面接法　199
統合失調症　22, 179, 181, 205, 216
統合失調症スペクトラム　22
当事者　40
当事者研究　54
統制可能性　6
読字障害　249
特性論　25
特別支援学級　31, 96
特別支援学校　31, 96, 135
特別支援教育　53, 96, 237
特別支援教育コーディネーター　96
特別な教育的ニーズ　98
トータルペイン　209
ドパミン仮説　186
トラウマ（心的外傷）　231, 232

●な　行
内　因　181
内集団びいき　5
内部障害　27, 115
ナラティヴ・アプローチ　165, 206
難　聴　131, 132, 144, 145, 151
　伝音性──　133
難　病　30
難病法（難病の患者に対する医療等に関

する法律）　30
二次障害　87, 119, 232
二分脊椎　117
乳児家庭全戸訪問事業　95
乳児期　94
入所施設　→施設
乳幼児健診（制度）　52, 95, 236
ニューロダイバーシティ　226
任意入院　51
認知機能障害　185
認知行動療法　181, 206, 212
認知症（神経認知障害）　23, 100
　血管性――　24
寝たきり　286, 292
脳外傷　163, 165
脳血管障害　162
脳性まひ　27, 76, 117
脳卒中　165
脳損傷　30, 160, 161, 167, 180
能力主義　43, 52, 59
ノーマリゼーション　49, 50

●は　行
破局化思考　210
白　杖　8
パーソナリティ障害　24
パターナリズム　64
発達機会保障　→発達保障（論）
発達検査　104
発達障害（神経発達障害／神経発達症）
　3, 20, 21, 227
発達障害者支援センター　251
発達障害者支援法　53
発達性協調運動障害　22
発達保障（論）　48, 87, 259
パートナー　78
ハームリダクション　199
バリアフリー　91
バリアフリー法（高齢者障害者等の移動
　等の円滑化の促進に関する法律）

91
バーンアウト　81
ハンセン病　44
ハンディキャップ・スマイル　232,
　241
反応性愛着障害　24, 233
ピアサポート　68, 79
被影響体験　185
飛蚊症　123
病　弱　31
貧　困　32, 88, 89
ファシリテーター　222
不安障害　24
福祉サービス　→サービス
福祉事務所　218
福祉用具　87
復職支援　194
不随意運動　27
不注意　253
物質関連障害　→依存症
不妊手術　38, 45
プレイセラピー　262
ペアレント・トレーニング　259
併　存　19, 181, 228
ヘルプマーク　62
偏　見　5, 9, 58, 93, 195
保育所等訪問支援　95
放課後等デイサービス　96
包括型地域生活支援プログラム　→ ACT
法定雇用率　101
母子保健法　52
ホスピタリズム　231
補装具　87, 119, 164
補聴器　134, 140
ポピュレーションアプローチ　94
ホールディング　205

●ま　行
マイノリティ　39
マインドフルネス　193

慢性疼痛　210
無価値感　192
無侵襲的出生前遺伝学的検査　→ NIPT
メンタライジング　245
妄　想　22, 179, 182, 185, 192
盲ろう者　127
モノアミン仮説　193
森田療法　193

●や　行

薬物依存症　198, 204
薬物療法　87, 187, 193, 254
ヤングケアラー　79
優生思想　45, 47
優生保護法　38
ユニバーサルデザイン　91
指文字　134
養護学校　46
　　──義務化　48, 49
幼児期　94
陽性症状　182
抑うつエピソード　22, 212
抑うつ気分　191, 211
抑うつ障害　22

●ら　行

ライフストーリー　261
理学療法　118
リカバリー　182, 205
離　脱　197
リーチング　125
リハビリテーション　56, 76, 86, 126,
　　164
リバーミード行動記憶検査　160, 163
リプロダクティブ・ヘルス　236
療　育　52, 86, 107, 237
療育手帳　88, 234, 258
　　──の対象　14
リワークプログラム　194
臨床動作法　120
類型（タイプ）論　25
劣等感　237
レビー小体病　24
連　携　70, 96, 205
ろう（者）　54, 132, 137, 142, 144
ろう児　151
労働者の心の健康の保持増進のための指
　　針　194
ろう文化　136, 137
ロービジョン　122

人名索引

●あ　行
荒井裕樹　　39
安藤信哉　　121
石川ミカ　　121
伊藤亜紗　　37, 62
糸賀一雄　　87
上田敏　　56
太田昌孝　　109
小澤勲　　242
乙武洋匡　　116
オリバー（Oliver, M.）　　54

●か・さ　行
カナー（Kanner, L.）　　52
熊谷晋一郎　　76
クレペリン（Kraepelin, E.）　　44
河野泰弘　　115
國分功一郎　　196
最首悟　　65

●た・な　行
高木憲次　　86
滝川一廣　　227

田中智子　　43
ディーガン（Deegan, P. E.）　　182
ドローター（Drotar, D.）　　71
ニィリエ（Nirje, B.）　　49

●は　行
ハウス加賀谷　　188
バック（Buck, P.）　　233, 237
浜田寿美男　　244
バンク゠ミケルセン（Bank-Mikkelsen,
　　N. E.）　　49
東田直樹　　37
ビネー（Binet, A.）　　45
福島智　　127
フロイト（Frcud, S.）　　181, 231
ベック（Beck, A.）　　181
星加良司　　11

●ま・ら　行
松本俊彦　　200, 204
マーフィー（Murphy, R. F.）　　121
ロバーツ（Roberts, E. V.）　　50

【y-knot】
これからの障害心理学──〈わたし〉と〈社会〉を問う
Psychology on Disability

2023 年 3 月 5 日 初版第 1 刷発行

編　　者	中島 由宇・沖潮 満里子・広津 侑実子
発行者	江草貞治
発行所	株式会社有斐閣
	〒101-0051 東京都千代田区神田神保町 2-17
	https://www.yuhikaku.co.jp/
装　　丁	高野美緒子
印　　刷	萩原印刷株式会社
製　　本	牧製本印刷株式会社
装丁印刷	株式会社亨有堂印刷所

落丁・乱丁本はお取替えいたします。定価はカバーに表示してあります。
©2023, Yu NAKASHIMA, Mariko OKISHIO, Yumiko HIROTSU.
Printed in Japan ISBN 978-4-641-20004-3